CUARTA EDICIÓN

TRIÁNGULO

A Propósito

Manual Para Estudiantes

Barbara Gatski
The Millbrook School
Millbrook, New York

John McMullan (Jubilado)
The Hotchkiss School
Lakeville, Connecticut

Redacción

Ana Colbert
Milton Academy
Milton, Massachusetts

Rafael Moyano
The Berkeley Carroll School
Brooklyn, New York

WAYSIDE PUBLISHING
Toll free (888) 302-2519
e-mail: wayside@sprintmail.com
web site: waysidepublishing.com

A Nuestros Hijos:
Megan y Jenna
Daniel y Beth

Audio Recordings: **Hagens Recording Studio, Inc.**
Princeton, NJ 08540

Cover design for the fourth edition by Mary Alice Sykora

PRINTED IN THE UNITED STATES

ISBN 1-877653-89-6

AGRADECIMIENTOS PARA LA CUARTA EDICIÓN: Agradecemos muchísimo la ayuda, el consejo y, sobre todo, el apoyo de Ana Colbert y Rafael Moyano, cuya redacción ha pulido esta edición y de David Greuel, cuyo interés en nuestro proyecto nos ha animado continuamente. También nos gustaría reconocer la ayuda de Camilo Torres e Isabel Huasca. Sobre todo les agradecemos a los centenares de estudiantes que hemos enseñado a lo largo de nuestra carrera. Ellos son la razón principal por la cual hemos preparado este manual.

AGRADECIMIENTOS PARA LAS PRIMERAS EDICIONES: Agradecemos el trabajo y apoyo de Kathleen M. Brautigam, Ninfa O. Edelman, Ana Hermoso, Ángela Janelli, Carmen Luna, Mariette Reed y Carmen Salazar. Debemos el éxito de las primeras ediciones a sus consejos y la inspiración de Carolyn Demaray, cuyo texto TRIANGLE ha sido la inspiración de este manual.

ACKNOWLEGEMENTS: We gratefully acknowledge copyright permissions granted for reproduction of passages from the following:

Más
Univision Publications
605 Third Avenue
12th Floor
New York, NY 10158-0180

Américas Magazine
Organización de los Estados Americanos
17th Street and Constitution Avenue
N.W. Washington, D.C. 20006
"Reprinted from Américas, a bimonthly magazine published by the General Secretariat of the Organization of American States in English and Spanish."

Cambio 16
Hnos. García Noblejas, 41
28037 Madrid, España

UNAS PALABRAS PARA EL ESTUDIANTE

El estudiante, su profesor y este texto son los tres elementos que comprenden este proyecto múltiple. Como las pirámides del antiguo Egipto, el triángulo es la forma arquitectónica que sostiene y refuerza estos antiguos y grandes monumentos dedicados a la labor humana. <u>TRIÁNGULO</u> va a servir de base en la preparación del estudiante para exámenes avanzados como el examen de Advanced Placement. El profesor y el texto, que están en los ángulos inferiores, por supuesto, forman los cimientos que sostienen al estudiante, que está en el ángulo superior, ojalá, del triángulo. La cooperación mutua entre estos tres elementos beneficia al estudiante. La interdependencia que representa este triángulo puede realizar un programa que sea una de las ocho maravillas del mundo.

Tú, el estudiante, has llegado a cierto nivel de comprensión del español, una lengua que no es la tuya. Poco a poco has desarrollado tu capacidad de comprender oralmente, de hablar con fluidez, de leer con perspicacia y de escribir con claridad. Por lo menos sabes comunicarte en un español claro y simple. Hasta ahora has tenido que aprender etapa por etapa, formándote una base sólida. Y ahora quieres dar un salto más hacia adelante para subir a la cima de esta empresa que tanto te fascina. Con la ayuda de este librito y tu profesor vas a continuar este proceso vital y creador.

Los autores hemos escrito este manual para proporcionarte a vista de pájaro el examen de Advanced Placement y para ayudarte a subir a un nivel más avanzado de conocimiento del español. Para realizar esta meta hemos puesto mucho énfasis en la adquisición de vocabulario. Por lo tanto, este libro no sirve sólo en la preparación para un examen específico sino en el mejoramiento general del dominio del idioma español. Seguimos el formato y organización del examen de lengua Advanced Placement. El vocabulario que utilizamos en cada ejercicio corresponde en su mayor parte al tema del capítulo. Hemos elegido unos de los temas más destacados e interesantes de la vida cotidiana. Por ejemplo, el tema del primer capítulo es el hogar e incluye lo que se hace, se ve y se huele en la casa: muebles, quehaceres, comida, etc. Te invitamos a repasar y a aprender una gran cantidad de vocabulario mientras te acostumbras a los distintos tipos de ejercicios que comprenden el nuevo formato del examen de lengua Advanced Placement.

Un examen como el de lengua Advanced Placement es muy comprensivo y, a nuestro parecer, presenta muchas importantes oportunidades de las que los estudiantes pueden aprovechar para mostrar su conocimiento del español. Creemos también que no se puede lograr el progreso sin el esfuerzo, la dedicación y el entusiasmo del estudiante y su deseo de mejorar su dominio del idioma. Por eso, los autores esperamos que con la ayuda de este librito <u>TRIÁNGULO</u> y la destreza y el entusiasmo de sus profesores, los estudiantes realicen sus sueños académicos.

Buena suerte.

BSG
JWM

ÍNDICE GENERAL

ABOUT THE AUTHORS

Barbara Gatski teaches Spanish at the Millbrook School in Millbrook, New York, where she is the Department Head of World Languages. She has taught Advanced Placement Language for over twenty years. Barbara received a Fulbright Grant and lived and taught in Argentina in 2004-2005. She has her Masters Degree in Spanish Language and Literature from Middlebury College. She is a Table Leader (trainer of correctors) for the Advanced Placement Spanish Language Examination, specializing in the correction of the spoken portion of the exam. She has worked on an editing project for McDougal-Littell and continues to work for the Fulbright Program.

John McMullan is retired from teaching Spanish at The Hotchkiss School in Lakeville, Connecticut, where he was holder of the Marie Tinker Chair in teaching. He has taught Advanced Placement Literature and Language for many years. He has been a consultant and is now an administrator for correction of the Advanced Placement Spanish Language Exam, overseeing the correction of the spoken portion of the exam. He has his BA in Spanish from Hamilton College and his Masters Degree from Middlebury College. John is a past chief writer for the College Board's Teacher's Guide to Advanced Placement Courses in Spanish Literature and more recently co-wrote the Guide for World Languages and Cultures: The AP Vertical Teams® also for the College Board. He has co-authored Bravo III for McDougal-Littell and the High School Study Guide for McGraw-Hill's Destinos. He has given a number of workshops and presentations on the teaching of Spanish language and literature. In his spare time he coached field hockey and wrestling and now coaxes flowers and yawns.

BSG & JWM

CAPÍTULO I
EL HOGAR

¡¡¡¡¡¡¡¡¡ MODISMOS !!!!!!!!!

Por estar enfermo Pablo **guardó cama** por tres días la semana
  pasada. Su hermano Pablo, sin embargo, **goza de** buena salud y
  nunca está enfermo.

Me gusta **probar** mi comida antes de ponerle sal.
Siempre **me pruebo** un abrigo antes de comprarlo.

A los profesores nunca les **sobra** tiempo para preparar las clases.
El lunes comemos **las sobras** de las comidas del domingo.

Antes de comer yo mismo, **le doy de comer** a mi perro. Pero
  nunca **me lo agradece.**

Estos pantalones **te aprietan** mucho. ¡Además, su color
  repugnante **me da asco**!

CUARTOS	ROPA		MUEBLES	
comedor (m)	blusa	falda	archivo	ropero
dormitorio	bombachas	gorro	armario	silla
oficina	botas	pantalones (m)	banco	sillón (m)
salón (m)	camisa	traje (m)	cama	
zaguán (m)	camiseta	vestido	escritorio	
	chaqueta		estante (m)	

?

JUEGOS DE PALABRAS

Los cuartos tienen **_rincones_**; las calles tienen **_esquinas._**

En el cubo hay **agujeros** redondos por donde salen chorros de agua.
En las paredes ruinosas de una catedral hay muchas **grietas**.
En la tierra y en los campos de golf hay **hoyos** redondos.

La **etiqueta** de esta chaqueta de **etiqueta** dice que es del Corte Inglés.

El cuarto tiene cuatro **paredes** pero la casa puede tener varios **muros**
  exteriores. Alrededor de la casa a veces se encuentra **una cerca** no muy alta.

Se parte el pan en **rebanadas,** el jamón en **lonjas,** otras carnes en **tajadas**;
  hay **rodajas** de fiambres, y **rajas** de queso, pescado y frutas.

El suelo del baño del segundo **piso** está mojado.

Barriga llena, corazón contento.

DESCRIPCIONES
un piso amueblado
una sala amplia
una oficina climatizada
una cocina limpia
la privacidad de la propiedad
un baño sucio
un jardín urbano
una vista al mar
una vivienda de lujo

PERSONAS
anfitrión/a
cocinero/a
criado/a
empleado/a
familia
familiares (m,f)
huéspedes (m,f)

QUEHACERES
barrer el suelo
cepillar las alfombras
cortar la leña
cuidar de los niños
fregar las ollas
limpiar los cristales
planchar los pañuelos
recoger el correo
sacar la basura
sacudir las almohadas
secar los platos
poner la mesa
quitar la mesa

A LA CARTA
asados
bocadillos
bullabesa
caldo
guisado
paella
pastas
queso
salsa
tortilla
yogur (m)

HERRAMIENTAS
cepillo
destornillador (m)
escoba
martillo
pinzas
sierra

APARATOS
electrodomésticos
enchufe (m)
estufa
horno
lavaplatos
lavadora
línea de teléfono
microondas (m)
ordenador (m)
secadora

CUBIERTOS

TAZA   COPA

S
E
R   T
V   E
I   N   PLATO   C   C
L   E   U   U
L   D   C   C
E   O   H   H
T   R   I   A
A   (m)   L   R
                L   A
                O

CONTENIDO
carbohidratos
colesterol (m)
fibra
fécula
grasa
hierba
proteína
sacarina
vitaminas

POSTRES
bombones (m)
churros
conos
galletas
helado
merengue (m)
nata
pasteles (m)
tarta
torta

HIERBAS
albahaca
cebolleta
comino
menta
perejil (m)
romero
tomillo

MEDIDAS
cucharada
kilogramo
kilo
ración (f) de gambas
trozo de torta
tamaño
talla

EL JARDÍN
hiedra
regar
sembrar
semilla

H   O   G   A   R

CUARTOS: **h**abitación (f) **o**ficina **g**araje (m) **a**lcoba **r**etrete (m)
COMIDAS: **h**elado **o**livas **g**ranos **a**lcachofas **r**equesón (m)
LA COCINA: **h**orno **o**llas **g**rifo **a**paratos **r**ecetas

DESCRIPCIÓN DE LA COMIDA

agrio/a
alimenticio/a
apetecible
culinario/a
delicioso/a
dietético/a
dulce

equilibrado/a
esponjoso/a
estupendo/a
exquisito/a
hidrogenado/a
higiénico/a
jugoso/a

cocido/a
crudo/a
saludable
variado/a
vegetariano/a

COMIDAS

VERDURAS

apio
bróculi (m)
frijoles (m)
lechuga
rábanos
zanahoria

CONDIMENTOS

aceite (m)
ajo
cebolla
escabeche (m)
hebras de
  azafrán (m)
hongos
pimienta
manteca
mantequilla
vinagre (m)

AVES (f)

muslo
pavo
pollo
pato
pechuga

PESCADOS

calamares (m)
camarones (m)
gambas
mariscos
pulpo
salmón (m)
trucha

ESPECIAS

azúcar (m)
chocolate (m)
coco

FRUTAS

cerezas
dátiles (m)
fresas
naranja
melocotón (m)
pasas
sandía

CARNES (f)

cerdo
chuleta
cochinillo
cordero
res (f)
salchicha
ternera

ACTIVIDAD I. Audios cortos

UNO

VOCABULARIO DE LA ACTIVIDAD

la mucama – maid
el trapo – rag
la escoba – broom
las braguitas – panties

encima de – on top of
cumplir – to fulfill
hacerle falta – to need

fuera del alcance – beyond the reach of
el ama de casa – housewife

Fuente: Programa de Radio Araucano "Para arriba abajo", emitido en junio, 2001.

🔊 1.1.1

Voces en el informe
Señora de la casa: Madre de Isabeltica
Mucama: Criada de casa

Número 1.
A. En la oficina del dentista.
B. En un ropero.
C. En la habitación de Isabeltica.
D. En la casa de Isabeltica.

Número 2.
A. El ama de casa grita fuerte.
B. La mucama está cantando fuerte.
C. La aspiradora hace demasiado ruido.
D. La mucama no quiere dejar de limpiar.

Número 3.
A. No quedan platos en el comedor.
B. La hija no está en casa.
C. La habitación está totalmente desordenada.
D. Enseguida viene una excavadora.

Número 4.
A. Hecha un desastre.
B. Está fría.
C. Fuera del alcance de su madre.
D. Hecha añicos.

Número 5.
A. Una excavadora.
B. Una grúa.
C. Un trapo.
D. Un cartucho de dinamita.

Número 6.
A. La madre mima a su hija.
B. La mucama no la quiere ordenar.
C. La hija está poco en casa.
D. La madre nunca la limpia.

Número 7.
A. "¿Quién es esta señora para decirme esto?"
B. "No me gustan las habitaciones sucias."
C. "Nunca voy a limpiar esa habitación."
D. "Cuando me dé la real gana."

DOS

VOCABULARIO DE LA ACTIVIDAD

el pecado – sin
la cabra – goat
el guisado – stew
meter en – to put into
luchar – to wrestle

¿Qué hay de..? – What's for...
bajar de peso – to lose weight
estar a dieta – to be on a diet
el domador – tamer

los seres humanos – human beings
el camposanto – cemetery
la fécula – starch

Fuente: Programa de Radio Araucano "Para arriba abajo", septiembre, 2000.

🔊 1.1.2

| **Voces en el informe** |
| El Hijo de la madre |
| La Madre del hijo |

Número 1.
  A. Según el Sr. Santocampo sería una falta de humanidad hacia los animales.
  B. Al chico no le gustan ni la carne, ni los mariscos, ni el pavo.
  C. Su madre acaba de preparar un guisado para la cena.
  D. El chico quiere participar en un partido importante.

Número 2.
  A. Los animales son inferiores a los seres humanos.
  B. Su carne les provee energía extra a los atletas.
  C. Un poco de grasa es importante en la dieta.
  D. Las verduras han sido menos importantes en la dieta tradicional.

Número 3.
  A. Porque tienen propiedades más sanas.
  B. Porque tienen más fécula.
  C. Porque tienen más grasa.
  D. Porque tienen más fibra.

Número 4.
  A. Un buen postre de helado de chocolate y nata.
  B. Un plato combinando de carnes y verduras.
  C. Varios platos de bróculi y zanahorias.
  D. Un plato tradicional de camarones, pollo y azafrán.

Número 5.
  A. Es un hombre encargado de un deporte.
  B. Es un especialista en dietética.
  C. Es otro atleta del mismo equipo.
  D. Fue un domador de caballos.

Número 6.
  A. "¡El Sr. Santocampo está loco!"
  B. "Muy bien, los postres son muy buenos para una dieta."
  C. "Si comes sólo verduras te vas a encontrar en el camposanto."
  D. "Pero, hijo, ya estás bien flaco."

ACTIVIDAD II. Audios extendidos

Directions: You will now listen to an audio selection. You may take notes in the blank space provided. You will not be graded on these notes. At the end of the selection, you will answer a number of written questions about what you have heard. Based on the information provided in the selection, select the BEST answer for each question from among the four choices printed.

Instrucciones: Ahora escucharás una selección auditiva. Se te permite tomar apuntes en el espacio en blanco de esta hoja y la siguiente. Estos apuntes no serán calificados. Al final de la selección contestarás una serie de preguntas escritas sobre lo que acabas de escuchar. Basándote en la información de la selección, elige la MEJOR respuesta a cada pregunta de las cuatro opciones impresas.

UNO

VOCABULARIO DE LA ACTIVIDAD

de antemano – beforehand
el diseño – design
el esmero – care
escondido/a – hidden/concealed

el umbral – thresh hold
darse cuenta – to realize
el tamaño – size
el despacho – study, office

bajar a su aire – to go down as she pleases
adjustar – to conform

Fuente: Este informe, que se titula "Entrevista arquitectónica" del programa "Nuestro Rincón del Mundo", se emitió por la emisora Radio Araucano en junio de 2005.

🔊 1.2.1

Voces en el informe
Presentadora: Anfitriona del programa de Radio Araucano
Carlos Solteromayor: Comentarista
Humberto del Zaguán: Entrevistado

1. ¿A quién entrevista el comentarista?
   A. A un ingeniero de casas.
   B. A un amigo de su hija.
   C. A un arquitecto famoso.
   D. A un diseñador de jardines.

2. ¿A qué se debe ajustar el estilo de la casa?
   A. A lo clásico.
   B. A lo contemporáneo.
   C. Al medio ambiente natural.
   D. A los deseos de la hija.

3. ¿De qué se compondrá la casa?
   A. De dos habitaciones y dos escaleras.
   B. De una sala y un despacho.
   C. De dos habitaciones y un comedor.
   D. De una alcoba y una sala.

4. ¿Para quién será la casa?
   A. Para el arquitecto.
   B. Para el perro del arquitecto.
   C. Para la esposa del arquitecto.
   D. Para la hija del arquitecto.

5. ¿Dónde se construirá la casa?
   A. En un bonito árbol.
   B. En una huerto rural.
   C. En un coto campestre.
   D. En un suburbio urbano.

DOS

VOCABULARIO DE LA ACTIVIDAD

el mapuche – Indian from Chile
a mediados – in the middle of
mantenerse – to keep oneself
guardar la línea – to watch
   one's figure
estar todavía – to still be
actuales – present-day
nutrirse de – to be nourished

toda índole – all types
hartarse – to stuff oneself
provenir de – to come from
ligado/a a – tied to
el avatar – reincarnation
el cacique – chief
amerindio/a – native American
los porotos – beans

los ajíes – chilies
la chicha – corn based drink
el mate – tea
el hoyo – hole
la olla – pot
la fogata – bonfire
la vicuña – vicuna
la cosecha – harvest

Fuente: "Nuestro Rincón del Mundo" programa emitido por Radio Araucano, diciembre de 2006.

1.2.2

Voces en el informe

Narradora: Anfitriona del programa "Nuestro Rincón del Mundo"
Don Fabio Letelier: Corresponsal especial de Radio Araucano
Am: Mapuche sabio

---

1. ¿Quién es Am?
  A. Un mapuche anciano.
  B. Un cocinero mapuche.
  C. Un curandero viejo.
  D. Un cacique amerindio.

2. ¿De qué tiene mucha fama el mapuche
   precolombino?
  A. De comer mucho y bien.
  B. De preparar comida exquisita.
  C. De poder comer poco.
  D. De ser muy guerrillero.

3. ¿En qué consistía la dieta mapuche?
  A. En mariscos, carne y verduras.
  B. En cereales, carne y verduras.
  C. En mariscos, frutas y cereales.
  D. En arroz, cereales y legumbres.

4. ¿Qué tipo de verduras comían los mapuches?
  A. Maíz, ajíes y zapallos.
  B. Mariscos y carnes.
  C. Zapallos y arvejas.
  D. Maíz, arroz y ajíes.

5. ¿Cuál era la comida más básica de la dieta
   mapuche?
  A. El maíz.
  B. La chicha.
  C. La papa.
  D. El poroto.

6. ¿Qué le gustaba beber al mapuche?
  A. El café y el agua.
  B. El mate y la chicha.
  C. El mate limonado.
  D. Una Coca Lite y una cerveza.

7. ¿Qué es el curanto?
  A. Una comida tradicional.
  B. Una celebración tradicional.
  C. Un tipo de hoyo.
  D. Un tipo de olla.

8. ¿Cómo se preparaba la comida especial de
   curanto?
  A. En una fogata.
  B. Con estratos de carne o mariscos,
    separadas de hojas.
  C. En un pozo cubierto.
  D. Con piedras calientes cubiertas de alpaca y
    vicuña.

9. ¿Por qué es tan importante el curanto para los
   mapuches?
  A. Es un símbolo de su pueblo.
  B. Es un agüero de la buena cosecha.
  C. Es un signo de la Madre Tierra.
  D. Es una metáfora de la abundancia natural.

ACTIVIDAD III. Lecturas

UNO

VOCABULARIO DE LA ACTIVIDAD

de veras – really	**triturar** – to grind	**no vale la pena** – is not worth the trouble
elaborar – to process	**soltar** – to release, to let go	
teñir – to dye	**la hiedra** – ivy	**envidiar** – to envy
debido al hecho – due to the fact	**las semillas** – seeds	**moler** – to grind
	los tallos – stems	**el cochinillo** – young pig
las hebras – filaments	**al azar** – by chance	

Fuente: "El azafrán", reproducido con el permiso de editorial Vialado, agosto, 1995.

El azafrán

Para los niños no es siempre fácil aceptar nuevos platos. Hace un año estábamos mi familia y yo en La Paellera, un restaurante de Valencia de mucho renombre. Habíamos pedido una paella, quizá el plato más conocido en toda España.

— Papi, ¿por qué tiene el arroz un color amarillo?, me interrogó mi hijita menor, sospechando que el cocinero había destrozado el único ingrediente que de veras quería meter en la boca.

¿Cómo explicarle lo que es el azafrán a una nena de cuatro años? Es el ingrediente esencial de la paella y lo que produce la diferencia de cualquier otro plato español. ¿De dónde viene y cuál es su historia?

Aunque la palabra azafrán es árabe, su uso data de los griegos, quienes lo usaban para condimentar varios alimentos y para elaborar medicamentos porque se le atribuían propiedades estimulantes de los jugos digestivos y del apetito.[1] También se utilizaba para teñir ropa de un color intenso y atractivo. Este exótico condimento viene de la planta _crocus sativus_ a través de una gran labor manual. La flor no contiene más que tres hebras de azafrán que unas mujeres, llamadas recolectoras, sacan y secan a mano. Debido al hecho que una recolectora de mucha destreza sólo puede recolectar las hebras de unas 11.000 flores al día y que se requieren las hebras de entre 60.000 y 70.000 flores para producir medio kilogramo, no es sorprendente que el trabajo sea arduo y que sea la hierba más cara del mundo.

Un mito griego habla de Crocos, un amigo de Mercurio. Un día mientras los dos jugaban con un disco, aquél sufrió una herida mortal en la frente por un lanzamiento errante de éste. De la sangrienta herida brotó una hermosísima flor de color amarillo anaranjado.[2]

No es España el único productor de azafrán, pero es el mayor. Además, produce el mejor azafrán porque los pequeños pistilos son los más largos y contienen altos niveles de aceites y pigmentos. Así, el azafrán español muestra colores, sabores y aromas distintivos que se codician[3] en todo el mundo. Hay sólo unas semanas entre octubre y noviembre cuando se puede cosechar el azafrán en su momento de mayor calidad. Si no se recolecta durante este período se pierde para siempre.

Aunque es imposible producir paella, arroz a la milanesa y sopa bullabesa sin azafrán, se utiliza en una vasta gama de platos.[4] Por ejemplo, se recomienda en combinación con guisados, sopas, varias pastas y carnes de pescado, mariscos, cerdo y pato. Sin embargo, no es recomendable usarlo con carne de res.

Después de darme esta información, el chef Gustavo me reveló uno de sus secretos culinarios. Para mejorar y destacar el sabor y aroma del azafrán antes de agregarlo a cualquier plato, el cocinero envuelve las hebras en un pedazo de hoja de aluminio y las calienta y tuesta a fuego bajo. Luego, tritura las hebras, convirtiéndolas en polvo para distribuirlas en el plato que está preparando. Allí las deja reposar unos minutos para soltar su exquisita esencia.**#5** Así produce el arroz del color que había asustado tanto a mi hija.

1. ¿Qué es el azafrán?
   A. Es una hiedra.
   B. Es una hierba.
   C. Es una herida.
   D. Es una hidra.

2. ¿De dónde se recoge el azafrán?
   A. De los pétalos de una flor.
   B. De las semillas de una flor.
   C. De los tallos de una flor.
   D. De los pistilos de una flor.

3. Según el mito griego, Crocos murió…
   A. de un golpe al azar.
   B. de una caída accidental.
   C. de un lanzamiento fortuito.
   D. de un ataque improvisto.

4. Para cosechar el azafrán…
   A. es necesaria la frescura de la noche.
   B. las recolectoras deben tener dedos fuertes.
   C. es preciso estimular los jugos digestivos.
   D. hay que recolectarlo a mano.

5. Como la producción del azafrán requiere un gran esfuerzo,…
   A. las recolectoras sufren muchas privaciones.
   B. hasta Mercurio diría que no vale la pena.
   C. todo el mundo codicia su color y sabor.
   D. vale más que otro condimento cualquiera.

6. No se recomienda el azafrán para una cocción de…
   A. aves.
   B. ternera.
   C. pescados.
   D. cochinillo.

7. Para mejorar las cualidades del azafrán, se puede…
   A. soltar en una sartén.
   B. secar y moler antes de agregarlo.
   C. recolectar en primavera.
   D. desleír en gambas al ajillo.

8. La palabra "se codician" en #3 significa…
   A. se desprecian.
   B. se brindan.
   C. se buscan.
   D. se valoran.

9. Se puede insertar **"También, su color único sorprende y hechiza la vista."** en posición…
   A. #1
   B. #2
   C. #4
   D. #5

DOS

VOCABULARIO DE LA ACTIVIDAD

sastreril – tailoring
ancho/a – wide
estar de acuerdo – to agree
las bombachas – type of pant

el agujero – hole
el botamango – pantleg
el polvo – dust
insólito/a – unusual

las ventajas – advantages
el dobladillo – hem, double over
pasado/a de moda – out of style

Fuente: "Amplias y cómodas", Caleb Bach, <u>Américas</u>, Vol 44, N° 6, 1992.

Amplias y cómodas

Hoy en día vivimos en una época de pluralismo sastreril. Pero al referirse a los pantalones, muchos se adhieren al adagio de que "cuanto más anchos, mejor". **#1** Quienes estén de acuerdo con este criterio deben considerar comprarse un par de bombachas, los tradicionales pantalones de los gauchos. Su amplitud hace que sean cómodos para cualquier situación, activa o pasiva, y su tela resistente y utilitaria hace que parezcan durar para siempre. Su botamanga abotonada en el tobillo protege del polvo, los insectos, las ramas y hasta permite no perder las monedas si se tiene un agujero en el bolsillo. Un hombre cualquiera puede verse bien en cualquier situación de trabajo o de alta sociedad.**#2** Si bien el Cono Sur ofrece las mejores bombachas, también pueden comprarse en otros lugares, aún en catálogos por correo.

Abundan las teorías acerca del origen de las bombachas. **#3** El novelista argentino Ernesto Sábato prefiere una teoría universalista que sugiere que muchos pueblos de a caballo como los mongoles y los cosacos preferían usar ropas que permitían la libertad de movimientos. De manera que era inevitable que los campesinos de la Argentina, el Uruguay, el Paraguay y aún del sur del Brasil, utilizaran estos pantalones anchos.

Una tesis alternativa es la de Eduardo Falú, el gran guitarrista y compositor del norte de la Argentina. Falú, de ascendencia siria, apunta al Cercano Oriente, probablemente Turquía, como el origen de las bombachas. En su opinión, un embarque de pantalones que se había dirigido a las tropas del Pashá o un excedente de guerra al finalizar la guerra de Crimea fue a dar al Río de la Plata y allí sembró la semilla. **#4**

1. ¿Cuál es la principal actitud actual hacia la ropa?
   A. Es una actitud insólita.
   B. Hay muchos diferentes gustos personales.
   C. Los pantalones anchos son los más deseados.
   D. Hay un deseo por lo tradicional.

2. ¿Cuáles son unas ventajas de las bombachas?
   A. La tela suave es de seda o de lino.
   B. Se pueden comprar en catálogos por correo.
   C. Se pueden encontrar en la Argentina, el Uruguay y el Paraguay.
   D. Protegen contra los insectos y la pérdida del dinero.

3. ¿Cuál es el origen de las bombachas?
   A. Es probablemente turco.
   B. Sin duda pertenece a los caballistas.
   C. Se encuentra entre los gauchos.
   D. Hay varias teorías y nadie lo sabe exactamente.

4. Según Ernesto Sábato el origen de las bombachas se debe…
   A. al Cercano Oriente.
   B. a la imitación de muchos pueblos ecuestres.
   C. a los campesinos argentinos.
   D. a intereses universales de los gauchos.

5. Se cierra el dobladillo de las bombachas…
   A. para impedir que entren cosas desagradables.
   B. para mantener calientes las piernas.
   C. para llamar la atención sastreril.
   D. para proteger el dinero contra los carteristas.

6. ¿Qué implicaciones tienen las bombachas para el mundo de la moda?
   A. Ninguna.
   B. Son una curiosidad histórica.
   C. Están pasadas de moda.
   D. Son cómodas, prácticas y elegantes.

7. Se puede insertar **"Todas podrían ser apócrifas."** en posición…
   A. #1
   B. #2
   C. #3
   D. #4

ACTIVIDAD IV. Vocabulario y Verbos

THIS SECTION IS NO LONGER A PART OF THE AP EXAM. However, it is still a good practice exercise. This change applies to pages 36, 61, 87, 110, 137, 162, 185, 208 and 234 as well.

Directions: Read the following passage. Then write, on the line after each number, the form of the word in parentheses needed to complete the passage correctly, logically and grammatically. You must spell and accent the word correctly. You may have to use more than one word. Be sure to write the word on the line even if no change is needed.

YA NO SE INCLUYE ESTA PARTE EN EL EXAMEN DE AP. Se puede utilizarla de práctica.

Instrucciones: Lee el pasaje siguiente. Luego escribe en la línea a continuación la forma de la palabra entre paréntesis que se necesita para completar el pasaje de manera lógica y correcta. Tienes que escribir y acentuar la palabra correctamente. Es posible que haga falta más de una palabra. Escribe la palabra en la línea aún cuando no sea necesario ningún cambio.

UNO
VOCABULARIO DE LA ACTIVIDAD

rebelde – rebellious
lujoso/a – luxurious

los quehaceres – chores
los deberes – duties

exigir – to demand
los cubiertos – silverware

Fuente: "Los quehaceres y la confusión: Formación juvenil", Editorial Vialado, diciembre, 2005.

Fuese lo que __(1)__, cuando era niño no iba a hacer __(2)__ trabajo de casa. __(3)__ rebelde porque vivía en una casa grande y lujosa. Mis padres siempre __(4)__ fuera de casa y todas las tardes cuando yo llegaba de la escuela, no __(5)__ nadie que me __(6)__ la puerta. Mis padres querían que cumpliera una larga lista de trabajitos sin importancia y __(7)__ antes que ellos __(8)__ de la ciudad a averiguar si yo los había obedecido.

Una tarde de abril __(9)__ a casa y fui a mi cuarto a cambiarme de ropa. Era obvio que yo __(10)__ una lista de __(11)__ deberes en la cocina. Yo sabía que me exigiría que __(12)__ el garaje, __(13)__ de comer al perro (que se __(14)__ Cubito), __(15)__ el correo y __(16)__ los

1. _____ (ser)

2. _____ (ninguno)

3. _____ (ser)

4. _____ (trabajar)

5. _____ (haber)

6. _____ (abrir)

7. _____ (aburrido)

8. _____ (volver)

9. _____ (llegar)

10. _____ (encontrar)

11. _____ (numeroso)

12. _____ (barrer)

13. _____ (dar)

14. _____ (llamar)

15. _____ (recoger)

16. _____ (poner)

cubiertos en la mesa. Cuando por fin __(17)__ la

larga lista me __(18)__. ¡ __(19)__ al perro,

__(20)__ la comida al coche, __(21)__ los

cubiertos en el garaje!

17. _____	(leer)
18. _____	(marear)
19. _____	(Barrer)
20. _____	(dar)
21. _____	(poner)

DOS

VOCABULARIO DE LA ACTIVIDAD

las gambas – shrimp	**la llamita** – flame	**el perejil** – parsley
al ajillo – in garlic	**la sartén** – frying pan	**rociar** – to rub
la receta – recipe	**de vez en cuando** – from time	
el cuello – neck	to time	

Fuente: "Gambas al ajillo – Una receta", Cocina casera, Editorial Vialado, agosto, 2005.

Primero, __(1)__ Ud. el cuello a dos docenas de gambas, pelándolas con amor. Luego, __(2)__ una de sus sartenes más __(3)__. Límpiela suavemente con un trapo preparado en un muy apreciado aceite. __(4)__ la sartén encima de una llamita bajita. __(5)__ dos o tres dientes bien __(6)__ de ajo, lavándolos con el agua fría más pura. Eche sal a gusto a la sartén y __(7)__ los ajos pelados.

Cuando los ajos __(8)__ a cambiarse de color (No debe Ud. dejar que se __(9)__.), __(10)__ las preciosas gambas. De vez en cuando y con mucho afecto __(11)__ la vuelta a las gambas. Para que las deliciosas gambitas no __(12)__ de la sartén totalmente __(13)__, espolvoree una ramita vivaz de perejil, rociando su verde sabor por encima. __(14)__ inmediatamente y goce de la exquisitez que le __(15)__.

1. _____	(torcerles)
2. _____	(sacar)
3. _____	(querido)
4. _____	(Colocar)
5. _____	(Pelar)
6. _____	(formado)
7. _____	(freír)
8. _____	(empezar)
9. _____	(quemar)
10. _____	(agregar)
11. _____	(dar)
12. _____	(salir)
13. _____	(solito)
14. _____	(Servirse)
15. _____	(esperar)

ACTIVIDAD V. Vocabulario

UNO
VOCABULARIO DE LA ACTIVIDAD

merecer – to deserve
los alimentos – foods
las etiquetas – labels
la manteca – butter
la cocción – action of boiling

agregar – to add
aprovechar – to enjoy, take advantage
amueblado/a – furnished
el fondo – background

el esmalte – enamel
el picaportes – door handle
el latón – brass
las muñecas – dolls

Fuente: "Sacos de exotismo y arroz", <u>Más</u>, marzo, 1992.

La mayoría de las personas no aprecia suficientemente el arroz. Compran cartones y sacos en bodegas y supermercados y __(1)__ llevan a sus hogares sin pensarlo dos veces. Pero este fabuloso y exótico grano con una historia antiquísima y con __(2)__ cual se alimentan miles __(3)__ millones de personas, __(4)__ en Asia como en otros continentes, merece mucho más que un uso rutinario. El arroz es uno de __(5)__ más antiguos cultivos alimenticios del hombre. En China lo consideraban como alimento básico en el año 2800 antes de Cristo. Los griegos lo descubrieron gracias a las expediciones de Alejandro Magno a Asia alrededor del __(6)__ 320 antes de Cristo.

1. _____

2. _____

3. _____

4. _____

5. _____

6. _____

Fuente: "Nutrición", <u>Más</u>, abril, 1992.

Alimentos altos en grasas son también altos en calorías. Si uno quiere cuidar su dieta es importante que __(7)__ hacer la compra revise las etiquetas de los productos para que sepa el número de calorías que le aportan y para evitar aquéllos que contengan grasas saturadas como el aceite de coco, aceite de palma, manteca, grasa de res, manteca vegetal hidrogenada, mantequilla, crema o mantequilla de coco. Cocinando los alimentos se reducen las vitaminas. Utilice Ud. __(8)__ agua de la cocción para hacer sopas o agréguelo Ud. a otros platos. De esta forma aprovechará __(9)__ máximo todas las vitaminas.

7. _____

8. _____

9. _____

VIVIENDA / BIENES __(10)__
CASITA DE ENSUEÑOS PARA ESTRENAR.
BAJA TASACIÓN.

Venga Ud. a soñar __(11)__ el último grito en residencias. ¡Hay que verlo! ¿ __(12)__ gustaría mejorar el espacio? ¿Quizás un duplex inventado? ¡Añada fácilmente una piscina interior climatizada! Se venden completamente amueblados o fabríquese __(13)__ mismo los muebles. No es difícil __(14)__ menos que se trate de una cama estilo borbón. Utilizar colores de fondo en las paredes de los dormitorios no impide que Ud. emplee __(15)__ que tonos suaves. Tal vez un esmalte o un satinado blanco.

¡Podemos ayudarle a hacer una decoración completa! Según el plano que le ofrecemos, hay suficiente espacio para poder colocar todo perfectamente. También, __(16)__ poder organizarse aún más, ponga en él únicamente __(17)__ relacionado con la eficiencia en el hogar. ¡Abra Ud. la puerta juvenil con picaportes de latón! Llame a "CASITAS Y JUGUETES" 01.22.33.02. ¡Las delicias de sus hijos! (No __(18)__ incluyen las muñecas.)

10. _____

11. _____

12. _____

13. _____

14. _____

15. _____

16. _____

17. _____

18. _____

VOCABULARIO DE LA ACTIVIDAD

el mostrador – counter   **colocar** – to place   **el rincón** – corner
el archivo – filing cabnet   **los sobres** – envelopes

Fuente: "Del caos al orden", Marta Méndez, <u>Buenhogar</u>, p. 52, 1986. Published by permission of <u>Redbook Magazine</u>.

En esta época en __(1)__ que vivimos, es muy raro que en el hogar no haya un ordenador. Estamos en el umbral del __(2)__ XXI y vemos que la electrónica va dominando todos los aspectos de la vida incluso la felicidad familiar. ¿Cómo crearemos un apetecible rincón tecnológico dentro __(3)__ nuestro hogar? Para no perder tiempo ni dinero, es importante comprar el mejor equipo. En una libreta anoten los precios de las varias tiendas para que recibamos los mejores. Los siempre listos querrán adquirir un mostrador ancho, un amplio archivo, y __(4)__ supuesto, suficientes enchufes.

Y, ¿dónde __(5)__ colocamos? ¿En una oficinita en la alcoba? Los expertos __(6)__ aconsejan al marido que evite esto para mantener una buena relación con su esposa. La cocina o el salón de familia le deben parecer un mejor lugar para los aparatos electrónicos. Todo es cuestión de organizarse. Si hay equipo en muchas piezas dispersas, esto va a causar confusión. __(7)__ eso es aconsejable que en un solo escritorio de mucho espacio y con tablas transversales la familia guarde todos los sobres, las hojas, y los materiales no __(8)__ de la casa sino de la oficina. Por supuesto, también hay __(9)__ considerar la unidad de color y muebles para ayudar __(10)__ formar un "todo". Pronto este rincón de la casa estará conectado a todos los lugares del mundo.

1. _____

2. _____

3. _____

4. _____

5. _____

6. _____

7. _____

8. _____

9. _____

10. _____

ACTIVIDAD VI. Ensayos Cortos

VOCABULARIO DE LA ACTIVIDAD

la tintorería – dry cleaners
quejarse – to complain

los consejos – advice
mudarse – to move

la lavandería – laundromat

UNO

> **_Directions:_** For the following question, you will write a letter. You have 10 minutes to read the question and write your response.
>
> **_Instrucciones:_** Para la pregunta siguiente, escribirás una carta. Tienes 10 minutos para leer la pregunta y escribir tu respuesta.

Acabas de lavar tu ropa en la lavandería. Después de secar la ropa te das cuenta de que uno de tus calcetines favoritos ha desaparecido. Escribe una carta al dueño de la tintorería, quejándote de la pérdida del calcetín. Debes incluir:

* un saludo apropiado al dueño.
* una explicación de lo que pasó.
* unas ideas y teorías sobre dónde puede estar el calcetín.
* lo que piensas que debe hacer el dueño.

DOS

> **_Instrucciones:_** Para la pregunta siguiente, escribirás un mensaje. Tienes 10 minutos para leer la pregunta y escribir tu respuesta.

Durante la clase de español, un compañero te pasa un mensaje de otro estudiante pidiendo que le des consejos sobre una fiesta que va a dar este fin de semana. Respóndele

* dando tus consejos sobre qué comida debe servir y por qué.
* dándole instrucciones para prepara tu comida favorita.

TRES

> **_Instrucciones:_** Para la pregunta siguiente, escribirás un mensaje electrónico. Tienes 10 minutos para leer la pregunta y escribir tu respuesta.

Tu mejor amiga te manda un mail electrónico. informándote que su familia se muda a otra parte del país. Escríbele un mensaje electrónico. Saluda a tu amiga y

* expresa tu reacción a la noticia.
* menciona las cosas de ella que quieres que te deje y por qué.
* mándale tus saludos y deseos para el futuro.

ACTIVIDAD VII. Ensayo basado en varias fuentes

Siempre esperamos vivir en el perfecto hogar de nuestros sueños. Inevitablemente la realidad de nuestras circunstancias, sean ambientales o sociales, se impone. Citando ejemplos y comentarios de las tres fuentes, escribe sobre cómo hay que tratar de mantener un equilibrio entre los deseos y expectativas y la realidad en nuestra búsqueda de una buena vida.

Fuente Impresa Nº 1

VOCABULARIO DE LA ACTIVIDAD

perecedero/a – perishable	**las pajas** – straw	**la intemperie** – the (weather)
humilde – humble	**entretejido/a** – interwoven	elements
los montantes – uprights	**ubicado/a** – located	**enterrar** – to bury

Fuente: Este artículo " La casa maya" fue reproducido con el permiso de La Editorial Molinero.

Es imposible generalizar sobre la arquitectura maya porque sus casas estaban hechas de materiales perecederos y no quedan buenos ejemplos. Se sabe que los mayas de clase humilde adaptaban la construcción de sus casas al terreno y el clima. Estas casas humildes eran sencillas y de una similitud que hasta hoy en día se observa. La única planta era rectangular pero los muros presentaban una forma ovalada. Los cimientos eran de piedra. Donde había dos puertas, la principal que daba al este estaba ubicada, sobre todo en zonas de alto calor, directamente frente a la segunda para dejar pasar una corriente de aire.

Se formaban las paredes utilizando varas y montantes con pajas entretejidas y cubiertas de embarro de agua, pajas y tierra para llenar los espacios entre los soportes principales. Para reforzar las articulaciones utilizaban ataduras de hierbas gruesas y duras. No tenían ventanas y el piso era de tierra pisada y compacta. Los techos de palma tejida protegían el interior de la intemperie. En áreas donde había una gran cantidad de rocas, los mayas empleaban piedras para formar las murallas.
Los mayas vivían en barrios apretados en las ciudades o en el campo, en comunidades muy unidas. La

casa era de un solo cuarto que no era muy amplio y les servía a los mayas como lugar de dormir, comer y enterrar a sus muertos. Los mayas pasaban el día afuera trabajando en los campos y no pasaban mucho tiempo en el centro de la ciudad.

Fuente Impresa Nº 2

VOCABULARIO DE LA ACTIVIDAD

las razzias – the raids
soler – to tend to; usually
el foso – moat
las peñas – rocks
albergar – to give shelter

brindar – to offer
los catres – cots
los pozos – wells
la baldosa – flagstone

prestar atención – to pay attention
las colchas – bedspreads
de antaño – in the past

Fuente: "Los castillos", artículo usado con permiso de <u>Enciclopedia Molineros</u>, 2005.

Durante la Reconquista Española (siglos VIII-XV) los cristianos y musulmanes se encontraban en un intermitente estado de guerras y razzias de pillaje. Mientras los musulmanes solían construir fuertes-palacios, los cristianos construían castillos para defenderse. Así, su construcción era práctica y no pretendía aspirar a nada decoroso ni a ningún interés estético. Además de los muros con sus almenas y matacanes, los castillos tenían un gran patio de armas y una torre del homenaje donde vivían los caballeros. Muchas veces se cavaba un foso que rodeaba y protegía el castillo.

La construcción de los castillos aprovechaba el terreno en que se asentaban. Los situaban en alturas de cerros o peñas y aun en montículos de las llanuras. Eran de piedra y lo que los caballeros llamaban hogar era la torre del homenaje donde dormían. Las torres del homenaje eran altas de acceso difícil. Solían tener varios pisos para albergar a los soldados y sus armamentos y servir de alojamiento para el alcaide. Ocupaba el piso para los caballeros un solo dormitorio que brindaba incómodos catres colocados contra una fría y húmeda pared. No importaba un sentido de comodidad. Una batalla por el castillo terminaba con la toma de la torre del homenaje. Así era el hogar del soldado común.

A partir del siglo XIII, la nobleza que había establecido control sobre sus terrenos empezó a renovar los castillos, haciéndolos más suntuosos y representativos de una vida apacible. Los patios de armas fueron convertidos en jardines y lugares de entretener a los amigos y visitantes. Ofrecían varias dependencias como pozos de agua, almacenes, una capilla, una sala de recepciones y caballerizas. Las torres del homenaje se convertían en vivienda de lujo y de comodidad. Además, los grandes señores empezaron a decorar las murallas y puertas. Había tiempo y seguridad para prestar atención al sentido estético.

Hoy en día no es extraño ver avisos que atraen al turista a un "recio castillo del siglo IX que acoge al parador de Cardona. Sus muros rezuman historia. Habitaciones equipadas al detalle y emplazadas en un laberinto de estrechos pasillos. Suelos de baldosas rojas, colchas de colores y muebles de madera oscura visten las estancias, cada una con un ambiente distinto. Las instalaciones se completan con sauna, gimnasio y un servicio de alquiler de caballos." Los caballeros de antaño nunca vivieron tan bien ni imaginaron que su humilde hogar se convertiría en un parador del futuro.

Fuente Nº 3 Auditiva

VOCABULARIO DE LA ACTIVIDAD

los tubos – pipes
acarrear – to transport
mudarse – to move

el sótano – basement
los escalones – steps
apretado/a – tight

se hacen pedazos – are
crumbling
las recámaras - bedrooms

Fuente: Audio reproducción de <u>La casa en Mango Street</u>, Sandra Cisneros; Vintage Español, una división de Random House, Inc., New York, 1994.

🔊 1.7

| **Voz en el informe** |
| Narradora: La protagonista del libro |

ACTIVIDAD VIII. Conversaciones dirigidas

Directions: You will now participate in a simulated conversation. First, you will have 30 seconds to read the outline of the conversation. Then, you will listen to an explanation of the situation and have 60 seconds to read again the outline of the conversation. Afterward, the conversation will begin, following the outline. Each time it is your turn, you will have 20 seconds to respond; a tone will indicate when you should begin and end speaking. You should participate in the conversation as fully and appropriately as possible.

Instrucciones: Ahora participarás en una conversación simulada. Primero, tendrás 30 segundos para leer el bosquejo de la conversación. Luego escucharás una explicación de la situación y tener 60 segundos para leer de nuevo el bosquejo. Después empezará la conversación, siguiendo el bosquejo. Siempre que te toque, tendrás 20 segundos para responder; una señal te indicará cuándo debes empezar y terminar de hablar. Debes participar en la conversación de la manera más completa y apropiada posible.

◀》 1.8.1   **UNO**

Imagina que quieres comprar una silla recliner para tu padre para el Día del Padre y vas a una mueblería. La mueblería es grande y hay todo tipo de mueble.

La conversación
[Las líneas en gris reflejan lo que escucharás en la grabación.]

El empleado:	• Se acerca y te saluda. **[Tono]**
Tú:	• Salúdale. • Contesta su pregunta. • Dile por qué has venido.
El empleado:	• Continúa la conversación. **[Tono]**
Tú:	• Dale la información que quiere y explica por qué.
El empleado:	• Continúa la conversación. **[Tono]**
Tú:	• Reacciona. • Rechaza la oferta y dile por qué.
El empleado:	• Continúa la conversación. **[Tono]**
Tú:	• Reacciona. • Dile cuál de las dos sillas vas a elegir y por qué.
El empleado:	• Reacciona con sorpresa. **[Tono]**
Tú:	• Convéncele de tu sinceridad. • Explícale por qué quieres comprarla. • Despídete del empleado.
El empleado:	• Termina la conversación.

Instrucciones: Ahora participarás en una conversación simulada. Primero, tendrás 30 segundos para leer el bosquejo de la conversación. Luego escucharás una explicación de la situación y tendrás 60 segundos para leer de nuevo el bosquejo. Después empezará la conversación, siguiendo el bosquejo. Siempre que te toque, tendrás 20 segundos para responder; una señal te indicará cuándo debes empezar y terminar de hablar. Debes participar en la conversación de la manera más completa y apropiada posible.

Imagina que una tarde estás hablando con tu mejor amigo de colegio.

La conversación
[Las líneas en gris reflejan lo que escucharás en la grabación.]

El Amigo:	• Te saluda. **[Tono]**
Tú:	• Salúdale. • Reacciona. • Pregúntale qué hubiera preferido que preparasen.
El Amigo:	• Sigue la conversación. **[Tono]**
Tú:	• Dale la información que quiere. • Pídele que te ayude a informar a los cocineros de la cafetería.
El Amigo:	• Sigue la conversación. **[Tono]**
Tú:	• Dale la información que quiere. • Pregúntale si le gusta la idea.
El Amigo:	• Sigue la conversación. **[Tono]**
Tú:	• Contesta. • Explica por qué te conviene la hora.
El Amigo:	• Te propone algo nuevo. **[Tono]**
Tú:	• Reacciona. • Dale otra opción. • Despídete de tu amigo.
El Amigo:	• Se despide.

ACTIVIDAD IX. Presentaciones orales

UNO

Imagina que tienes que dar una presentación formal durante las ceremonias de graduación de tu colegio y que has escogido el título "Las pequeñas cosas de mi vida han sido tan grandes."

El artículo trata de la historia de las tapas, comida chatarra de España; el informe de la radio trata de la historia de los Post-Its™. En tu presentación compara las dos historias y relaciónalas con algo que no te parece importante o complejo pero que te ha influido en la calidad de tu vida.

Texto impreso

VOCABULARIO DE LA ACTIVIDAD

disponer – to order
tapar – to cover
volador/a – flying
el embutido – sausage

en rodajas – in slices
la lonchita – slab, slice
estropearse – to break down, go bad

tener cabida – to have a valid place

Fuente: Este fragmento es del artículo "Historia de las tapas", publicado en la página web A Tapear *atapear.com* en 2003.

Se asegura que fue el rey Alfonso X el Sabio quien dispuso que en los mesones castellanos no se sirviese vino si no era acompañado de algo de comida. Esto evitaba que el vino subiese rápidamente a la cabeza.

La tapa, al principio, se depositaba sobre la boca de la jarra o vaso servido, por lo que "tapaba" el recipiente: de ahí el origen de la palabra. Servía para acompañar la bebida y para evitar que algún "visitante volador" entrase en el preciado líquido. En aquellos tiempos la tapa consistía en una loncha de jamón o en rodajas de chorizo o de otro embutido y, a veces, era sustituido por una cuña de queso.

Hay quien asegura que la historia de la tapa surgió a raíz de la siguiente anécdota:

El Rey Alfonso XIII estaba realizando una visita oficial a la provincia de Cádiz y al pasar por el Ventorrillo del Chato (venta que aún hoy existe) se paró para descansar un rato. El Rey pidió una copa de jerez, pero en ese momento una corriente de aire entró en la Venta y, para que el vino no se llenara de arena de la playa, el camarero tuvo la feliz idea de colocar una lonchita de jamón en el catavinos real. El Rey preguntó por qué ponían esa loncha de jamón sobre la copa y el camarero disculpándose le dijo que colocó así la "tapa" para evitar que el vino se estropease con la arena. Al Rey le gustó la idea, se comió la tapa, se bebió el vino y pidió que le sirvieran otro, pero con "otra tapa igual". Al ver esto, todos los miembros de la Corte que le acompañaban pidieron lo mismo. Como podemos observar, es más o menos la misma historia pero con otro protagonista.

Las tapas se han diversificado muchísimo con el tiempo. Antaño se reducían a lo dicho anteriormente y ahora, además de las típicas aceitunas en todas sus variedades y los frutos secos, aparecen pequeñas tapas de guisos típicos servidos en pequeñas porciones, que muy bien pueden sustituir una comida o cena, donde lo único que no tiene cabida es lo dulce. Lo que nunca debemos es considerar el tapeo como la típica comida rápida americana. Es más natural y su práctica genera amistad y compañerismo.

Informe de la radio

VOCABULARIO DE LA ACTIVIDAD

los rincones – corners	**platicar** – to chat	**el celo** – tape
los huasos – Chilean cowboys	**de pega/pegajoso/a** – sticky	**a tiras** – in strips

Fuente: Este informe, "Algo pequeño me ha resultado grande", es usado con permiso de Radio Araucano, 2005.

◀)) 1.9.1

> **Voces en el informe**
> Narradora: Anfitriona del programa
> El doctor Pegoso: Comentarista especial para Radio Araucano
> Corresponsal: Reportero ambulante
> Voz Femenina: Vaquera entrevistada
> Voz Masculina: Vaquero entrevistado

DOS

Imagina que tienes que dar una presentación oral a tu clase sobre la importancia de los quehaceres para los adolescentes. Presenta una posición contraria a las ideas expresadas en estas dos fuentes. Debes citar puntos específicos expresados en el artículo y en el informe radial.

Texto impreso

VOCABULARIO DE LA ACTIVIDAD

la crianza – upbringing	**llevar las cuentas** – to manage bills
sobornar – to bribe	**las quejas** – complaints
contar con – to count on	

Fuente: Artículo concedido con permiso de la Editorial Vialado, marzo de 1997.

Según los sicólogos, especialistas en la crianza de los niños, cuantos más quehaceres de casa tengan los niños más responsabilidad podrán aceptar y cumplir como adultos. El tipo de trabajo que le proporcionan los padres al niño debe depender de su madurez. Esto sólo lo pueden juzgar los padres. Los sicólogos insisten que los padres no paguen a los niños por hacer los trabajos de casa. Esto les parece sobornar al niño cuando éste debe aprender que trabajar para la comunidad familiar es una responsabilidad que se debe cumplir gratis y siempre. La motivación de hacer los quehaceres de casa siempre debe brotar del amor por la familia, la unidad básica de toda relación humana.

Los más jóvenes deben contar con la ayuda directa de sus padres en sus quehaceres. Aún los más pequeños pueden aprender a guardar sus juguetes, mezclar ingredientes en la cocina y regar las plantas. Desde una temprana edad, los padres deben insistir en que sus hijos limpien y organicen su propia habitación. Esto refuerza el concepto de que uno es siempre responsable de su propio ambiente.

Los mayores pueden hacer todo lo que hacen los padres menos llevar las cuentas de la familia. Pueden ayudar a cuidar de los hermanos menores, ir de compras y ayudar a planear viajes de familia. Cuando reciban su carnet de chofer, deben ayudar a llevar a los menores a sus varias actividades deportistas.

El éxito de este entrenamiento depende tanto de la firmeza como del cariño que los padres ejerzan. Y siempre hay que tener en cuenta que cuanto más jóvenes empiecen a aceptar estas responsabilidades mucho más las aceptarán sin quejas más tarde.

Informe de la radio

VOCABULARIO DE LA ACTIVIDAD

a menudo – often
petiso/a – short
batir – to beat (wings)

voltear – to turn over; invert
moler – to grind
la palanca – the gear shift

ni un pepino ni un colmillo - nothing

Fuente: Informe "Tendencias adolescentes" de Radio Araucano, junio de 2005.

◀╣ 1.9.2

Voz en el informe
Interlocutora: Anfitriona del programa

¡PONERLO EN PRÁCTICA!

EL DORMITORIO

I. SEGÚN EL DIBUJO, COMPLETA LAS FRASES CON LA PALABRA APROPIADA. ES POSIBLE QUE HAGA FALTA MÁS DE UNA PALABRA.

1. Si no me _____, no voy a permitirte escuchar la música.

2. Martita, mi hijita, ¿por qué andas _____?

3. Hay ropa por todas partes. El dormitorio está _____.

4. Mamí, por favor, cómprame _____ de los Beatles.

5. ¡No me _____! Te escucho.

6. No quiero escuchar la música. Por favor hijita, ponte _____.

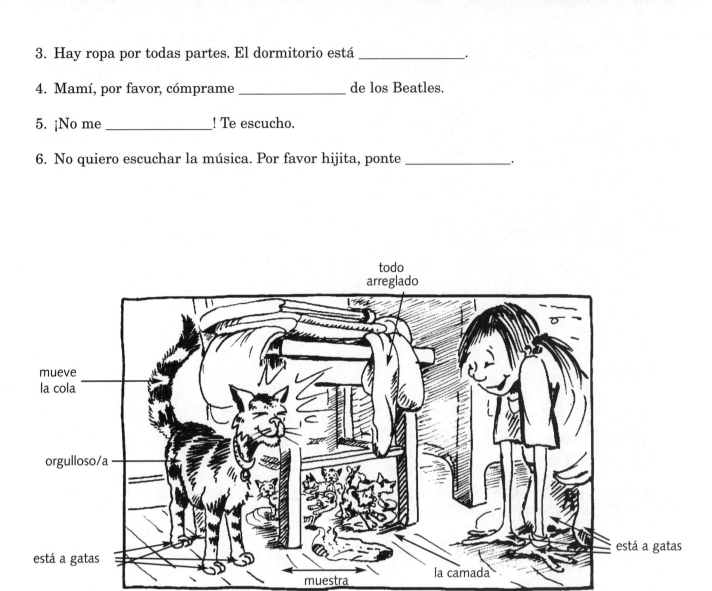

todo arreglado

mueve la cola

orgulloso/a

está a gatas

muestra

la camada

está a gatas

II. SEGÚN EL DIBUJO, COMPLETA LAS FRASES CON LA PALABRA APROPIADA. ES POSIBLE QUE HAGA FALTA MÁS DE UNA PALABRA.

1. La gata está muy _____ de su _____.

2. De repente la gata está _____ y ve que Martita también anda _____.

3. Muy contenta, la gata mueve _____ mientras le _____ sus gatitos a Martita.

4. Todo está bien _____. Es decir, no es un lío.

III. HAZ UN DIBUJO QUE REPRESENTE LO QUE PASA DESPUÉS DEL PRIMER DIBUJO (p. 24) Y ANTES DEL SEGUNDO (p. 25). TU DIBUJO (p. 26) DEBE INCLUIR LO SIGUIENTE:

MAULLAR
HACER LA CAMA
ARREGLAR
DOBLAR
TOALLAS
PULIR
PASAR LA ASPIRADORA

IV. AHORA, COMPARA TU DIBUJO CON EL DE OTRO ESTUDIANTE. HABLA DE LAS DIFERENCIAS.

V. ¡ENTREVISTÉMONOS! TIENES QUE ENCONTRAR UNA PERSONA PARA CADA ORACIÓN Y ESCRIBIR SU NOMBRE.

BUSCA A UN ESTUDIANTE EN TU CLASE QUE...

le gusten las cerezas.	_____
coma pasas.	_____
tenga una vista al mar.	_____
cuide de los niños.	_____
no coma guisado.	_____
saque la basura.	_____
tenga piscina climatizada.	_____
tome vitaminas.	_____
sea vegetariano/a.	_____

¡SALUD, DINERO Y AMOR Y TIEMPO PARA DISFRUTARLOS!

María Chucena techaba su choza
cuando un leñador que por allí pasaba le dijo,
"María Chucena, ¿techas tu choza o techas la ajena?"
"Ni techo mi choza ni techo la ajena,
techo la choza de María Chucena."

CAPÍTULO II
LA SALUD

LAS EDADES
niñez (f)
pubertad (f)
juventud (f)
adolescencia
madurez (f)
vejez (f)

LOS DESASTRES
atropellar
caer
chocar
cochebombas (m)
corte (m)
diluvio
epidemia
huracán (m)
matar
peste (f)
tropezar

LAS ENFERMEDADES
gripe (f)
neumonía
paperas
resfriado
rubéola
sarampión (m)
SIDA (m)
varicela
viruela

MEDICAMENTOS
aspirina
drogas
jarabe (m)
linimento
medicina

¡¡¡¡¡¡ MODISMOS !!!!!!!

El pollo *se arriesgó* al atravesar la calle.

Me *duelen* la cabeza y el estómago.

Siempre estoy *a dieta.*

Miguel se *contagió* de un catarro que era muy contagioso.

Los escalofríos producen *piel de gallina.*

?

JUEGOS DE PALABRAS

El médico *atendió* a sus pacientes después de *asistir* a una reunión.

El médico buscaba *la cura* para *el cura* enfermo.

No es *embarazoso* estar *embarazada.*

La cabeza tiene *una frente* pero los soldados están en *el frente.*

El médico examina *los reflejos* de los músculos que se ven en *el reflejo* del espejo.

PALABRAS ÚTILES
aprovechar
brotar
mejorar
quebrar

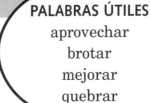

LA SALUD

Más vale prevenir que curar.

27

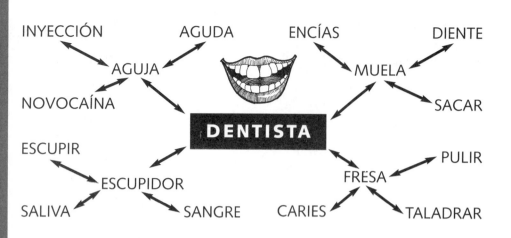

INYECCIÓN — AGUDA — ENCÍAS — DIENTE
AGUJA
NOVOCAÍNA — MUELA
ESCUPIR — SACAR
DENTISTA — PULIR
ESCUPIDOR — FRESA
SALIVA — SANGRE — CARIES — TALADRAR

LAS CAUSAS
alergia
estilo de vida
estrés (m)
fumar
herir
mordisco
picadura
peligro

LAS PERSONAS

doctor/a
enfermo/a
especialista (m, f)
experto/a
herido
matasanos
médico/a
minusválido/a

paciente (m, f)
pediatra (m, f)
psicólogo/a
psiquiatra (m, f)
técnico/a
terapeuta (m,f)
víctima

células
cicatriz (f)
espinilla
glándula
grano
grasa
hormona
lesión (f)
magulladura
nervio
nódulo
poro
quemadura
quiste (m)
rasguño
roncha
sebáceo/a

LAS CONDICIONES
cáncer (m)
catarro
congestión (f)
desmayarse
dolor (m)
estornudar
fallecer
fiebre (f)
fractura
hipos
incapacidad (f)
infarto
insomnio
muerto/a
padecer
nauseabundo/a
palpitar
recurrir
resfriado
romper
torcer
tirón (m)

EL ESTRÉS
agitado/a
ansiar
asustar
aterrorizar
llanto
llorar
lloriqueo
pánico
preocuparse
quejarse
temblar
tensión (f)

LA TERAPIA
abuso
aconsejar
ajustarse
apoyo
calmar
consejo
quejarse
tranquilizante
tratamiento
violación (f)

LOS REMEDIOS
aliviarse
consultar
cuidar
curación (f)
descansar
dormir
energía
enyesar
higiene (f)
masaje (m)
muletas

PALABRAS FAMILIARES

cabeza	encabezar	cabezón/a	cabecera
salud (f)	saludar	saludable	saludos
enfermedad (f)	enfermarse	enfermo/a	enfermero/a
relajo	relajarse	relajante	relajación (f)
sueño	soñar	soñoliento/a	soñador/a
susto	asustar	asustado/a	

ACTIVIDAD I. Audios cortos

Instrucciones: Ahora vas a escuchar una selección auditiva. Después de la selección se te harán varias preguntas sobre lo que acabas de escuchar. Para cada pregunta elige la MEJOR respuesta de las cuatro opciones escritas en tu libreta de examen y rellena el óvalo correspondiente en la hoja de respuestas.

UNO

VOCABULARIO DE LA ACTIVIDAD

los moretones – bruises
las magulladuras – contusions/bruises
el lío – mess
manso/a – gentle
la cabalgata – horseback ride
tener ganas – to feel like
la pradera – meadow

mocoso/a – bratty
a rienda suelta – on a loose rein
la senda – path
esquivarse – to avoid
encima de – on top of
apenas – hardly
las muletas – crutches

las lesiones – wounds
los rasguños – scratches
improvisto/a – unforeseen
campestre – rustic, rural
el latigazo – whip, lash
los pulmones – lungs

Fuente: "Un vistazo especial" de la emisora Radio Araucano, septiembre, 2000.

🔊 2.1.1

Voces en el informe
Muchacha: Amiga de Carmen
Carmen: Joven ecuestre

Número 1.
A. Una niña discapacitada.
B. Una víctima de un accidente imprevisto.
C. Una cazadora lesionada en un accidente.
D. Una especialista en accidentes campestres.

Número 2.
A. Está fastidiada.
B. Está alegre.
C. Está triste.
D. Está resignada.

Número 3.
A. Al saltar una cerca, Carmen se cayó de su caballo.
B. Otro caballista le dio un latigazo a Carmen.
C. El caballo de Carmen le mordió el brazo izquierdo.
D. A Carmen se le cayó encima un caballo.

Número 4.
A. Un tobillo roto.
B. Varias magulladuras y una fractura.
C. Varios tirones y fracturas.
D. Sólo un brazo dislocado.

Número 5.
A. Le tomaron el pulso y la presión.
B. Le examinaron el oído y la garganta.
C. Le sacaron una muestra de sangre y células.
D. Le auscultaron los pulmones y el corazón.

Número 6.
A. Esperanza.
B. Amargura.
C. Enojo.
D. Desilusión.

DOS

VOCABULARIO DE LA ACTIVIDAD

perder todo cuidado – to
   forget one's worries
atender – to care for
las vendas – wraps

exigir – to demand
el pasto – grass; lawn
tender – to stretch out
frotar – to rub

la nuca – nape
fijo/a – fixed, set
engrasar – to grease
sazonar – to season

Fuente: Un programa especial de la emisora Radio Araucano que se titula "Una conversación con tus vecinos", junio, 2005.

◀))) 2.1.2

> **Voces en el informe**
> Asistenta: Trabaja en un salón de relax.
> Mario: Cliente
> Leonardo: Masajista

Número 1.
  A. En una tienda de música.
  B. En un salón de masaje.
  C. En una tienda de belleza.
  D. En un salón de mensajes.

Número 2.
  A. Sin hora fija
  B. Con hora fija.
  C. A gatitas.
  D. A tientas.

Número 3.
  A. Un gurú viejo.
  B. Una señorita terapeuta.
  C. Un terapeuta hábil.
  D. Una asistenta.

Número 4.
  A. Tiene miedo de algo.
  B. Ha pasado un mes difícil.
  C. Está estresado.
  D. Su esposa se ha divorciado de él.

Número 5.
  A. Preocupado y cansado.
  B. Alegre pero preocupado.
  C. Aliviado y alegre.
  D. Aliviado pero cansado.

Número 6.
  A. Leonardo a Mario.
  B. La asistenta a Leonardo.
  C. La asistenta a Mario.
  D. Mario a Leonardo.

Número 7.
  A. Para engrasar la camilla.
  B. Para reparar la cañería.
  C. Para frotarle el cuello a Leonardo.
  D. Para sazonar una ensalada.

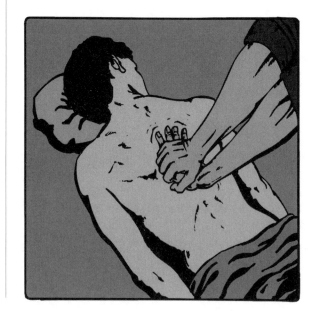

ACTIVIDAD II. Audios extendidos

Instrucciones: Ahora escucharás una selección auditiva. Se te permite tomar apuntes en el espacio en blanco de esta hoja y la siguiente. Estos apuntes no serán calificados. Al final de la selección contestarás una serie de preguntas escritas sobre lo que acabas de escuchar. Basándote en la información de la selección, elige la **MEJOR** respuesta a cada pregunta de las cuatro opciones impresas.

UNO

VOCABULARIO DE LA ACTIVIDAD

la erupción – rash
dejar de – to stop (doing something)
perjudicado/a – damaged
el sarampión – measles
estar encinta – to be pregnant
la peste – plague

los países en desarrollo – developing countries
padecer – to suffer
moquear – to have a runny nose
la roncha – lump, bump
el fallecimiento – death
la vacuna – vaccine

las paperas – mumps
el reto – challenge
el lloriqueo – whimpering
exitoso/a – successful
sonarse la nariz – to blow one's nose

Fuente: Este informe, que se titula "La batalla contra el sarampión", se emitió por la emisora Radio Araucano en junio de 2005.

◀)) 2.2.1

Voces en el informe
Locutora: Anfitriona del programa de Radio Araucano
Una madre anónima
Doctor Moretón

1. ¿A quién avisa la locutora?
   A. A los niños enfermos.
   B. A los padres de niños pequeños.
   C. A los médicos de sitios rurales.
   D. A las madres embarazadas.

2. ¿Contra qué enfermedad da consejos la locutora?
   A. Contra la gripe.
   B. Contra las paperas.
   C. Contra el sarampión.
   D. Contra la viruela.

3. ¿A quiénes NO ataca el sarampión?
   A. A las vicuñas.
   B. A las paperas.
   C. A los vacunados.
   D. A las madres embarazadas.

4. ¿Cuál es el primer síntoma de esta enfermedad?
   A. Una erupción de ronchas.
   B. Una fiebre alta.
   C. Una sonrisa incesante.
   D. El lloriqueo y sueños turbulentos.

5. ¿Qué aconseja la locutora?
   A. Que todos los niños sean vacunados.
   B. Que los pediatras requieran la inmunización.
   C. Que los niños visiten la OPS.
   D. Que todos se enteren de las enfermedades infantiles.

6. ¿Cuál es la meta de la Organización Panamericana de la Salud?
   A. La mejor distribución de medicinas.
   B. La protección contra toda enfermedad infantil.
   C. Vacunar a todos los niños contra el sarampión.
   D. La completa erradicación del mundo.

7. ¿Qué se puede concluir de este informe?
   A. La campaña ha sido exitosa.
   B. Todavía hay dificultades que superar.
   C. Los nenes deben sonarse las narices.
   D. Los médicos no toman bastante en serio el sarampión.

DOS

VOCABULARIO DE LA ACTIVIDAD

tener en cuenta – to take into account
de acuerdo a – according to
escaso/a – scarce
el recurso – resource

la barrera – barrier
el desajuste – breakdown
la eficacia – effectiveness, efficiency
procurar – to try

lograr – to obtain; to be able to
ingerir – ingest

Este informe, que se titula "La OMS apoya esfuerzo global para el alivio del dolor crónico", se emitió por la emisora Radio Naciones Unidas en 2005.

🔊 2.2.2

> **Voces en el informe**
> Locutor: Anfitrión del programa de Radio Naciones Unidas
> Luisa Cabello: Reportera
> Cecilia Sepúlveda: Coordinadora del Programa del Cáncer de la Organización Mundial de la Salud

1. ¿Qué objetivo procura lograr la Organización Mundial de la Salud?
   A. Llamar la atención de los que padecen dolor crónico.
   B. Llamar la atención al problema del uso de narcóticos.
   C. Eliminar el dolor crónico.
   D. Eliminar el cáncer.

2. ¿Cuál ha sido una recomendación de la OMS?
   A. El uso de drogas por vía oral.
   B. La compra de medicamentos de bajo costo.
   C. La eliminación de obstáculos para el uso de la morfina en enfermos.
   D. La comprobación de medicamentos efectivos.

3. ¿Por qué no es fácilmente disponible la morfina en países en desarrollo?
   A. Es muy cara y difícil de ingerir.
   B. Estos mismos países impiden su disponibilidad.
   C. Es un narcótico ilegal.
   D. Su eficacia no ha sido comprobada.

4. ¿Cuál es un efecto del dolor crónico?
   A. La mejoría física del paciente.
   B. El deterioro emocional del paciente.
   C. El afecto de la familia de la víctima.
   D. La ignorancia y la miseria.

5. ¿Qué actitud produce la ignorancia hacia la morfina?
   A. Se piensa que hay que usar drogas más simples.
   B. Se cree que la morfina es sólo para los más ricos.
   C. Se tiene miedo a que la morfina cree adicción.
   D. Se la rechaza a favor de hierbas silvestres.

6. ¿A qué se refiere Cecilia Sepúlveda cuando habla de efectos "paliados totalmente con otras drogas"?
   A. Otras drogas agravan los efectos de la morfina.
   B. Es imposible usar otras drogas con la morfina.
   C. Es necesario usar otras drogas con la morfina.
   D. Se pueden aliviar los síntomas desagradables de la morfina.

7. ¿Qué sentimiento expresa Cecilia Sepúlveda, Coordinadora del PC de la OMS?
   A. Tristeza.
   B. Esperanza.
   C. Impaciencia.
   D. Culpabilidad.

ACTIVIDAD III. Lecturas

UNO

VOCABULARIO DE LA ACTIVIDAD

ahuecar – to hollow, fluff   **el rebaño** – flock
no pegar ojo – not to sleep a wink   **conciliar el sueño** – to get to sleep

Fuente: Este artículo de Aliza Lifshitz, MD apareció en la revista <u>Más</u> abril, 1993.

Histérico toda la noche

Empiezas a dar vueltas y más vueltas, ahuecas la almohada, estiras las sábanas, pones orden en la cama como si fuera el problema de que no puedas pegar ojo. Y nada, el sueño no llega. Incluso cuentas ovejas, o vacas, o cualquier animal capaz de saltar la vallita. Pero acabas con todo el rebaño y sigues igual de despejado. Si en medio de esa lucha reconoces que lo que no te deja dormir es el café de la cena, el hecho de que mañana haya un viaje o un examen que aprobar, entonces no debes desesperarte.

Ten en cuenta que cada una de tres personas no puede conciliar el sueño o permanecer dormido las horas necesarias. A esto se le conoce con el nombre de insomnio.

Al margen de ser una persona acostumbrada a dormir mucho o poco, lo cierto es que si no duermes lo suficiente puedes disminuir el rendimiento en el trabajo, perder la rapidez de los reflejos (por ejemplo, cuando manejas), y ver afectada la capacidad intelectual y de concentración. Y, por supuesto, no te sentirás bien. Cuando el caso es severo, debes consultar a un médico, ya que la falta de sueño puede llevar al uso inapropiado de medicinas e incluso al alcohol u otras drogas que pueden aumentar el problema o convertirlo en crónico.[#1]

Cualquier actividad de relajamiento puede ayudarte a conciliar el sueño. Por ejemplo, tomar un baño caliente o perfumado, oscurecer la habitación y poner música suave. También ayuda tomarte un vaso de leche caliente o un té digestivo. Existen técnicas de relajamiento, como la meditación, que también puedes utilizar para dormirte rápidamente. Sólo si nada de esto funciona, puedes recurrir a alguna medicina. En cualquier caso, es mejor consultar cuanto antes al doctor.

1. Un síntoma del insomnio es…
   A. no ser capaz de poner la cama en orden.
   B. trasnochar.
   C. contar animales sin que ninguno salte la vallita.
   D. ansiar tomar café antes de acostarse.

2. ¿Por qué uno no debe preocuparse tanto cuando no duerme bien?
   A. Porque hay otros que padecen del insomnio.
   B. Porque mañana siempre viene.
   C. Porque muchas hierbas medicinales pueden calmarlo.
   D. Porque siempre habrá animales que pueden saltar tu cerca.

3. ¿Qué se debe hacer si no queda ningún remedio?
   A. Se debe tomar leche.
   B. Se debe tomar algún tranquilizante.
   C. Uno debe levantarse para hacer ejercicio físico.
   D. Se debe consultar al médico.

4. ¿Cuál es uno de los efectos más desastrosos que produce la falta de sueño?
   A. La incapacidad de pegarle el ojo al prójimo.
   B. La necesidad de consultar a algún médico.
   C. La reducción de la capacidad de producir buenas obras de arte.
   D. El deseo de tomar alcohol u otras drogas.

5. ¿Cuál de los siguientes remedios NO se recomienda?
   A. Mirar un programa cómico de televisión.
   B. Tomar un baño perfumado.
   C. Escuchar música ligera.
   D. Usar algún medicamento.

6. ¿Qué frase se puede insertar mejor en el #1?
   A. Ya es hora de consultar a un especialista.
   B. Todavía podrás controlar tu propio destino.
   C. Al contrario debes ir a bailar con los amigos.
   D. Debes inscribirte en un asilo para narcotraficantes.

7. El artículo sugiere que...
   A. hay esperanza para los insomnios.
   B. siempre hay más ovejas que esquilar.
   C. el único tratamiento es la medicina moderna.
   D. el insomnio es una condición grave y duradera.

DOS

VOCABULARIO DE LA ACTIVIDAD

la cita – date	**el puntito blanco** – whitehead	**la calvicie** – baldness
amenazar – to threaten	**el sebo** – grease	**al fin y al cabo** – after all
el grano – pimple	**la cicatriz** – scar	
llevarse de la mano – to go hand-in-hand	**echarle la culpa** – to blame	
	el quiste – cyst	

Fuente: Esta selección ha sido adaptada de un artículo que apareció en <u>Más</u> en marzo de 1993.

Al ataque contra ese inoportuno grano

Por fin ese muchacho tan atractivo me invitó a salir al cine. Corro al armario a sacar lo mejor que tengo y en dos segundos me planto enfrente del espejo para decidir qué peinado me va y . . . ¡horror! descubro con pánico un desagradable grano que amenaza en medio de la frente con arruinar mi cara y mi cita. Pero, y te lo juro, en vez de llorar o gritar o correr a mi mami, busqué información científica acerca de los granos en mi Enciclopedia de Respuestas Realistas para Adolescentes. Algo que haría cualquier chica responsable de mi edad. Leí que:

"Por lo general el acné se lleva de la mano con la adolescencia. ¿Quién no ha pasado por ese calvario de los granos? El acné es el problema más común de la piel y se puede manifestar tanto en forma de puntitos blancos o negros como enormes granos rojos que pueden causar cicatrices permanentes. La mayoría de las personas no requieren ir al médico para su tratamiento.

El acné se relaciona directamente con las glándulas sebáceas. Existen cerca de 5.000 glándulas de este tipo que se distribuyen principalmente en la superficie de la piel de la cara, la espalda y el pecho. Durante la pubertad aumenta la producción de ciertas hormonas que, a su vez, estimulan la producción de grasa o sebo en estas glándulas. Por razones que se desconocen, los conductos sebáceos se pueden tapar debido a la acumulación de grasa, de células muertas en la piel y de bacteria, dando lugar a los puntitos blancos o negros. Cuando uno de los conductos se rompe sin que salga su contenido al exterior, produce una inflamación que causa los quistes o nódulos que, cuando son muy severos, pueden causar cicatrices."

Luego de leer esto, me tranquilicé porque me di cuenta que sin duda mi cita saldría bien y sería romántica ya que sin duda el muchacho tendría dos o tres granos tan feos como el mío. Como todo el mundo lo sabe: ¡los chicos tienen más hormonas que las muchachas!

1. ¿Qué creía la narradora de su grano?
   A. Que estaba justamente entre sus ojos.
   B. Que le iba a destrozar una cita.
   C. Que la iba a tragar totalmente.
   D. Que le iba a dejar una cicatriz.

2. Su primera reacción fue…
   A. echarle la culpa a la testosterona.
   B. consultar su enciclopedia médica.
   C. enojarse.
   D. ponerse desquiciada.

3. ¿A qué se debe el acné?
   A. Al chocolate entre otras cosas.
   B. A los quistes.
   C. A cambios en la adolescencia.
   D. A la calvicie.

4. ¿Cuándo se manifiesta el acné?
   A. Sobre todo durante la pubertad.
   B. Casi siempre cuando uno se prepara para una fiesta.
   C. Cuando un adolescente menos lo espera.
   D. Cuando hay una inflamación en la piel de la cara.

5. Según este artículo, ¿cuándo puede formarse un grano?
   A. Cuando los conductos sebáceos se tapan de grasa.
   B. Cuando los cosméticos bloquean los poros.
   C. Cuando uno toma ciertas medicinas.
   D. Cuando uno tiene muchas cicatrices.

6. Brotan quistes dolorosos cuando los conductos sebáceos se rompen…
   A. sin ser lavados bien.
   B. sin tratamiento médico.
   C. sin salir la acumulación de bacteria.
   D. sin producir un grano normal.

7. ¿Por qué al fin y al cabo se apacigua la muchacha?
   A. Se da cuenta que el chico tendrá más granos.
   B. Cree que no tiene hormonas como los muchachos.
   C. Piensa que los chicos son granos.
   D. Toma un tranquilizante.

8. El tono de este artículo es…
   A. urgente y realista.
   B. chistoso y serio.
   C. realista y serio.
   D. urgente y chistoso.

ACTIVIDAD IV. Vocabulario y Verbos

Instrucciones: Lee el pasaje siguiente. Luego escribe en la línea a continuación de cada número la forma de la palabra entre paréntesis que se necesita para completar el pasaje de manera lógica y correcta. Para recibir crédito, tienes que escribir y acentuar la palabra correctamente. Es posible que haga falta más de una palabra. En todo caso debes usar una forma de la palabra entre paréntesis. Es posible que la palabra sugerida no requiera cambio alguno. Escribe la palabra en la línea aún cuando no sea necesario ningún cambio. Tienes 10 minutos para leer el pasaje y escribir tus respuestas.

UNO

VOCABULARIO DE LA ACTIVIDAD

aprovechar – to take advantage of
la plaza – place, seat
la gira – tour, excursion

estrenarse – to premiere
las puntas – ends
liso/a – flat, straight
rizo/a – curly

la onda – wave
el toque – touch

Fuente: Artículo adaptado con permiso de <u>Cosmopolitan España</u>, del Dr. F. de Santiago, p. 39, diciembre, 1993.

Querido Doctor,

Acabo de __(1)__ cuarenta años y desde __(2)__ ya algún tiempo adopto precauciones cada vez que tomo el sol. Yo iré de veraneo a la playa y estoy __(3)__ de las posibles quemaduras solares. Cuando __(4)__ más joven jamás usé crema protectora. ¿Corro __(5)__ riesgo de llegar a padecer cáncer de piel? No quiero envejecer. ¿Debo cancelar mis planes? –*FRITA EN LA PLAYA*

Querida Frita en la Playa,

En __(6)__ lugar, tome el sol gradualmente y __(7)__ una crema con un factor de 15 o más. No tome el sol si __(8)__ tomando ciertos medicamentos. Siempre aproveche horas entre las 12:00 y las 15:00 de la tarde. Planee __(9)__ actividades durante las horas cálidas. Visite un museo donde se __(10)__ una colección de sus obras favoritas. Reserve una plaza de una gira a un sitio cercano. ¿Se estrenará una nueva película en su barrio? Disfrute de __(11)__ diversión que le __(12)__. –*DR. MATACANES*

1. _____ (cumplir)

2. _____ (hacer)

3. _____ (preocupado)

4. _____ (ser)

5. _____ (alguno)

6. _____ (primero)

7. _____ (aplicar)

8. _____ (estar)

9. _____ (otro)

10. _____ (exponer)

11. _____ (cualquier)

12. _____ (interesar)

DOS

Fuente: Artículo de <u>Clara</u>, página 40, diciembre, 1997.

¡OYE, __(1)__ GUAPA Y RELAJADA EN UNA SEMANA!

¡Psst, oye, __(2)__ tu imagen en la peluquería! __(3)__ recortarte las puntas, ajustarte la medida o darte un nuevo corte de pelo. No lo __(4)__ para más tarde. Si tu cabello es rebelde, liso o fino y sin volumen, __(5)__ el novedoso sistema de moldeados que te __(6)__ "Animatic" de l'Oréal. Sólo da movimiento y forma, de manera que te __(7)__ muy fácil peinarte, incluso a dedo, sin rizos ni ondas extremos, pero con volumen y estilo. ¡Quizás un toque de luz y color! Si tu pelo es por naturaleza __(8)__, es el momento de darte más luminosidad con __(9)__ champú de un color que no __(10)__ el tono, sino que le dé más intensidad y brillo. Dura veinticuatro lavados y no deja efecto alguno.

Además date un masaje que te __(11)__ el estrés. Consiste primero en efectuar __(12)__ pases de masaje en la nuca y espalda. Recuerda, los aceites esenciales son necesarios para desbloquear la tensión muscular. 0, __(13)__ tú con la reflexoterapia anti-estrés. Se trabaja primero __(14)__ todos los puntos energéticos de la zona afectada. Se __(15)__ con masajes en los pies para potenciar el __(16)__ funcionamiento interno y conseguir un mejor relajo.

1. _____ (PONERSE)

2. _____ (mejorar)

3. _____ (Poder)

4. _____ (dejar)

5. _____ (elegir)

6. _____ (ofrecer)

7. _____ (resultar)

8. _____ (opaco)

9. _____ (alguno)

10. _____ (cambiar)

11. _____ (aliviar)

12. _____ (uno)

13. _____ (contar)

14. _____ (estimular)

15. _____ (combinar)

16. _____ (bueno)

ACTIVIDAD V. Vocabulario

Instrucciones: Para cada uno de los pasajes siguientes, primero lee el pasaje y entonces escribe en la línea a continuación de cada número una palabra apropiada para completar el pasaje de manera lógica y correcta. Para recibir crédito, tienes que escribir y acentuar la palabra correctamente. Debes escribir UNA SOLA palabra en cada línea. Tienes 10 minutos para leer los pasajes y escribir tus respuestas.

UNO

VOCABULARIO DE LA ACTIVIDAD

el promedio – average
hallarse – to find
añadir – to add
sentar en el banquillo – to call someone on the carpet

la aberración – aberration
la pesadilla – nightmare
apartar – to remove
en vez de – instead of

estorbar – to hinder
el trago – swig

Fuente: <u>Más</u>, "Histérico toda la noche", de Aliza Lifshitz, MD, abril, 1993.

Pero, ¿realmente necesitamos dormir? Los expertos dicen __(1)__ sí. Y, hay varias teorías del porqué. Una de ellas __(2)__ refiere a la necesidad del cuerpo de "recuperarse". Las horas necesarias de sueño son distintas para cada persona; __(3)__ promedio, se requieren siete __(4)__ ocho horas, __(5)__ importante es cómo se siente la persona. Entre las causas más comunes del insomnio se hallan: factores de estilo de vida, como el fumar, __(6)__ tomar café o bebidas que contienen cafeína, el alcohol, los cambios en el horario de trabajo, desorientación causada __(7)__ cambios bruscos de horario cuando se viaja de un país a otro.

1. _____

2. _____

3. _____

4. _____

5. _____

6. _____

7. _____

Fuente: "Medio millón de fumadores de EE.UU. gana el pleito del siglo a las tabacaleras", <u>El País</u>, 8 julio, 1999.

La industria tabacalera estadounidense perdió ayer el mayor juicio que se ha celebrado __(8)__ su contra. Un tribunal de Miami ha encontrado __(9)__ los fabricantes de cigarrillos culpables de provocar una veintena de enfermedades a los fumadores y de actuar fraudulentamente __(10)__ añadir sustancias adictivas al producto aun __(11)__ sabiendas de los efectos dañinos que causaban. El proceso no termina aquí. Falta ahora por determinar la indemnización a

8. _____

9. _____

10. _____

11. _____

__(12)__ que tienen derecho los 500.000 fumadores que han entablado el juicio.

Ésta era la primera vez que los propios afectados sentaban en el banquillo a la poderosa industria del tabaco de Estados Unidos. Los juicios que se han celebrado hasta el momento __(13)__ habían interpuesto los Estados que reclamaban indemnización por gastos sanitarios, proceso que se detuvo en marzo de 1998 cuando las empresas acordaron pagar 30 billones de pesetas a la Administración __(14)__ cambio de paralizar las demandas.

12. _____

13. _____

14. _____

DOS

Fuente: "El misterioso mundo del sueño" de Nahun Díaz A. en El Mercurio de Antofagasta.

Fuera de las causas puramente físicas, como las enfermedades y el mal funcionamiento de algunos órganos, hay una a __(1)__ cual se deben casi todas las aberraciones del sueño: la ansiedad, que es en general la causa de las pesadillas y es el terror indefinido de los niños durante la noche y también la causa más común de hablar dormido y del sonambulismo. No hay reglas de eficacia general en __(2)__ al mejor modo de dormir. La primera y más obvia es apartar el pensamiento __(3)__ todo asunto personal. En vez de pensar __(4)__ las cuitas, el insomne debe pensar en cosas más amenas, más objetivas. A esto se debe agregar, la mayor relajación muscular posible. Con __(5)__ que tenga una buena digestión, una comida abundante le facilita el sueño, en vez de estorbárselo. A algunas personas __(6)__ aprovecha una taza de café, que estimula el proceso digestivo antes de acostarse.

No hay respuesta general y única a la pregunta ¿__(7)__ sueño necesita una persona? Eso depende __(8)__ la edad, la salud y la actividad. Los experimentos de laboratorio indican que la necesidad del sueño tiende a disminuir constantemente entre el nacimiento y la ancianidad. Afortunadamente, el insomne puede descansar sin llegar a dormir. Si __(9)__ acuesta por la noche y da al cuerpo y al espíritu el mayor grado posible de relajación, puede vivir casi como una persona normal sin que el insomnio le acorte la vida. Quizás no se sienta del __(10)__ bien, quizás llegue a sentirse bastante mal, pero de ahí no pasará.

1. _____

2. _____

3. _____

4. _____

5. _____

6. _____

7. _____

8. _____

9. _____

10. _____

ACTIVIDAD VI. Ensayos Cortos
UNO

Instrucciones: Para la pregunta siguiente, escribirás una carta. Tienes 10 minutos para leer la pregunta y escribir tu respuesta.

Escríbele una carta al director o a la directora de tu colegio para presentarle tus ideas sobre los servicios médicos del colegio.

Incluye:

* un encabezamiento apropiado.
* una explicación de cómo son los servicios. actualmente en tu colegio.
* una evaluación de estos servicios.
* tus ideas sobre por qué los debe cambiar o mantener.
* una conclusión apropiada.

Instrucciones: Para la pregunta siguiente, escribirás un mensaje electrónico. Tienes 10 minutos para leer la pregunta y escribir tu respuesta.

DOS

Imagina que acabas de recibir un mensaje electrónico de una amiga que dice que está pensando en aceptar la oferta de trabajar en un gimnasio durante el verano. Te pide consejo sobre la mejor manera de ponerse en muy buena forma.

Al responder, saluda a tu amiga y...
* dale consejos de ejercicios físicos.
* dale consejos de alimentación.
* dale recomendaciones acerca de su salud espiritual.
* deséale resultados apropiadas.

ACTIVIDAD VII. Ensayo basado en varias fuentes

Instrucciones: La siguiente pregunta se basa en las Fuentes 1-3. Las fuentes comprenden material tanto impreso como auditivo. Primero, dispondrás de 7 minutos para leer el material impreso. Después, escucharás el material auditivo; debes tomar apuntes mientras escuches. Entonces, tendrás 40 minutos para escribir tu ensayo.

Esta pregunta se diseñó para medir tu capacidad de interpretar y sintetizar varias fuentes. Tu ensayo debe utilizar información de las fuentes que apoye tus ideas. Debes referirte a TODAS las fuentes. Al referirte a las fuentes, cítalas apropiadamente. Evita simplemente resumir las fuentes individualmente.

En tu opinión, para mantener una vida sana, ¿hay que tener en cuenta que hay una relación entre lo físico y lo emocional? ¿Es importante mantener un equilibrio entre estas dos facetas del ser humano?

VOCABULARIO DE LA ACTIVIDAD

a lo largo de – throughout
el apoyo – support
intercalar – to insert

entre sí – to onself
el trastorno – disorder
el tirón – pull, cramp

temblar – to shake, to tremble

Fuente Impresa Nº 1

Fuente: Adaptado de "Psicología de la salud" con permiso de Cepvi.com, Ana Muñoz, 2002.

Son muchas las personas que se quejan de que la medicina no logre curar sus enfermedades, principalmente en casos de enfermos crónicos. Esto es debido a que muchas veces se deja de lado una parte muy importante de la enfermedad: los aspectos emocionales y sociales que están influyendo tanto en la etiología de la enfermedad como en su mantenimiento a lo largo del tiempo.

La psicología de la salud es una rama de la psicología que nace a finales de los años 70 dentro de un modelo biopsicosocial según el cual la enfermedad física es el resultado no sólo de factores médicos, sino también de factores psicológicos (emociones, pensamientos, conductas, estilo de vida, estrés) y factores sociales (influencias culturales, relaciones familiares, apoyo social, etc.). Todos estos factores se intercalan entre sí para dar lugar a la enfermedad.

Áreas de intervención de la psicología de la salud

— En un estudio realizado por Gatchel en 1995 se vio que los factores psicológicos predecían el 91% de las veces qué pacientes con dolor de espalda se recuperarían de un dolor agudo y cuáles acabarían con un dolor crónico.

— Algunos trastornos psicológicos parecen predecir la aparición del dolor lumbar (abuso de sustancias y trastornos de ansiedad) mientras que otros (sobre todo la depresión) pueden aparecer tanto antes como después del dolor lumbar (Polatin, 1993).

— En un estudio hecho con 26.000 personas en 14 países se vio que la discapacidad física estaba más asociada con factores psicológicos que con diagnósticos médicos (Ormel, 1994).

— En un estudio realizado con 107 pacientes con enfermedad coronaria e isquemia (publicado en Archives of Internal Medicine, 1997, 157) se vio que aquellos pacientes que aprendieron técnicas de manejo del estrés tenían menos probabilidades de tener un ataque cardíaco o de necesitar cirugía cardíaca que los que recibieron sólo el tratamiento médico típico.

Fuente: Página de Publicidad

Centro psíquico de nada yog A

Tratamientos integrando movimientos corporales con estreses emocionales. Yoga es la unión con la fuente divina de toda vida. El NADA YOGA se basa en la armonización del cuerpo y el espíritu con música no oída desde afuera sino percibida desde adentro. En nuestro estudio el NADA YOGA une diferentes Asanas o posiciones corporales con movimientos lentos y suaves al escuchar las ondas que se emiten de lo más hondo de cada uno.

JÚNTATE CON NOSOTROS PARA ENCONTRAR UNA VIDA

MÁS PROFUNDA Y SERENA.

Fuente Nº 3 Auditiva

Fuente: Este diálogo, que se titula "Lesiones juveniles" se emitió por la emisora Estudio Vialado en junio, 1995.

🔊 2.7

Voces en el informe
Hombre: Juan Said Toreno, paciente
Mujer: Cristina López Caranza, enfermera

ACTIVIDAD VIII. Conversaciones dirigidas

Instrucciones: Ahora participarás en una conversación telefónica simulada. Primero, tendrás 30 segundos para leer el bosquejo de la conversación. Entonces, escucharás una explicación de la situación y tendrás 60 segundos para leer de nuevo el bosquejo. Después empezará la llamada telefónica, siguiendo el bosquejo. Siempre que te toque, tendrás 20 segundos para responder; una señal te indicará cuándo debes empezar y terminar de hablar. Debes participar en la conversación de la manera más completa y apropiada posible.

◀))) 2.8.1 UNO

Imagina que has tenido que llamar a un hospital porque tu mejor amigo tuvo un accidente y se ha lesionado gravemente. Una enfermera contesta tu llamada.

La conversación
[Las líneas en gris reflejan lo que escucharás en la grabación.]

Enfermera:	• Contesta el teléfono. **[Tono]**
Tú:	• Salúdale. • Explica por qué has llamado.
Enfermera:	• Continúa la conversación. **[Tono]**
Tú:	• Dale la información que quiere la enfermera. • Pídele ayuda y dile qué has hecho hasta el momento para ayudar a tu mejor amigo.
Enfermera:	• Continúa la conversación. **[Tono]**
Tú:	• Dale la información que quiere la enfermera y explica por qué. • Dale indicaciones para llegar a tu casa.
Enfermera:	• Continúa la conversación. **[Tono]**
Tú:	• Dale la información que quiere la enfermera. • Expresa cómo te sientes en este momento.
Enfermera:	• Continúa la conversación. **[Tono]**
Tú:	• Dale la información que quiere la enfermera. • Despídete.

Imagina que recibes un mensaje de un amigo que se ha enfermado.

a) El mensaje
[Escucharás el mensaje en la grabación.]

El amigo:	• Te deja un mensaje.

b) La conversación
[Las líneas en gris reflejan lo que escucharás en la grabación.]

El amigo:	• El teléfono suena. • Contesta. **[Tono]**
Tú:	• Le dices por qué has llamado. • Comunícate tus sentimientos. • Pídele información.

El amigo:	• Continúa la conversación. **[Tono]**
Tú:	• Dale la información que busca. • Pídele más información.

El amigo:	• Te contesta y sigue la conversación. **[Tono]**
Tú:	• Dale unos consejos amplios.

El amigo:	• Continúa la conversación. **[Tono]**
Tú:	• Reacciona negativamente. • Sugiere otra opción.

El amigo:	• Reacciona. • Se despide. **[Tono]**
Tú:	• Reacciona. • Despídete de él.

ACTIVIDAD IX. Presentaciones orales

UNO

Imagina que tienes que dar una presentación formal ante un grupo de jóvenes de tu edad de tu localidad. Convénceles de la importancia de la buena higiene y los remedios para prevenir enfermedades y su transmisión.

Tanto el informe de la radio como el artículo impreso describen el porqué de la protección contra los organismos nocivos y cómo evitarlos.

Texto impreso

VOCABULARIO DE LA ACTIVIDAD

radicar – to be situated
percatarse – to notice
acariciar – to pet

el pañal – diaper
el dorso – the back
la muñeca – wrist

el riesgo – risk
la lejía – bleach

Fuente: Este fragmento es del artículo "El lavado de manos sigue siendo un hábito saludable en la prevención de enfermedades" publicado en Salud Hoy, agosto, 2003.

En los últimos años, ha habido una disminución en el hábito del lavado de las manos, en especial en los hombres, situación que favorece la transmisión de enfermedades. Los primeros pasos para la prevención de infecciones en general radican en una buena higiene, que incluye el lavado de las manos antes y después de entrar al baño y antes de cada comida.

La mayoría de las personas no nos percatamos de la necesidad que existe de un lavado de las manos luego de actividades de la vida cotidiana como toser, estornudar, acariciar un animal o cambiar pañales. Por lo general, las manos son un medio que puede recoger microbios y transmitirlos para causar enfermedades como la gripe y los resfriados al tocarnos los ojos, la boca y la nariz.

Entre los puntos más importantes, cabe mencionar el usar jabón y agua, restregándose las manos enérgicamente por todas las superficies incluyendo las palmas, el dorso, las muñecas y bajo las uñas, permitiendo que fluya el agua, mientras se seca con una toalla de papel, para cerrar con ésta la llave.

Además hay algunos consejos prácticos que cualquiera puede seguir para disminuir el riesgo de diseminar enfermedades.

- El uso de compuestos bactericidas no siempre es la mejor opción, ya que no se sabe con exactitud cuánta protección ofrecen ni por cuánto tiempo. Al parecer, el aumento de resistencia de alguna bacteria a los antibióticos es debido al uso excesivo de bactericidas.

- En general, se aconseja hacer un lavado exhaustivo de todos los lugares que puedan estar en contacto con bacterias, sobre todo si se tiene una gripe.

- Se recomienda, limpiar los regueros de comida inmediatamente y lavar esponjas y toallas de cocina cada día, además de no dejar trapos de cocina en agua toda la noche, por ser un medio de cultivo de bacteria. Para la limpieza de cocinas y baños, hay productos que contienen limpiadores corrientes como amoníaco, cloro y lejía, suficientes para matar gérmenes.

Informe de la radio

VOCABULARIO DE LA ACTIVIDAD

agudizar – to make worse   **involucrar** – to introduce

Fuente: Este informe, que se titula "Tan simple como lavarse las manos ofrece mayor seguridad a los pacientes" se emitió por la emisora Radio Naciones Unidas en abril, 2005.

🔊 2.9.1

Voces en el informe
Locutora: Anfitriona del programa
Carlos Deker Molina: Corresponsal
José Luis Di Fabio: Gerente del Área de Tecnología y Prestación de Servicios de Salud de la OPS

DOS

Imagina que tienes que dar tus razones para fumar o no fumar a tus familiares. Dales tu mejor discurso después de leer y escuchar las siguientes fuentes en las cuales vas a basar tu defensa. Cita apropiadamente los dos puntos de vista acerca del uso del tabaco.

Texto impreso

VOCABULARIO DE LA ACTIVIDAD

el humo – smoke   **a su pesar** – against one's will   **al cabo de** – after
perjudicar – to damage   **por falta de** – for lack of
tragar – to swallow   **nocivo/a** – noxious

Fuente: "El humo del tabaco en el ambiente puede afectar gravemente a la salud de los no fumadores", informe que se publicó en <u>Circulation</u>, 2002.

Es una paradoja, puede ser una de las mayores de la historia de la humanidad. La epidemia que más muertos se está cobrando en el mundo, más que el SIDA, que las guerras, que los genocidios, es tolerada y fomentada por la mayor parte de los gobiernos del mundo: se trata del tabaquismo. Diez mil personas mueren al día por causa del humo de cigarrillo. Se sabe desde hace casi un siglo que el tabaco mata, y no hay día que pase en que no aparezca un nuevo estudio científico que añada más evidencias sobre los estragos que causa en la salud.

Parte importante de la paradoja es que el humo del cigarrillo, además de ser nefasto para quien gasta un porcentaje de su sueldo en él, también perjudica a quien tiene que tragarlo a su pesar por falta de una legislación que establezca un mínimo de respeto para el no fumador y de una política sanitaria que fomente la educación social.

Los datos hablan por sí solos. En la última investigación realizada con fumadores pasivos, que se acaba de publicar en el último número de <u>Circulation</u>, se demuestra que después de que una persona no fumadora pasa media hora en una sala donde hay humo de tabaco, sus depósitos de antioxidantes (incluida la vitamina C) descienden al mínimo. Estas sustancias son las que protegen, entre otras cosas, las arterias para que no se formen placas de ateroma (causantes de la enfermedad cardiovascular).

Los últimos datos científicos y la indiferencia de los gobiernos con respecto a uno de los problemas de salud más graves de la actualidad han endurecido el tono del discurso anual, que esta vez hace hincapié en los jóvenes: "Para su supervivencia, la industria tabacalera necesita reclutar cada año nuevos fumadores para reemplazar a aquellos que van muriendo por causa de enfermedades relacionadas con el tabaco. Esos nuevos fumadores son casi siempre adolescentes", dice la directora de la OMS.

La nicotina que contienen los cigarrillos ha sido claramente reconocida como una droga de adicción, y la dependencia al tabaco está clasificada dentro del grupo de enfermedades mentales y alteraciones del comportamiento, según la Clasificación Internacional de Enfermedades de la OMS (ICD-10). Los especialistas en el campo de las sustancias de abuso consideran que la dependencia del tabaco es tanto o más fuerte que la dependencia de sustancias como la heroína o la cocaína.

Aunque los no fumadores, el 64% de la población, inhalan sólo el 1% del humo que aspiran los fumadores, su riesgo de enfermedad cardiaca se eleva un 23%, frente a un 80% en los fumadores.

El humo de la llamada corriente secundaria tiene mayor contenido de monóxido de carbono, amoníaco, nitrosaminas y acroleína. Esto, unido al hecho de que el tamaño de sus partículas es menor y, por tanto, alcanza porciones más profundas del sistema broncopulmonar, hace pensar a los especialistas que se trata del humo más nocivo. Según este informe, algunos de estos componentes como el cadmio, un agente que se sabe que causa cáncer de pulmón en personas y animales, se encuentra en concentración seis veces superior en la corriente de humo secundario.

Dejar de fumar es beneficioso para todos los grupos de edad, incluso en edades avanzadas. Se ha visto, por ejemplo, que, al cabo de cinco años de dejar el tabaco, el riesgo de accidente cerebrovascular disminuye hasta colocarse al mismo nivel que el de los no fumadores. Pero el problema está en cómo dejar de fumar pasivamente.

Informe de la radio

VOCABULARIO DE LA ACTIVIDAD

estar a cargo – to be in charge
el bienestar – well being

el afán – eagerness
estar en juego – to be in play

Fuente: Una selección de un programa de radio, "El tabaco y su salud" que se emitió en Radio Aruacano, septiembre, 2005.

2.9.2

Voces en el informe
Don Fabio: Locutor del programa
Sr. Gallego: Participante público

¡PONERLO EN PRÁCTICA!

I. PARA CADA GRUPO DE PALABRAS HAY UNA QUE NO ESTÁ RELACIONADA CON LAS OTRAS. ¿CUÁL ES?

1. a. el herido
   b. el rasguño
   c. el minusválido
   d. el terapeuta

2. a. la garganta
   b. el tobillo
   c. el sebo
   d. el pulmón

3. a. la roncha
   b. la cicatriz
   c. la lesión
   d. el hipo

4. a. el tirón
   b. el dolor
   c. la fractura
   d. la cita

5. a. las muelas
   b. los dientes
   c. las caries
   d. los poros

6. a. la gripe
   b. la varicela
   c. el diluvio
   d. la viruela

7. a. el jarabe
   b. el masaje
   c. el apoyo
   d. el tratamiento

8. a. el cuello
   b. la picadura
   c. la garganta
   d. la nuca

9. a. la vejez
   b. la madurez
   c. la pubertad
   d. la frente

10. a. temblar
    b. ansiar
    c. aterrorizar
    d. soñar

II. ¿DÓNDE DEBES VIVIR? HAY LUGARES IDEALES PARA ALGUNOS SÍNTOMAS. LEE LA INFORMACIÓN QUE SIGUE Y APUNTA EL SÍNTOMA O LA ENFERMEDAD QUE PUEDE CURARSE EN EL LUGAR MENCIONADO.

Ej. Un pueblecito en Vermont donde no hay mucha contaminación - la tos crónica

1. Cerca del desierto en Arizona –

2. Cerca de un hospital grande –

3. Cerca del mar –

4. Las montañas lejos de mucha gente –

5. Donde siempre hace sol –

III. IMAGINA QUE TRABAJAS PARA RADIO ARAUCANO. ERES MÉDICO, RECIBES LLAMADAS Y TIENES QUE RECOMENDARLES A LOS RADIOESCUCHAS QUÉ DEBEN HACER. AQUÍ TIENES ALGUNAS DE LAS LLAMADAS:

1. Tengo 51 años y estoy muy estresada. Llevo 20 y pico años trabajando. Soy jefa de departamento, preparo mis clases todas las tardes y estoy escribiendo un libro. No tengo mucha paciencia y a veces no puedo recordar dónde estoy ni con quién estoy. No duermo bien. ¿Qué me recomiendas?

2. Tengo 65 años y no veo bien. Siempre me duele la cabeza. ¿Qué me recomiendas?

3. No puedo oír. Tengo un zumbido en los oídos. Cuando mis estudiantes me hablan, no puedo oírlos. ¿Qué me recomiendas?

4. Me caí y ahora me duele mucho la rodilla. Casi no puedo andar. Tengo que seguir trabajando. ¿Qué me recomiendas?

5. Mis amigos me recomiendan los tratamientos alternativos pero a mí me gusta ir al médico y tomar la medicina que me recomienda. ¿Cuál es tu opinión?

¡MÁS VALE ESTAR SOLO QUE MAL ACOMPAÑADO!

Ese bobo vino nunca beber debe, vida boba y breve vivirá si bebe.

CAPÍTULO III

EL MEDIO AMBIENTE

EL TIEMPO

LOS DESASTRES
el ciclón
el sismo
el terremoto
la tormenta
el temblor

LAS TEMPESTADES
las gotas de lluvia
los estruendos
lluvioso/a
los relámpagos
relampaguear
soplar
el trueno
tronar

EL FRÍO
el granizo
helado/a
helar
el hielo
nevar
nevoso/a
la nieve

EL CALOR
el bochorno
las sequías
el sol
soleado/a
tibio/a

EL CIELO
la bruma
despejado/a
estrellado/a
la estrella
la niebla
la nube
nuboso/a

¡¡¡¡¡¡¡¡¡¡¡¡¡ MODISMOS !!!!!!!!!!!!!!!

Ayer **llovió a cántaros** y hoy hay charcos por todas partes.

Su jefe **le dio la lata** porque no cumplió su trabajo a tiempo.

El caballo **le dio una patada** en la rodilla y hoy **le duele** mucho.

Hace mal tiempo y yo no quiero salir a ninguna parte.

JUEGOS DE PALABRAS **?**

En esta **camada** de perros hay seis pequeños **cachorros**.

Solíamos ir a la iglesia todos los domingos.

Le **advertí** que vendría una tempestad; además, le **advertí** que cerrara sus ventanas.

Los exploradores apenas **divisaron** el cañón por la neblina.

El hermano que no tiene pelo es **pelado** y el otro que tiene mucho pelo es **peludo.**

LA PROLE
las crías
los corderos
los potros

EL MEDIO AMBIENTE

A mal tiempo, buena cara.

EL MEDIO AMBIENTE

EL CAMPING

EL EQUIPO

el abrelatas
el agua (f)
potable
el alambre
la alfombra

la cuerda
la linterna
la mochila
la olla
el horno portátil

el paraguas
la red
la tienda

LAS ACTIVIDADES

acampar
atar la hamaca
afilar un cuchillo
dar una caminata

escalar
esquiar
montar a caballo
prender la leña

LOS LUGARES

la cabaña
la cordillera
los cañones
los desiertos
los parques

PLANTAS
COMETAS
ESTRELLAS

¿HAY UNA PALABRA FUERA DE LUGAR?

cueva, nido, colmena, cebadero
cuero, pata, lana, piel
entorno, cosecha, huerto, siembra
guarecer, amparar, ordeñar, refugiar

LAS PERSONAS

el campesino
el alpinista
el bañista
el cazador
el ecologista
el ecólogo
el florista

el geógrafo
el guardabosques
el leñador
el meteorólogo
el naturalista
el zoólogo

EL PAISAJE

LAS MONTAÑAS

el barranco
la colina
la cordillera
el valle
el volcán

LA TIERRA

los alrededores
el bosque
la isla
la península
la piedra
la selva
el suelo
la zona

EL AGUA

la cascada
la charca
la fuente
el lago
el mar
la playa
la ría
el río

LOS ANIMALES,	SU DESCRIPCIÓN Y	SU ACCIÓN
el cabrito	terco	brincar
el ciervo, la corza	manso	correr
la foca	macho	nadar
la vaca	hembra	mugir
el oso	silvestre	morder
el zorro	astuto	cazar
el caimán	reptil	arrastrarse

ACTIVIDAD I. Audios cortos

Instrucciones: Ahora vas a escuchar una selección auditiva. Después de la selección se te harán varias preguntas sobre lo que acabas de escuchar. Para cada pregunta elige la MEJOR respuesta de las cuatro opciones escritas en tu libreta de examen y rellena el óvalo correspondiente en la hoja de respuestas.

UNO

VOCABULARIO DE LA ACTIVIDAD

la colina – hill   **ensordecedor/a** – deafening   **los escombros** – debris
la embestida – attack   **estrepitoso/a** – noisy   **pavoroso/a** – fearful
el terremoto – earthquake   **el estruendo** – roar

Fuente: Artículo de <u>Américas</u> "El tenue y eterno brillo del recuerdo", César Negret Mosquera, marzo/abril, 1996.

📢)) 3.1.1

> **Voz en el informe**
> Locutora: Anfitriona del programa que se emitió en Radio Araucano, junio, 2005.

Número 1.
- A. En el Perú.
- B. En Colombia.
- C. En Venezuela.
- D. En la Argentina.

Número 2.
- A. Durante el Día de la Independencia.
- B. Durante el entierro de muchas personas.
- C. Durante el vuelo de un avión.
- D. Durante un día de celebraciones religiosas.

Número 3.
- A. Lluvioso.
- B. Silvestre.
- C. Montañoso.
- D. Puro campo.

Número 4.
- A. Un viaje más de unos grandes aviones.
- B. Los llantos de las víctimas.
- C. La caída de las torres de las iglesias.
- D. La explosión del terremoto.

Número 5.
- A. Hubo pocos damnificados.
- B. Sólo quedó la Catedral central.
- C. El coro cantó mejor que nunca.
- D. La estatua del santo patrón estaba entre las ruinas.

Número 6.
- A. Porque no había bastante espacio en el cementerio.
- B. Porque había más de trescientos damnificados.
- C. Porque el cementerio fue destruido.
- D. Porque la Catedral fue tumbada.

Número 7.
- A. Tenían esperanza en el futuro.
- B. Creían que sus tradiciones cambiarían para siempre.
- C. Ya habían empezado a reconstruir los edificios.
- D. Buscaban una manera de olvidar la catástrofe.

DOS

VOCABULARIO DE LA ACTIVIDAD

el macizo – peak
liviano/a – slight, small
la cumbre – summit
la quebrada – ravine

empinado/a – steep
el prado – meadow
la peña – rock
sobre todo – especially

la carpa – tent
espeso/a – thick

Fuente: "Ir de trekking en los Picos de Europa" de Vistazo Especial, Radio Araucano, febrero, 1999.

◀))) 3.1.2

Voces en el informe
Turista
Empleado de una tienda de equipo trekking

Número 1.
A. En Chile.
B. En México.
C. En el Perú.
D. En España.

Número 2.
A. En el Parque de los Picos de Europa.
B. En una tienda de equipos de trekking.
C. En el hotel del turista.
D. En una universidad.

Número 3.
A. Una.
B. Muchas.
C. Tres.
D. Dos.

Número 4.
A. Hay prados anchos.
B. Hay pendientes empinadas.
C. Hay crestas muy rocosas.
D. Hay bosques espesos.

Número 5.
A. Por sus lagos.
B. Por ser el pico más alto.
C. Por razones ambientales.
D. Por su historia.

Número 6.
A. Llueve muy a menudo.
B. Hay mucha neblina.
C. Hay nevadas todo el año.
D. Está despejado con frecuencia.

ACTIVIDAD II. Audios extendidos

UNO

VOCABULARIO DE LA ACTIVIDAD

siempre anda con nosotros – is always with us

el agüero – omen

el relámpago – lightning

por lo contrario – on the contrary

predilecto/a – favorite

el encaje – lace

tener ganas de – to feel like

despejar – to clear

la gota – drop

cegar – to blind

llover a cántaros – to rain cats and dogs

el engaño – trick

poner en marcha – to start up

dejar en paz – to leave alone

burlarse de – to make fun of

mucha labia – gift of gab

Fuente: Este informe especial, que se titula "El engaño del tiempo", se emitió por la emisora Radio Araucano en junio de 2005.

📢 3.2.1

Voces en el informe
Presentadora: Anfitriona del programa de Radio Araucano

1. Para el hombre antiguo, ¿qué representaba el mal tiempo?
   A. Creía que los dioses estaban enfadados.
   B. Le parecía que el mundo se iba a acabar.
   C. Creía que los dioses jugaban a los bolos.
   D. Pensaba que era el otoño.

2. ¿Qué suceso le cambió la vida para siempre a la narradora?
   A. Se puso su vestido favorito.
   B. Empezó a leer un cuento.
   C. Sus padres creyeron que se había vuelto loca.
   D. Se puso los guantes y abrió su paraguas.

3. ¿Cómo trató la narradora de influir en el tiempo?
   A. Leyó un cuento.
   B. Se ponía ropa según el tiempo que no deseaba.
   C. Salía para jugar con sus amigos.
   D. Llevaba sus medias favoritas.

4. ¿Qué pasó cuando leyó la narradora la segunda mitad del cuento?
   A. Puso en marcha una tormenta fuerte.
   B. Se encontró dentro del cuento.
   C. Felicitó al autor por su cuento tan informativo.
   D. Tuvo la satisfacción de terminar el cuento.

5. ¿Qué piensa la narradora ahora del tiempo?
   A. Lo deja en paz porque no lo puede controlar.
   B. Piensa que es culpable de toda su mala suerte.
   C. Todavía no le tiene respeto.
   D. Le tiene mucho miedo y no sale de casa a menudo.

6. ¿Por qué ahora no intenta influir en el tiempo la narradora?
   A. Es más vieja y sabia.
   B. No quiere que sus padres crean que está loca.
   C. Se da cuenta que imaginar el tiempo es crearlo.
   D. Sabe que el tiempo es su amigo y compañero.

7. ¿Qué se diría de la presentadora del informe?
   A. Se burla de la vida.
   B. Se deja controlar por la literatura.
   C. Vive en un mundo de tempestades y trastornos.
   D. Es de mucha labia.

DOS

VOCABULARIO DE LA ACTIVIDAD

el deshielo – thaw
sino que – but rather
refrenar – to restrain
tomar medidas – to take
measures

descongelar – to unfreeze
reivindicar – to claim
a través de – through
derretir – to melt
hundir – to sink

arrojar – to throw
el efecto invernadero –
greenhouse effect
la punta del témpano – tip of
the iceberg

Fuente: "Expertos muestran preocupación ante reducción del Everest por cambio climático", emitido por Radio Naciones Unidas, 2005.

◀) 3.2.2

> **Voces en el informe**
> Presentador: Anuncia el programa
> Locutor: Anfitrión del Programa "El Monte Everest"
> Diego Masera: Subcoordinador Regional del Programa de las Naciones Unidas para el Medio Ambiente

1. ¿Por qué está perdiendo su altura el Monte Everest?
   A. Sus glaciares están dirritiéndose.
   B. El PNUMA está haciendo cambios climáticos.
   C. El monte está hundiéndose.
   D. Los montañeros están arrojando escombros por las laderas del monte.

2. ¿Cómo usan los científicos los glaciares del Everest?
   A. Como lugar de entrenamiento científico.
   B. Como lugar para observar la capa de ozono.
   C. Como ecosistema glaciar.
   D. Como un modo de medir efectos ambientales en todo el mundo.

3. ¿Por qué hay una falta de conciencia ambiental?
   A. Creemos que no presenciaremos los cambios climáticos hasta dentro de muchos años.
   B. Creemos que los cambios climáticos sólo afectan a lugares asiáticos.
   C. Creemos que no habrá cambios climáticos permanentes.
   D. No entendemos la importancia de los cambios climatológicos.

4. ¿Qué efecto han producido los cambios climáticos en el Perú?
   A. Ciertas comunidades están perdiendo acceso al agua.
   B. Muchas especies de animales están en peligro de extinción.
   C. Muchos peruanos luchan por proteger el medio ambiente.
   D. Muchos peruanos han cambiado su conducta con respecto al medio ambiente.

5. ¿Qué se puede deducir de este informe?
   A. Que las montañas del mundo están perdiendo altura.
   B. Que dentro de poco no habrá más glaciares.
   C. Que todos los glaciares del mundo están bajando de tamaño.
   D. Que los contaminantes son productos de países del tercer mundo.

6. ¿Cuál es el propósito primordial de este informe?
   A. Llamar la atención a los cambios glaciales.
   B. Pedir mayor responsabilidad personal por el medio ambiente.
   C. Promocionar interés en el Monte Everest.
   D. Informar sobre el efecto invernadero.

7. ¿Qué sería el mejor título para este informe?
   A. El glaciar es sólo la punta del témpano.
   B. Una visita a Monte Everest.
   C. El trabajo del Programa de Naciones Unidas para el Medio Ambiente.
   D. Las cosas pequeñas y el medio ambiente.

ACTIVIDAD III. Lecturas

Instrucciones: Lee con cuidado el pasaje siguiente. El pasaje va seguido de varias preguntas u oraciones incompletas. Elige la MEJOR respuesta o terminación, de acuerdo con el pasaje. Tienes 10 minutos para leer el pasaje y contestar las preguntas.

UNO

VOCABULARIO DE LA ACTIVIDAD

revolotear – to flutter

enjaulado/a – caged

arrancar – to start up

el cebadero – suet holder, feeder

proveer – to provide

la cazuela – casserole

la siembra – sowing

Fuente: Artículo "Restaurantes para pájaros" de Jorge Iván García Jiménez en El Tiempo (Internet), Colombia, 1999.

Restaurantes para pájaros

Edith Oquendo, una mujer que encontró en el cuidado de la naturaleza una forma de sentirse útil, inició hace siete años una campaña por el regreso de las flores, las mariposas y los pájaros a los balcones, casas y calles de Medellín.[#1] Ella recuerda los juegos de los muchachos en su barrio que mataban a los pájaros atacándolos con un rudimentario pero eficiente instrumento compuesto por un pedazo de cuero y dos tirantes elásticos que lanzaba una piedra.

La gente volvió a sembrar y las mariposas revolotean por hoy encima de las muchas flores de la ciudad. Pero por lo general las aves no han vuelto y las pocas que existen permanecen enjauladas.[#2] Además las aves silvestres no sólo fueron extinguidas por la acción violenta de los muchachos que las mataban, sino también por el constante deterioro ambiental, la deforestación, el aumento de selvas de vidrio y cemento, la contaminación de las aguas y el descuido de las zonas verdes.[#3] De las casi dos mil especies de pájaros encontrados en Colombia, sólo han quedado unas cuantas que se han condicionado a convivir con el ser humano. Por esto, Edith Oquendo y otros buscan aumentar las poblaciones de pájaros y hacer de esta ciudad para el año 2000, "la ciudad de las aves".

Oquendo arrancó su plan con una curiosa propuesta: cambiar los pájaros enjaulados por cebaderos o restaurantes para pájaros, como han empezado a llamarlos los países.[#4]

"La gente ama a los pajaritos en la forma en que no se deben amar. ¿A quién se ama atado o encerrado, sólo por tenerlo obligado al lado de uno?", dice Oquendo.

1. Hace siete años Edith Oquendo tomó una iniciativa para…
   A. cambiar la actitud de los jóvenes hacia la naturaleza.
   B. efectuar el restablecimiento de plantas, insectos y pájaros.
   C. establecer una serie de jardines zoológicos.
   D. propagar otras especies de aves.

2. Las mariposas y las flores han vuelto porque…
   A. los pájaros no volvieron a comérselas.
   B. la gente mantiene presos a sus pájaros.
   C. Edith Oquendo ha soltado a miles de mariposas.
   D. la gente volvió a plantar flores.

3. ¿Por qué han desaparecido tantas especies de pájaros?
   A. Por el abuso extenso del medio ambiente.
   B. Porque la gente ha enjaulado a tantos pajaritos.
   C. Porque no ha habido suficiente números de restaurantes.
   D. Por la violencia de los niños contra los pájaros.

4. La meta de Edith Oquendo y sus socios es…
   A. proveer restaurantes para los pájaros.
   B. proveer un ave para cada cazuela.
   C. proveer una honda para cada niño.
   D. proveer una mariposa para cada ave.

5. ¿Qué ha sugerido Oquendo para atraer el regreso de los pájaros?
   A. El aumento de la siembra de una gran variedad de flores.
   B. La detención de todo chico atravieso.
   C. La distribución de comida especial para ellos.
   D. Nombrar a Medellín la ciudad de las aves.

6. Otro título para este artículo podría ser…
   A. "El eterno retorno de las aves"
   B. "Las aves y las abejas"
   C. "Edith Oquendo y las jaulas de Medellín"
   D. "Una pasión por la libertad"

7. ¿En qué posición mejor se puede colocar la oración: "Según Oquendo, sus vecinos no aprecian la importancia de la libertad para una naturaleza silvestre"?
   A. #1
   B. #2
   C. #3
   D. #4

DOS

VOCABULARIO DE LA ACTIVIDAD

haragán/ana – lazy
la colmena – hive
en vez de – instead of

asomarse – to appear
zumbar – to buzz
rozar – to graze

regañar – to scold

Fuente: "La abeja haragana", cuento de Horacio Quiroga.

La abeja haragana

Había una vez en una colmena una abeja que no quería trabajar. Es decir, recorría los árboles uno por uno para tomar el jugo de las flores; pero en vez de conservarlo para convertirlo en miel, se lo tomaba del todo.[#1]

Era pues, una abeja haragana. Todas las mañanas, apenas el sol calentaba el aire, la abejita se asomaba a la puerta de la colmena, veía que hacía buen tiempo, se peinaba con las patas,[#2] y echaba entonces a volar, muy contenta del lindo día. Zumbaba muerta de gusto de flor en flor, entraba en la colmena, volvía a salir, y así se lo pasaba todo el día, mientras las otras abejas se mataban trabajando para llenar la colmena de miel, porque la miel es el alimento de las abejas recién nacidas.

Como las abejas son muy serias, comenzaron a disgustarse con el proceder de la hermana haragana. En la puerta de las colmenas hay siempre unas cuantas abejas que están de guardia[#3] para cuidar que no entren bichos en la colmena. Estas abejas suelen ser muy viejas, con gran experiencia de la vida, y tienen el lomo pelado porque han perdido todos los pelos de rozar contra la puerta de la colmena.

Un día, pues, detuvieron a la abeja haragana cuando iba a entrar, diciéndole:

"Compañera: es necesario que trabajes,[#4] porque todas las abejas debemos trabajar."

La abejita contestó:

"Yo ando todo el día volando, y me canso mucho."

"No es cuestión de que te canses mucho," respondieron, " sino de que trabajes un poco. Es la primera advertencia que te hacemos."

Y diciendo eso la dejaron pasar.

1. ¿Cuál de las siguientes declaraciones mejor describe a la abeja haragana?
   A. Es trabajadora porque recorre los árboles y las flores.
   B. Es seria como las otras, pero no quiere trabajar.
   C. Es egoísta; no quiere preparar la miel para la colmena.
   D. Es frágil porque no puede volar a mucha distancia.

2. ¿Cuándo demuestra que es vanidosa la abeja haragana?
   A. Cuando se peina como las moscas antes de volar por los campos.
   B. Cuando no contesta las serias advertencias de las otras abejas.
   C. Al regresar cansada por la noche a la lumbre de la colmena.
   D. Al ponerse a volar temprano por las mañanas bonitas.

3. ¿Por qué siempre está de guardia un grupo de abejas?
   A. Buscan abejas de colmenas enemigas.
   B. No quieren que entren abejas que no trabajan.
   C. Así pueden darles consejos a sus compañeras.
   D. Para impedir que entren otros insectos.

4. ¿Cómo se sabe que las abejas de guardia son viejas?
   A. Les dan mucho respeto las abejas jóvenes.
   B. No les gustan las abejas jóvenes y frívolas.
   C. Han perdido muchos pelos.
   D. Pueden reconocer a las abejas perezosas.

5. ¿Qué le exigen las otras abejas a la abeja perezosa?
   A. Le sugieren que no atraiga tantos bichos a la colmena.
   B. Le aconsejan que descanse más.
   C. Le advierten que vuele y trabaje menos.
   D. Le insisten que sea como las otras abejas trabajadoras.

6. ¿Por qué esta vez dejan las abejas de guardia que entre a la colmena la abeja haragana?
   A. Son viejas y no tienen la energía de negarle el paso.
   B. La abeja haragana ha vuelto muy cansada de otro viaje.
   C. Necesitan otra abeja para trabajar.
   D. Es sólo la primera vez que la regañan.

7. ¿En qué posición mejor se puede insertar la frase: "como hacen las moscas"?
   A. #1
   B. #2
   C. #3
   D. #4

ACTIVIDAD IV. Vocabulario y Verbos

UNO

VOCABULARIO DE LA ACTIVIDAD

la gaviota – seagull
travieso/a – mischievous

la lechuza – owl
el búho – owl

Fuente: Cuento "La blanca gaviota y el travieso sol", autor desconocido.

Velozmente se dirigió a las zonas oscuras del árbol y allí por fin encontró al señor sabio don Juan Lechuza.

¡Señor sabio, señor sabio! Por favor, ¿podría usted ayudarme? Tengo mucho tiempo buscándolo para ver si __(1)__ ayudarme a encontrar el camino de regreso a casa. Vea, señor sabio, __(2)__ perdida desde ayer cuando salí como siempre a ver el mar.

Nuestro amigo el señor sabio se volteó lentamente, como siempre hacen las lechuzas, abrió un solo ojo y __(3)__ a nuestra desesperada amiga que estaba __(4)__ su ayuda, y le dijo:

Tú eres una gaviota marina, __(5)__ como las nubes, sólo comes pescado y vives en las rocas de las montañas que están al borde del mar. Hazme el favor de decirme ¿Qué __(6)__ por aquí tan lejos de tu casa?

La gaviota le explicó con detalles todo lo ocurrido y nuestro amigo el Buho __(7)__ a pensar. Había que buscar el camino de vuelta y éste debía de ser tan __(8)__ que no __(9)__ ninguna confusión ni equivocación y que fuera fácil de recordar para que la gaviota si __(10)__ a perderse __(11)__ día, pudiera fácilmente conseguir el camino a su casa. El señor Lechuza, como todos los sabios, __(12)__ los problemas con preguntas y por ello le preguntó a nuestra amiga la gaviota:

¿Qué es lo que más abunda por tu casa, amiga gaviota?

__(13)__ agua, contestó la gaviota.

1. _____ (poder)

2. _____ (estar)

3. _____ (ver)

4. _____ (solicitar)

5. _____ (blanco)

6. _____ (hacer)

7. _____ (ponerse)

8. _____ (claro)

9. _____ (producir)

10. _____ (volver)

11. _____ (alguno)

12. _____ (resolver)

13. _____ (El)

DOS

VOCABULARIO DE LA ACTIVIDAD

la huella – mark **el derrumbe** – cave-in
a causa de – because of **reblandecido/a** – soft

Fuente: Artículo "Terremoto de las Melosas, 1958" de Aldo Villavicencio Derio, 2005.

Un terremoto poco recordado por la población general, pero que dejó una profunda huella en los pobladores de la zona del Cajón del Maipo, __(1)__ el ocurrido el 4 de septiembre de 1958. __(2)__ en realidad tres terremotos que se produjeron en seis minutos y el epicentro se __(3)__ en la confluencia de los ríos Maipo y Volcán. Su magnitud Richter __(4)__ 7.

Los hechos ocurrieron __(5)__ nueve minutos para las seis de la tarde, cuando aún no __(6)__ el proceso eleccionario que daría como nuevo presidente de Chile a Jorge Alessandri. Ya la zona__(7)__ temblando en las semanas anteriores, de modo que la mayoría de los lugareños del precordillerano poblado El Volcán __(8)__ evacuada __(9)__ a los derrumbes, que habían incluso destruido parte de las instalaciones del refugio de carabineros de Las Melosas y de las plantas hidroeléctricas Los Queltehues y El Volcán. Este hecho y el __(10)__ muchos pobladores en los lugares de sufragio, __(11)__ los efectos de este triple terremoto.

Cuatro muertos se registraron, a pesar de todo, y varias decenas de heridos, especialmente a causa de __(12)__ derrumbes de los cerros de la zona, ya reblandecidos por una abundante lluvia y nieve que por esos días __(13)__. __(14)__ fueron las víctimas.

1. _____(ser)

2. _____(Haber)

3. _____(localizar)

4. _____(ser)

5. _____(faltar)

6. _____(finalizar)

7. _____(estar)

8. _____(ser)

9. _____(deber)

10. _____(encontrarse)

11. _____(atenuar)

12. _____(el)

13. _____(caer)

14. _____(Cuatrocientos)

ACTIVIDAD V. Vocabulario

Instrucciones: Para cada uno de los pasajes siguientes, primero lee el pasaje y entonces escribe en la línea a continuación de cada número una palabra apropiada para completar el pasaje de manera lógica y correcta. Para recibir crédito, tienes que escribir y acentuar la palabra correctamente. Debes escribir UNA SOLA palabra en cada línea. Tienes 10 minutos para leer los pasajes y escribir tus respuestas.

UNO
VOCABULARIO DE LA ACTIVIDAD

el oso pardo – brown bear   **la hembra** – female   **receloso/a** – suspicious
escasísimo/a – very scarce   **afilado/a** – pointed   **la prole** – offspring
arreciar – to get worse   **patilargo/a** – long-legged
guarecer – shelter   **la crianza** – breeding

Fuente: Artículo "Oso pardo—un gigante demasiado frágil" de Guillermo Palomero en <u>GEO—Una nueva visión del mundo</u>, mayo, 1995.

Increíble. Tenemos frente a __(1)__, muy próximos entre sí, tres ejemplares del escasísimo oso pardo cantábrico. Con movimientos ansiosos y sin dejar de exclamar nuestra fortuna, montamos el telescopio. Pero dar __(2)__ el objetivo de nuestra vigía no __(3)__ sido tan sencillo. Por ejemplo, esta mañana, cuando la lluvia arreciaba debimos guarecernos entre las ruinas de una vieja cabaña. Con una lente de veinte __(4)__ podíamos observar las tres bestias al mismo tiempo. Eran un gran macho y dos __(5)__. El oso era soberbio y aparentaba el doble de __(6)__ que la hembra más grande. Ésta le seguía __(7)__ cerca. Su color era distinto: las cuatro patas negruzcas y la cabeza más afilada, menos masiva que __(8)__ del macho, amarillenta. La otra osa era joven, patilarga, de tonos pardos y grises que __(9)__ hacían parecer más oscura.

Como naturalistas algunos datos que nos fascinan son: Durante la crianza, las mamás __(10)__ vuelven muy recelosas y no admiten que ningún extraño se acerque __(11)__ su prole, aunque a ésta ya __(12)__ falte poco para independizarse. Las osas suelen parir hasta tres crías cada dos años. __(13)__ nacer, carecen de pelo y pesan unos 350 gramos. La lactancia __(14)__ seis meses, pero nunca se independizan antes del año. __(15)__ nada se tuerce, cumplirán los veinticinco. Sin ellos, nuestro patrimonio natural sería más pobre. Por __(16)__ y muchas otras razones, no podemos consentir que los gigantes de la Península se extingan.

1. _____
2. _____
3. _____
4. _____
5. _____
6. _____
7. _____
8. _____
9. _____
10. _____
11. _____
12. _____
13. _____
14. _____
15. _____
16. _____

DOS
VOCABULARIO DE LA ACTIVIDAD

los focos – foci   **dañino/a** – harmful

Fuente: Artículo "Técnico en salud ambiental" de Justina López de los Mozos en <u>MIA</u>, diciembre de 1997.

Su trabajo es descubrir los factores de riesgo de la contaminación del medio ambiente en la salud humana. En esta actividad __(1)__ una parte preventiva y otra activa. En la primera se identifican, controlan y vigilan los desajustes del __(2)__ ambiente, y __(3)__ la segunda se interviene sobre los focos contaminantes dañinos para el __(4)__ humano. Por __(5)__ lado, este técnico también __(6)__ que desarrollar programas de educación y promoción de la salud para que la relación de las personas con el medio ambiente sea lo __(7)__ beneficiosa posible.

Debe ser una persona que valore la calidad del medio ambiente como una necesidad imprescindible para el completo desarrollo del ser humano y a __(8)__ que le preocupen el deterioro y los abusos que se ocasionan en el hábitat. El Técnico Superior en Salud Ambiental tiene que saber que __(9)__ sus informes puede depender __(10)__ salud de un colectivo. No se aconseja esta profesión a personas con mentalidad burocrática, ya que se necesita mucha responsabilidad __(11)__ iniciativa para asumir las decisiones.

Pueden acceder __(12)__ estos estudios los alumnos que __(13)__ terminado el bachillerato (con las materias de Biología y Ciencias Marítimas y de Medio Ambiente), COU, Formación Profesional 11 o __(14)__ que tengan 20 años cumplidos, pueden superar una prueba. Los estudios constan __(15)__ dos cursos, que se pueden realizar en centros privados.

1. _____

2. _____

3. _____

4. _____

5. _____

6. _____

7. _____

8. _____

9. _____

10. _____

11. _____

12. _____

13. _____

14. _____

15. _____

ACTIVIDAD VI. Ensayos Cortos

UNO

Instrucciones: Para la pregunta siguiente, escribirás una carta. Tienes 10 minutos para leer la pregunta y escribir tu respuesta.

Escribe una carta de recomendación. Imagina que tu mejor amigo/a ha pedido admisión a un programa de servicio social en Costa Rica. El programa ofrece servicio gratuito para el medio ambiente. Saluda a los directores del programa Junglas Internacionales y
* explica por qué tu amigo/a sería un candidato/a bueno/a o malo/a para ese programa.
* concluye pidiendo la misma solicitud y por qué tú serías bueno/a para el programa.

DOS

Instrucciones: Para la pregunta siguiente, escribirás un mensaje electrónico. Tienes 10 minutos para leer la pregunta y escribir tu respuesta.

Escribe un mensaje electrónico. Imagina que escribes a un amigo argentino que en julio te va a visitar. Saluda a tu amigo y
* expresa tu reacción a su visita.
* aconséjale cómo debe prepararse para el clima y los lugares que va a conocer cuando llegue.

TRES

Instrucciones: Para la pregunta siguiente, llenarás un formulario. Tienes 10 minutos para leer la pregunta y escribir tu respuesta.

Llena el siguiente formulario para adoptar un perrito.

Apellido _____ Nombres de pila _____

Dirección domicilio _____ Teléfono _____

Raza de perro que desea _____

Brevemente explique por qué desea adoptar tal perro.

_____

_____

_____

Brevemente explique por qué es usted un dueño ideal para adoptar el perro.

_____

_____

_____

ACTIVIDAD VII. Ensayo basado en varias fuentes

Discute el conflicto entre el afán del ser humano por el sol y el calor, por un lado, y las consecuencias potencialmente dañinas, por otro. Ofrece varias ideas sobre cómo resolver este aparente conflicto.

Fuente Impresa Nº 1

VOCABULARIO DE LA ACTIVIDAD

tal como – such as   **el casquete** – skull   **la sequía** – drought   **predecir** – to predict

Fuente: Este informe "¿Qué es el efecto invernadero?" es una adaptación de un artículo que apareció en ecopibes.com.

En 1947 dos científicos, el mexicano Mario Molina y el estadounidense Frank Rowland, descubrieron una disminución en la capa de ozono. La capa de ozono es lo que nos protege de la radiación ultravioleta solar. Además de las consecuencias nocivas que podría padecer el hombre debidas a la erosión de la capa de ozono vamos experimentando lo que los científicos llaman cambios climáticos. El efecto invernadero es un fenómeno natural que ha desarrollado nuestro planeta para permitir que exista la vida y se llama así precisamente porque la Tierra funciona como un verdadero invernadero.

La capa de ozono permite la entrada de algunos rayos solares que calientan la Tierra. Ésta, al calentarse, también emite calor pero esta vez la capa impide que se escape todo hacia el espacio, así impidiendo que muramos de frío. Este mecanismo permite que el planeta tenga una temperatura aceptable para el desarrollo de la vida tal como la conocemos. Lo que pasa es que el hombre ha logrado que este mecanismo natural de la Tierra se esté convirtiendo en un problema muy serio porque se ha aumentado progresivamente la cantidad de Gases de Efecto Invernadero (GEI) lo que provocaría un paulatino cambio en el clima mundial.

Hay los que creen que no pasará nada porque la naturaleza corregirá este error humano. Pero cada vez son menos los que creen esto. Hoy la mayoría de los científicos está de acuerdo en que el cambio climático es un problema real y que, si no hacemos algo para evitarlo, empezaremos a sufrir las consecuencias tarde o temprano.

La destrucción de la capa de ozono debida al impune uso de clorofluorocarbonos puede promocionar cáncer de piel, influir en el proceso de fotosíntesis, dañar la respuesta del sistema inmunitario y producir cataratas.

También como consecuencia de la elevación de la temperatura mundial, los depósitos de agua dulce en los casquetes polares se comenzarían a derretir, produciendo inundaciones que no se limitarán a las costas. Habrá un aumento de la cantidad de lluvias en algunas partes y sequías en otras. Otra posible consecuencia del cambio climático será la extinción de muchas especies y ecosistemas. Y todo esto va a afectar al hombre. Se predicen hambre y enfermedades y no es ilógico pensar que eso pase porque no va a haber mucho margen para los cultivos y la ganadería.

Fuente Impresa Nº 2

VOCABULARIO DE LA ACTIVIDAD

harto/a – fed up
la arena – sand

acariciante – caressing
ameno/a – agreeable

acogedor/a – welcoming

Fuente: Aviso turístico en el periódico <u>Voces Pueblerinas de Vialado</u>, 2005.

¿BUSCAS SOL? ¿ESTÁS HARTO DEL FRÍO, DEL HIELO Y DE LA NIEVE?

VEN A VISITARNOS A LAS VÍRGENES COSTAS DE LA REPÚBLICA DOMINICANA.

No habrá nada más que nuestro seductor sol y tus deseos.

Nuestro hotel y casino ESTELASOL te brinda constantes días de brillante sol, blancas arenas y románticas noches sin fin. Ven a disfrutar de los cielos despejados en nuestras playas. Goza de un sol acariciante y placentero. Diviértete con un calor agradable y acogedor. Luego, podrás reponerte en nuestros salones de masaje y en nuestros espectaculares restaurantes.

Contáctanos ahora. Nosotros y nuestro sol estamos a tus órdenes.

Fuente Nº 3 Auditiva

VOCABULARIO DE LA ACTIVIDAD

desde molesto hasta mortal – from bothersome to deadly
la ampolla – blister

descamar – to scale
fehaciente – authentic
el jugo – juice

conllevar – to put up with
empinar el codo – to bend the elbow (to drink)

Fuente: Este informe, que se titula "El calor", se emitió por la emisora 88.9 Noticias.

🔊 3.7

Voces en el informe
Presentador: El que presenta el programa
Locutores: Anfitriones del programa
Varias voces femeninas: Gente de pueblo

ACTIVIDAD VIII. Conversaciones dirigidas

UNO

> **_Instrucciones:_** Ahora participarás en una conversación telefónica simulada. Primero, tendrás 30 segundos para leer el bosquejo de la conversación. Entonces, escucharás un mensaje y tendrás 60 segundos para leer de nuevo el bosquejo. Después empezará la llamada telefónica, siguiendo el bosquejo. Siempre que te toque, tendrás 20 segundos para responder; una señal te indicará cuándo debes empezar y terminar de hablar. Debes participar en la conversación de la manera más completa y apropiada posible.

Imagina que recibes un mensaje telefónico de tu amiga, Eugenia, quien te pide que la vuelvas a llamar. Escucha su mensaje.

a) El mensaje
   [Escucharás el mensaje en la grabación.]

b) La conversación
[Las líneas en gris reflejan lo que escucharás en la grabación.]

La Madre de Eugenia:	● Contesta el teléfono. **[Tono]**
Tú:	● Salúdala. ● Dile por qué has llamado.

La Madre de Eugenia:	● Te contesta.

Eugenia:	● Te explica por qué te llamó. **[Tono]**
Tú:	● Dale tu reacción. ● Pídele disculpas y dile por qué no puedes ir.

Eugenia:	● Sigue la conversación. **[Tono]**
Tú:	● Reacciona. ● Cambia de opinión. ● Dale sugerencias sobre los preparativos.

Eugenia:	● Continúa la conversación. **[Tono]**
Tú:	● Contesta. ● Finaliza los planes.

Eugenia:	● Se despide. Cuelga el teléfono. **[Tono]**
Tú:	● Despídete de ella. ● Llama a tu mamá para decirle lo que vas a hacer. ● Pídele ayuda y dile por qué.

Instrucciones: Ahora participarás en una conversación telefónica simulada. Primero, tendrás 30 segundos para leer el bosquejo de la conversación. Entonces, escucharás una explicación de la situación y tendrás 60 segundos para leer de nuevo el bosquejo. Después empezará la llamada telefónica, siguiendo el bosquejo. Siempre que te toque, tendrás 20 segundos para responder; una señal te indicará cuándo debes empezar y terminar de hablar. Debes participar en la conversación de la manera más completa y apropiada posible.

Imagina que acabas de presenciar un derrame de petróleo cerca de tu casa y llamas a la Agencia Nacional del Medio Ambiente.

La conversación
[Las líneas en gris reflejan lo que escucharás en la grabación.]

Sr. Lamas, Representante de la ANMA:	✳ Contesta. **[Tono]**
Tú:	✳ Te identificas.
	✳ Explicas por qué llamas.
	✳ Le pides ayuda.

Sr. Lamas:	✳ Pide cierta información detallada. **[Tono]**
Tú:	✳ Contestas las preguntas.
	✳ Explicas lo que deseas que haga la Agencia Nacional de Medio Ambiente.

Sr. Lamas:	✳ Sigue pidiendo información. **[Tono]**
Tú:	✳ Explicas.

Sr. Lamas:	✳ Reacciona e intenta terminar la conversación. **[Tono]**
Tú:	✳ Reaccionas con indignación.
	✳ Protestas contra lo que acabas de escuchar.
	✳ Explicas por qué no estás de acuerdo.

Sr. Lamas:	✳ Se despide. **[Tono]**
Tú:	✳ Reacciona.
	✳ Hablando en voz alta para ti, explicas lo que vas a hacer ahora.

ACTIVIDAD IX. Presentaciones orales

Instrucciones: La pregunta siguiente se basa en el artículo impreso y el informe de la radio. Primero, tendrás 5 minutos para leer el artículo impreso. Después, escucharás el informe de la radio; debes tomar apuntes mientras escuches. Entonces, tendrás 2 minutos para preparar tu respuesta y 2 minutos para grabar tu respuesta.

UNO

Tienes que dar una presentación formal para un concurso sobre el medio ambiente. Discute los varios enfoques a la educación ambiental expresados en las siguientes fuentes y luego expresa tu opinión sobre su eficacia y la utilidad de ellos.

Texto impreso

VOCABULARIO DE LA ACTIVIDAD

la eficacia – effectiveness	**el ámbito** – field
el marco – framework	**hacer hincapié** – to emphasize

Fuente: Articulo "La educación ambiental como política de estado" de Ana Scoones en ecoportal.net., junio, 2005

¿Cuál es el papel de la educación en la formación de una conciencia ambiental en el marco de un estilo de desarrollo donde la distribución de beneficios sea efectivamente igualitaria como lo es hoy la distribución de los costos? Tomando los conceptos de Sergio Soto, quien analiza las relaciones entre educación, ambiente y desarrollo, sostiene que el papel de la educación es fundamental en la construcción de un mundo con un sentido ético distinto del desarrollo; la escuela puede, como institución, ayudar a armonizar la relación entre la cultura, el trabajo, los recursos naturales, el conocimiento científico y las formas de organización social.

La educación con un enfoque ambiental, permitirá abrir nuevas perspectivas de trabajo en ámbitos como la protección del patrimonio, crear una conciencia social sobre los problemas del deterioro del ambiente, tanto en bienes culturales como naturales, así como la generación de nuevos conocimientos, nuevas técnicas y nuevas orientaciones en la formación profesional. La formación ambiental "deberá darse en ámbitos formales (currícula de educación básica y media) tanto como en los informales (incorporación de "lo ambiental" en "lo cotidiano") como política de Estado, haciendo hincapié en los procesos globales y los asuntos locales, generando enfoques innovadores de los problemas y conflictos ambientales que condicionan nuestro estilo de vida y promoviendo una nueva forma de pensar en el ambiente".

VOCABULARIO DE LA ACTIVIDAD

mermar – to reduce	**el desecho** – rubish	**entonado/a** – tuned
el vertedero – dump	**el desperdicio** – waste	**sea cual sea** – whatever it may be
aupado/a – helped		

Fuente: Artículo "La falta de educación ambiental merma la salud de la Tierra" en El Tiempo, Venezuela, 2004.

Había una vez una colonia de ratones que vivía de los frutos de una bella encina. Un grupo de ratones cansados de subir y bajar diariamente en busca de su alimentación propuso derribar el árbol y así conseguir más fácilmente su comida. Entonces se presentó un sabio ratón y les dijo tristemente:

"Si derriban el árbol, ¿qué comerán en primavera...?"

La falta de una adecuada y asertiva campaña de toma de conciencia sobre los elementos que dañan la naturaleza, es la clave que podría marcar la diferencia entre vivir en armonía con lo que nos rodea o mantener la actual situación de invasión en todos los espacios terrestres.

"Y no es sólo la basura, es el aire, son las aguas. La incorporación de una campaña de conciencia que llame al reciclaje y a la educación ambiental podría aminorar la cantidad de basura que llega a los vertederos urbanos diariamente".

Esta profesional de 42 años de edad manifestó que ella, aupada por sus dos hijos adolescentes, cambió mucho la forma de deshacerse de la basura de su casa.

"Ahora, aunque no sirva de mucho, separo los plásticos del papel y la materia orgánica. Digo que no sirve de mucho pues en el país no existe una política real sobre el control de desechos".

"Cualquier iniciativa por pequeña que sea es buena. Yo, por ejemplo, enseño a mis hijos que vean el mundo como su 'casa grande' y ellos saben que lanzar desperdicios en los pasillos de nuestro apartamento está mal. Por algo hay que empezar".

"Creo que estas actitudes ambientalistas deben empezar en casa y ser reforzadas en las escuelas. Hay que crear ciudadanos integrales, no sólo preparados para el campo laboral, sino, además, aptos para la vida en la sociedad".

"Yo pongo mi granito de arena. Mantengo el motor de mi carro entonado, le hago sus cambios de aceite a tiempo, todo de una u otra forma sirve para que el Toyota emita la menor cantidad de gases nocivos posibles".

Sea cual sea el caso lo importante es desarrollar una conciencia colectiva, que permita a cada uno ver más allá de su realidad individual y comenzar a pensar en el mundo como una gran casa donde viven y comparten millones y millones de seres.

Informe de la radio

VOCABULARIO DE LA ACTIVIDAD

recopilado/a – compiled   **en marcha** – in the making   **constar de** – to consist of

Fuente: "Programación de capacitación para jóvenes interesados en el medio ambiente" emitido en la emisora Radio Naciones Unidas, 2005.

◀)) 3.9.1

Voces en el informe
Locutor: Anfitrión del programa
Luís Betanzos: Coordinador del Proyecto GEO Juvenil para América Latina y el Caribe del PNUMA

DOS

Imagina que para la emisora de radio local vas a dar un informe sobre los efectos de la basura. Tanto el artículo impreso como el informe auditivo hablan del impacto de la basura en la vida de personas de pueblo. Compara las dos perspectivas en las siguientes fuentes.

Texto impreso

VOCABULARIO DE LA ACTIVIDAD

el guaraníe – monitary unit of Paraguay
entramado/a – woven
el ganchero – worker who hooks and spikes garbage

el carritero – carter
hurgar – to poke
la chatarra – scrap iron, junk
la varilla – rod
el menaje – furnishing

el caño – pipe
el bidón – can
el envase – container

Fuente: Artículo "Negocio de la basura alimenta a 10.000 familias y mueve millones" cedido por <u>La Nación</u> de Paraguay, 2001.

Para algunos es la única manera de hacerse de unos guaraníes para poder comer y para otros es la forma más práctica de juntar el dinero que necesitan para irse de vacaciones. Hay quienes se hacen un sueldo extra y quienes tienen en este trabajo una empresa rentable. Pero en todos hay algo en común: a nadie le es indiferente lo que sucede alrededor del negocio de la basura.

El mundo de los desechos sólidos oculta una compleja y entramada red, que involucra a miles de personas, entre recolectores municipales, gancheros, carriteros, vendedores, compradores y empresarios.

El circuito del dinero comienza en la puerta de la casa o negocio, cuando se recoge la basura. Se estima que actualmente unas 10.000 familias en el Área Metropolitana de Asunción viven de la basura, una actividad que anualmente mueve millones de dólares.

Es difícil no ver a los carriteros por las calles hurgando en los contenedores de basura. Y es que en los últimos cinco años el reciclaje se ha convertido en un oficio para muchas familias de escasos recursos. En muchos casos, estas personas se vieron forzadas a desarrollar esta actividad por el paulatino deterioro de la situación económica que afectó a los sectores más desprovistos.

Los gancheros y los carriteros no tienen posibilidad de negociar el precio que les pagarán por los materiales, sólo se encargan de juntar y vender al precio establecido por los intermediarios. Por eso cada uno compite siempre por juntar la mayor cantidad posible, ya que, a más kilos de basura vendida, más ganancia.

Existen alrededor de 30 empresas recicladoras (formales e informales) en todo el país, según datos de la organización ambientalista Alter Vida, que trabaja en un proyecto de mejoramiento de la calidad de vida de los recicladores.

El material más codiciado en este negocio es el plástico, por el que se paga mejor. Los metales como el aluminio, hierro, cobre y bronce, así como las chatarras en general siguen en preferencia de rentabilidad, sobre todo por su peso. Estos dos materiales son también los que registran mayor volumen de exportación al extranjero.

Según un informe del Ministerio de Industria y Comercio, México, Brasil y China son los destinos preferenciales a donde va a parar la basura que se produce en el Paraguay. El cartón y papelería de oficina en general tienen también el mercado copado y en buen volumen son también exportados al Brasil. El plástico tiene como destinos preferenciales México, Brasil y China. En tanto los metales y chatarras van preferentemente al Brasil y a la Argentina.

La exportación de basura reciclable ha dejado al país, entre el 2004 y lo que va del 2005, poco más de 15.300.000 dólares. Un informe del Ministerio de Industria y Comercio, señala que en el rubro de chatarra de hierro, Paraguay exportó el año pasado 79.823 toneladas por un valor total de 8 millones de dólares. En los primeros meses del 2005 ya se exportaron 37.347 toneladas de este material por un valor de 4.5 millones de la moneda americana. El valor promedio es de 101 dólares por tonelada.

A nivel local, los metales se utilizan en la industria de varillas, menajes y herramientas varias. Los plásticos son utilizados para fabricar caños, bidones y tambores. Los cartones, papel de diario y oficina se utilizan para la fabricación de envases, así como papel higiénico y otros tipos de papel absorbente.

Informe de la radio

VOCABULARIO DE LA ACTIVIDAD

despectivo/a – disparaging
carente – lacking
el desacierto – mistake

el pañal desechable –
disposable diaper
el desperdicio – waste

insalubre – unhealthy

Fuente: Informe basado en artículo titulado "Testimonios de quienes viven y trabajan en el relleno municipal de Cambalache: La basura como sustento de vida" de Isabel Hernández, 25 de mayo de 2005 tomado de <u>Nueva Prensa</u> en línea.

◀⅄ 3.9.2

Voces en el informe
Locutora: Corresponsal
Luís González: Trabajador
Carmen Teresa: Trabajadora

¡PONERLO EN PRÁCTICA!

Ia. **TUS AMIGOS Y TÚ TIENEN QUE AYUDAR A LIMPIAR DESPUÉS DE UN DERRAME DE PETRÓLEO. SIÉNTATE CON UN COMPAÑERO/A Y PONGAN EN ORDEN LÓGICO LOS PLANES.**

Pon en marcha la limpieza.

Rescata los animales que puedas.

Decide quién está a cargo.

Llama a otros estudiantes para que los ayuden.

Determina si hay más contaminantes que el petróleo.

Llama a las autoridades municipales.

Identifica las especies de animales que están en peligro.

Compra los materiales necesarios para la limpieza.

Ib. **AHORA, HABLA CON OTRA PAREJA Y COMPARA SUS LISTAS. SI UDS. NO ESTÁN DE ACUERDO, DEFIENDAN SU PLAN.**

II. **CON LAS PALABRAS QUE SIGUEN ESCRIBE CINCO SUGERENCIAS PARA EVITAR OTRO ACCIDENTE. EMPIEZA CADA ORACIÓN CON "SI FUERA TÚ".**

EJ. – SI FUERA TÚ, ADVERTIRÍA A LA GENTE DE LA REGIÓN DE LOS POSIBLES PELIGROS.

divisar
promover
el ecosistema
arrastrarse
astuto
soplar
la sequía

1. Si fuera tú,

2. Si fuera tú,

3. Si fuera tú,

4. Si fuera tú,

5. Si fuera tú,

III. DISEÑA UN CARTEL QUE PROMUEVA CÓMO CUIDAR NUESTRO PLANETA. INCLUYE ESTAS PALABRAS:

el bochorno
el hielo
hacer mal tiempo
el agua potable
los desiertos
los parques
el ecólogo
el mar
ambiental
a riesgo
la selva

IV. EN LOS CUATRO RINCONES DE LA CLASE TU PROFESOR/A COLGARÁ UNA DE ESTAS DESCRIPCIONES EN CADA RINCÓN. PON TU CARTEL DEL EJERCICIO IV EN EL RINCÓN QUE MEJOR DESCRIBA TU MENSAJE. DESPUÉS, ENTREVISTA A LOS OTROS ESTUDIANTES EN TU 'RINCÓN'. LAS DESCRIPCIONES SON:

PRIMER RINCÓN: -   OPTIMISTA – PODEMOS SALVAR EL PLANETA.

SEGUNDO RINCÓN: -   PESIMISTA – ES DEMASIADO TARDE.

TERCER RINCÓN: -   NEUTRAL – NO TIENE UNA OPINIÓN MUY FUERTE.

CUARTO RINCÓN: -   INCONSCIENTE – NO IMPORTA NADA.

V. ¡CONEXIONES! El medio ambiente sobrevive porque mantiene una maravillosa red de conexiones interdependientes.

A. Traza una serie de líneas vitales entre estas palabras para mostrar estas dependencias. Usa tinta verde y tinta roja. Las líneas de tinta verde deben representar una relación de respaldo ambiental y las de tinta roja relaciones dañinas y destructoras.

B. En parejas discutan sus redes ambientales, anotando diferencias y semejanzas. Luego, describan las conexiones y explicaciones de su investigación a los demás.

El cielo está emborregado quien lo desemborregará
El desemborregador que lo desemborregue buen desemborregador será.

CAPÍTULO IV
EL TURISMO

MEDIOS DE TRANSPORTE

LOS BOTES
abordar
atravesar
barco de vapor
billetes (m)
boleto
camarotes (m)
crucero
desembarcar
muelles (m)
navegación (f)
naves (f)
piscina

LOS AVIONES
abrocharse
aeromozo
asiento
aterrizaje (m)
aterrizar
azafata
cabina
despegar
despegue (m)
escala
parada
vuelo

LOS COCHES
alquilado/a
autobús (m)
carnet (m)
cinturones (m)
frenos
taxi (m)
volante (m)

LOS TRENES
andén (m)
estación (f)
ferroviario/a
metro

↓↓↓↓↓↓↓↓↓↓↓↓↓ MODISMOS !!!!!!!!!!!!!!

Los pobres pasajeros tienen que *hacer cola* antes de salir de la aduana.

La agencia de viajes está *justo* al lado de la estación de trenes.

Los pasajeros *se divierten* conversando y contando chistes. Los hijos de los pasajeros también *lo pasan bien* conversando y contando chistes. Mientras tanto los agentes de viaje *pasan un buen rato* ahorrando y contando su dinero.

? JUEGOS DE PALABRAS

Siempre *me entero* de la situación.
Los parientes del viejo coronel lo *entierran* hoy.

Los buenos estudiantes siempre *pretenden* estudiar duro todos los días.
Yo sé que José es culpable aunque él *aparenta* no saber nada del caso.

Es *un* bello arte saber participar en *las* bellas artes.

Cuando nuestro amigo *se despida* de nosotros, le daremos una fiesta de *bienvenida* que nunca olvidará.

Mi amigo Juan sale *a principios de* enero, mi hermana se marcha *a mediados del* mes y yo *a fines del* mismo mes.

PARA LLEVAR
la brújula
los boletos de ida y vuelta
los folletos de información
el maletín de cuero
los mapas de carreteras
la mochila
el pasaporte
el plano de la ciudad

PERSONAS
guías (m, f)
pasajeros/as
pilotos
policías (m)
turistas (m, f)

LUGARES TURÍSTICOS
las aldeas pintorescas
los barrios de diferentes grupos étnicos

la capital cultural del país
las fuentes iluminadas
las ruinas indígenas
las islas aisladas
los jardines ornamentales
los parques históricos
las avenidas peatonales
las plazas majestuosas
las oficinas de turismo

PREPARATIVOS
ir al ayuntamiento por los documentos
recibir una vacuna
hacer las maletas
poner boletos, mapas y pasaporte en el maletín

LOS PLACERES DE VIAJAR
ir de compras
visitar los cuadros en el museo
experimentar costumbres y culturas distintas
compartir nuevos descubrimientos
volar a lugares exóticos
sacar fotos
aprender otro idioma
visitar la ópera
apreciar los paisajes pintorescos

LOS DISGUSTOS DE VIAJAR
aguantar las demoras
estar desorientado/a
extrañar a los amigos
tratar a los mendigos agresivos
contagiar el paludismo
protegerse de los carteristas

UN POCO DE POESÍA

Viajes

callejeros, marítimos.
Merodear, explorar, arriesgarme.
Recorro el mundo sin destino
L I B R E .

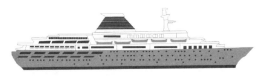

ACTIVIDAD I. Audios cortos

Instrucciones: Ahora vas a escuchar una selección auditiva. Después de la selección se te harán varias preguntas sobre lo que acabas de escuchar. Para cada pregunta elige la **MEJOR** respuesta de las cuatro opciones escritas en tu libreta de examen y rellena el óvalo correspondiente en la hoja de respuestas.

UNO

VOCABULARIO DE LA ACTIVIDAD

la loma – foothill **pegajoso/a** – sticky **cobarde** – cowardly
el crisol – melting pot **la sede** – headquarters
la hamaca – hammock **el prófugo** – fugitive

Fuente: Programa "Noticiario Cultural" de Radio Araucano, julio, 2006.

4.1.1
Voces en el informe
Gamalíel: Anfitrión del programa "Noticiario Cultural"
Pablo: Corresponsal volante

Número 1.
A. Gamalíel, el locutor de radio, lo busca.
B. Quiere visitar un país para que lo conozca el público.
C. Quiere visitar un país sin que lo sepa el público.
D. Es un prófugo cobarde.

Número 2.
A. Importante.
B. Tradicional.
C. Colonial.
D. Moderna.

Número 3.
A. Tiene el clima más cálido.
B. Ha sufrido más terremotos.
C. Es el más densamente poblado.
D. Es el más pequeño.

Número 4.
A. Se encendieron todos.
B. Ha habido muchos terremotos devastadores.
C. La ciudad no fue fundada hasta el siglo XIX.
D. La población es más indígena que europea.

Número 5.
A. Nubloso.
B. Ventoso.
C. Caluroso.
D. Variable.

Número 6.
A. Es donde empezó la independencia centroamericana.
B. Es donde hay ejemplos del arte nouveau de fin del siglo.
C. Es donde hay importantes iglesias católicas.
D. Es donde ha habido más influencia europea en la región.

Número 7.
A. En San José.
B. En la Ciudad de Panamá.
C. En San Salvador.
D. En Havana.

DOS

VOCABULARIO DE LA ACTIVIDAD

estar a cargo de – to be in charge of
el laberinto – labyrinth

cuanto antes – as soon as possible
el callejón – alley, narrow street

Fuente: "Los Reñire: Perdidos de nuevo", programa serial de Radio Araucano emitido en diciembre de 2001.

4.1.2

Voces en el informe
La Sra. Reñire: Esposa mandona
El Sr. Reñire: Marido domado

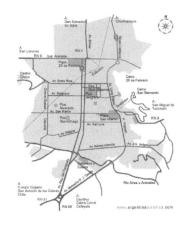

Número 1.
- A.   En un callejón.
- B.   En una ciudad grande.
- C.   En un coche.
- D.   Cerca de un banco.

Número 2.
- A.   La cámara.
- B.   Los billetes de avión.
- C.   Los cheques de viajero.
- D.   El plano de la ciudad.

Número 3.
- A.   Había estado en la ciudad antes.
- B.   Tenía prisa.
- C.   Tenía que recordar demasiadas cosas para el viaje.
- D.   No le importaba la ciudad.

Número 4.
- A.   En un kiosco.
- B.   En un restaurante.
- C.   En una comisaría de policía.
- D.   En un hotel.

Número 5.
- A.   El señor tiene uno en el hotel.
- B.   No tiene efectivo.
- C.   Está de prisa.
- D.   Está perdido.

Número 6.
- A.   Van a hablar con un policía.
- B.   Van a comprar un plano.
- C.   Van a llamar un taxi.
- D.   Van a caminar al hotel.

Número 7.
- A.   Es belicosa.
- B.   Es buena.
- C.   Es amorosa.
- D.   Es compasiva.

ACTIVIDAD II. Audios extendidos

Instrucciones: Ahora escucharás una selección auditiva. Se te permite tomar apuntes en el espacio en blanco de esta hoja y la siguiente. Estos apuntes no serán calificados. Al final de la selección contestarás una serie de preguntas escritas sobre lo que acabas de escuchar. Basándote en la información de la selección, elige la **MEJOR** respuesta a cada pregunta de las cuatro opciones impresas.

UNO

VOCABULARIO DE LA ACTIVIDAD

tener ganas de – to feel like
aprovechar – to take advantage of
ferroviario/a – railway, rail
el coche cama – sleeping car

de vez en cuando – from time to time
el saco de dormir – sleeping bag
el párvulo – infant

el buque – ship
sobrecargado/a – overloaded

Fuente: Este informe, que se titula "Pases para jóvenes", se emitió por la emisora Radio Araucano en junio de 2005.

🔊 4.2.1

Voces en el informe
Presentador: Anfitrión del programa de Radio Araucano
Voces: Dos muchachas

1. ¿A qué tipo de escuela asisten las dos muchachas?
   A. La universidad.
   B. De pasajeros profesionales.
   C. La secundaria.
   D. De párvulos aburridos.

2. ¿Para quiénes son los billetes de Eurail Youthpass?
   A. Para españoles que viajan en Europa.
   B. Para no residentes de Europa.
   C. Para los jóvenes que viajan en primera clase.
   D. Para los que quieren graduarse en el colegio.

3. ¿Qué planes alternativos brindan ciertos Pases Eurail?
   A. Viajar en buque.
   B. Viajar en moto.
   C. Viajar con mochila sobrecargada.
   D. Viajar gratis en tren.

4. ¿Qué derechos dan los billetes de Eurail Youthpass?
   A. Viajes ilimitados de primera clase.
   B. Viajes a sólo España, Francia y Alemania.

C. Viajes ilimitados con suplemento coche cama.
D. Viajes ilimitados entre diecisiete países europeos.

5. ¿Cuáles son las desventajas de otros billetes de descuento?
   A. Los descuentos no son muy grandes.
   B. No permiten uso de coche cama.
   C. Hay limitaciones de edad.
   D. Hay días limitados de viajes.

6. ¿Cómo se puede conseguir un pase para viajar en buque?
   A. Viajando con un amigo.
   B. Viviendo en un país de destino y de origen.
   C. Ubicando los canales y ríos en un plano.
   D. Presentando el Youthpass en una oficina marítima.

7. ¿Qué debes comprarte para el viaje?
   A. Los servicios de un guía bilingüe.
   B. Una mochila de tamaño mediano.
   C. Unos regalos y recuerdos.
   D. Unas botas pesadas y duras.

DOS

VOCABULARIO DE LA ACTIVIDAD

mediado/a – middle
apetecer – to appeal to
la luna de miel – honeymoon
entontecer – to become stupid
inverosímil – unlikely

el mateo – buggy
cogidos de la mano – hand-in-hand
tener razón – to be right
adinerado/a – wealthy, well off

milagroso/a – miraculous
"Mejor tarde que nunca." – "Better late than never."
mirar antes de saltar – to look before you leap

Fuente: Este informe, que se titula "Mis suegros viajan", se emitió por la emisora Radio Araucano en junio de 2005.

4.2.2

Voces en el informe
Narradora: Presenta el programa "Nuestro Rincón del Mundo"
Presentador: Carlos Solteromayor, anfitrión del programa de Radio Araucano
Federico Rey Dominado: Marido
María Gloria de Dominado: Esposa

1. ¿A quiénes entrevista el comentarista?
   A. A una pareja recién casada.
   B. A una pareja puertorriqueña.
   C. A un matrimonio mayor.
   D. A un matrimonio adinerado.

2. ¿Adónde quieren ir los esposos?
   A. A unas islas románticas.
   B. A un centro cosmopolita.
   C. Al mismo lugar.
   D. A lugares distintos.

3. ¿Por que quiere ir a Buenos Aires la esposa?
   A. Porque ya habían ido.
   B. Porque nunca habían ido.
   C. Porque allí puede ver partidos de fútbol.
   D. Porque allí pasaron su primera luna de miel.

4. ¿Quién es Gardel?
   A. Un tanguista argentino.
   B. Un futbolista argentino.
   C. Un gaucho argentino.
   D. Un pintor argentino.

5. ¿Por qué quiere ir a Puerto Rico el marido?
   A. Las temperaturas varían poco.
   B. Porque quiere beber agua milagrosa.
   C. Porque es un viejo tonto.
   D. Porque su esposa quiere ir a otro lugar.

6. ¿Adónde deciden ir los dos al final?
   A. A la capital de Argentina.
   B. Al sitio preferido del otro.
   C. A un estado libre asociado.
   D. A su casa familiar.

7. ¿Cuál es la lección de esta historieta?
   A. Mejor tarde que nunca.
   B. Mirar antes de saltar.
   C. El cliente siempre tiene razón.
   D. No mirarle el ojo al marido.

ACTIVIDAD III. Lecturas

UNO

VOCABULARIO DE LA ACTIVIDAD

el sinfín – endless

el malentendido – misunderstanding

sin trampa ni cartón – nothing up my sleeve

los quebraderos de cabeza – headaches

¿A qué se debe – To what is... owed?

leve – light

ahogado/a – drowned

Fuente: "Típicos tópicos" de Carmen Rico-Godoy, Cambio 16, Nº 1.079/27792.

Típicos tópicos

Debería ser obligatorio que, al menos una vez al año, cada español tuviera que viajar a Latinoamérica. La ausencia y la distancia han creado un sinfín de malentendidos y de prejuicios a lo largo de 500 años de relaciones tumultuosas, pasionales, ambivalentes e intensas.[#1]

Resulta chocante que desde 1492 hasta hace 15 años ningún soberano español visitara las tierras y las gentes a las que se explotaba sin piedad en su nombre.[#2]

El contacto directo y de primera mano es imprescindible, no sólo para entender aquel inmenso y variado continente sino para comprendernos los españoles a nosotros mismos, cosa nada fácil.

Todos nuestros defectos y virtudes están expuestos en América a la vista del espectador, sin trampa ni cartón.[#3] Es como una reproducción a gran escala, corregida y aumentada por otras influencias, de este microcosmos que habitamos y que tantos quebraderos de cabeza nos procura.

La primera impresión que viene a la mente cuando se visita Latinoamérica es que la propagación del idioma y el mestizaje, que son las dos cosas más asombrosas, no fueron hechas por orden de la Corona ni de la Iglesia, sino, todo lo contrario, por los españoles de a pie.[#4]

El españolito que salía corriendo de nuestro país, bien porque le perseguían los poderes públicos locales o bien porque no tenía qué llevarse a la boca, llegaba a América, veía aquella riqueza y aquella inmensidad llena de posibilidades y lo único que quería era quedarse tranquilo viviendo en una casita con jardín al río, cazando algún animal de vez en cuando, pescando y comiendo papayas junto a dos o tres nativas para fundar una familia como Dios manda.

1. ¿A qué se debe la falta de comprensión de la cultura latinoamericana por parte de los españoles?
   A. Los soberanos españoles no han visitado el continente americano hasta hace quince años.
   B. La distancia de tiempo y de espacio.
   C. Muchos años de relaciones tumultuosas con los latinoamericanos.
   D. La negación de los problemas que han producido los españoles.

2. ¿Qué opinión tiene el autor de la llegada de los españoles al continente latinoamericano?
   A. Cree que los españoles nunca debieron haber viajado a Latinoamérica.
   B. Le parece que los españoles llegaron en paz.
   C. Dice que los españoles lo conquistaron cruelmente.
   D. Explica que los españoles trajeron una gran variedad de prejuicios y problemas.

3. Hacer un viaje a Latinoamérica es necesario para cada español porque así...
   A. puede apreciar paisajes inmensos y variados.
   B. comprenderá mejor los grandes cambios en la lengua española.
   C. sería muy bonito pasar las vacaciones allá.
   D. puede conocerse mejor.

4. ¿Cómo compara el autor España con Latinoamérica?
   A. España es el dolor de cabeza de Europa.
   B. América representa todos los problemas e inquietudes de la España moderna.
   C. América es un microcosmos de España.
   D. América es básicamente una clonación extendida de España.

5. Lo que se nota a primera vista al visitar Latinoamérica es...
   A. la gran extensión de la lengua y de la mezcla de razas.
   B. el número de gente que caza y pesca.
   C. la influencia de la Corona y la Iglesia de España.
   D. la falta de comprensión entre los europeos y los indígenas.

6. ¿Dónde podría colocarse la oración: "**Merecen mucho más respeto que eso.**"?
   A. #1
   B. #2
   C. #3
   D. #4

7. Según este artículo, el españolito de a pie es...
   A. el soldado que llevaba sus prejuicios a Latinoamérica.
   B. el hombre común que quería vivir en paz.
   C. el que fue mandado por la Corona Española.
   D. el español que quería cristianizar a los nativos.

8. ¿Qué significa "Resulta chocante" en el segundo párrafo?
   A. Tiene consecuencias leves.
   B. Se queda ahogado.
   C. Es inconveniente.
   D. Es asombroso.

DOS

VOCABULARIO DE LA ACTIVIDAD

tropezar con – to run into
el caldero – cauldron
hervir – to boil
retroceder – to move back
asqueado/a – sickened
encasillar – to classify
llevar a cabo – to carry out

audaz – bold
arrojar – to toss, to throw
la barrera – barrier
borrascoso/a – stormy
el asentamiento – establishment
desafiar – to challenge

el caldo – stock, broth
el anfitrión – host
fructífero/a – fruitful
sagaz – astute
rencoroso/a – resentful
belicosamente – warlike

Fuente: "Los vikingos de las Antillas", Peter Muilenburg, <u>Américas</u>, Vol 44, Nú 4, 1992.

Los vikingos de las Antillas

Todo el mundo sabe que los indios caribes eran caníbales. Esto quedó grabado de manera indeleble en la mente de los europeos después que los hombres de Colón desembarcaron por primera vez en Guadalupe, recorrieron una aldea que los caribes habían abandonado apresuradamente y tropezaron con un caldero puesto a hervir pacíficamente. Como era previsible, uno de los hombres levantó la tapa para enterarse de lo que se proponían cenar los indígenas y retrocedió asqueado al descubrir lo que allí se cocía.

Este descubrimiento electrizante encasilló a los caribes como salvajes de allí en adelante, pero el estereotipo fue injusto. Eran caníbales fieros, por cierto, pero también consumados navegantes que llevaron a cabo las travesías más audaces de la América precolombina. Lejos de ser pescadores primitivos que se derrumbaban medio ahogados cuanta isla nueva a la que les arrojaran las tormentas, recorrieron el Mar Caribe a voluntad, cual vikingos del Nuevo Mundo.

En algún momento de su historia los caribes emprendieron una emigración desde lo que es hoy día Venezuela . . . hasta llegar al pasaje de Anegada, una isla caribeña, que era una amplia barrera marítima y a menudo borrascosa. Esta isla resultó demasiado poderosa para los caribes y esto los obligó a interrumpir su emigración, pero no su navegación.

Los arahuacos, otra tribu indígena como los caribes, eran oriundos del delta selvático del Orinoco y según una leyenda, las dos tribus se odiaban. Los arahuacos fueron los primeros que emigraron hacia las Antillas Menores del Caribe . . . puliendo una cultura que les llamó la atención a los primeros europeos por su modo de vida equilibrado, saludable y pacífico.

Es significativo el hecho de que, cuando los españoles irrumpieron en escena, los caribes pudieran sobrevivir a la conquista española. Inclusive prosperaron asaltando los nuevos asentamientos, desafiando a la cruz y la espada. Durante casi dos siglos después de la exterminación masiva de los arahuacos, los caribes siguieron constituyendo una fuerza de peso en el Caribe oriental. Cuando por fin se retiraron de regreso a sus selvas de origen, en Venezuela, habían estampado su nombre en el mar que una vez les perteneció.

1. ¿Cuándo se descubrió definitivamente que los caribes eran caníbales?
   A. Cuando los caribes les prepararon una elegante y lujosa cena de bienvenida a los españoles.
   B. Cuando unos arahuacos descubrieron que los indios cocinaban seres humanos.
   C. Cuando los arahuacos fueron capturados y torturados por los caribes.
   D. Cuando Colón y sus hombres llegaron al Caribe.

2. ¿Qué cocción, sin duda, se encontró en el caldero caribe?
   A. Unos restos humanos.
   B. Un caldo casero.
   C. El anfitrión de la celebración.
   D. Unas tapas, frutos del mar.

3. ¿Qué tipo de gente marítima eran los caribes?
   A. Eran grandes pescadores fructíferos.
   B. Eran náufragos y ahogados.
   C. Eran hombres fuertes y audaces.
   D. Eran caníbales pacíficos y sagaces.

4. ¿Cómo eran las relaciones entre los caribes y los arahuacos?
   A. Estrechas y amistosas.
   B. De apoyo mutuo y comprensión.
   C. Basadas en la vida marítima.
   D. Rencorosas y hostiles.

5. ¿Cómo era la civilización arahuaca?
   A. Se defendía eficaz y belicosamente.
   B. Se basaba en la navegación y la pesca.
   C. Era admirable por ser sana y pacífica.
   D. Se escondía y no buscaba contacto con otras tribus.

6. A pesar de la fuerza de la conquista española los caribes…
   A. salieron adelante.
   B. pudieron conquistar a los arahuacos.
   C. aprovecharon sus costumbres caníbales para asustar a los españoles.
   D. emplearon sus conocimientos marítimos para regresar a Venezuela.

7. ¿Cuál sería el mejor título para este artículo?
   A. Los caribes: maravillosos navegantes del Nuevo Mundo.
   B. El odio entre los arahuacos y los caribes.
   C. La sorprendente cocina caribeña.
   D. La difusión de los indios primitivos por el Caribe.

ACTIVIDAD IV. Vocabulario y Verbos

Instrucciones: Lee el pasaje siguiente. Luego escribe en la línea a continuación de cada número la forma de la palabra entre paréntesis que se necesita para completar el pasaje de manera lógica y correcta. Para recibir crédito, tienes que escribir y acentuar la palabra correctamente. Es posible que haga falta más de una palabra. En todo caso debes usar una forma de la palabra entre paréntesis. Es posible que la palabra sugerida no requiera cambio alguno. Escribe la palabra en la línea aún cuando no sea necesario ningún cambio. Tienes 10 minutos para leer el pasaje y escribir tus respuestas.

UNO

VOCABULARIO DE LA ACTIVIDAD

tibio/a – lukewarm
deslizar – to slide over

agotado/a – exhausted
lograr – to manage to

carecer – to lack
a partir de – starting from

Fuente: Artículo "Termales de Nicaragua: El poder de los termales de Tipitapa", <u>La Prensa Nicaragua</u>, 15 de septiembre del 2002.

Hoy los termales de Tipitapa __(1)__ uno de los sitios más conocidos y visitados por nacionales y extranjeros.

Las termas o termales __(2)__ los baños de los públicos de los antiguos romanos, aguas minerales calientes, donde la gente solía liberar su cansancio. En pleno siglo XXI, las cosas no __(3)__, y el poder seductor de bañarse en aguas __(4)__ ha ganado terreno.

__(5)__ en un termal puede ser relajante para alguien estresado, que se __(6)__ como nuevo cuando el agua tibia se deslice por su cuerpo agotado; habrá también quienes __(7)__ la esperanza de que los minerales de las aguas termales __(8)__ curarán de enfermedades de __(9)__ piel. Los pocos lugares que __(10)__ algunas condiciones para disfrutar de los benéficos efectos de las aguas termales, todavía no logran atraer la atención de miles de personas que no __(11)__ opciones de sana recreación. No es extraño que a estos lugares __(12)__ muchos extranjeros, que por carecer de estas maravillas de la naturaleza en sus países, aprovechan sus vacaciones para disfrutar de las relajantes aguas de los termales.

Existe la creencia de que a los termales sólo llegan personas enfermas de la piel, sin embargo, algunos dueños de __(13)__ opinan que pueden llegar todos los que __(14)__ hacerlo, pues los minerales y las tibias aguas ayudan a eliminar el estrés. Los visitantes de los termales afirman que a partir de tomar agua de éstos, __(15)__ de

1. _____ (constituir)

2. _____ (ser)

3. _____ (cambiar)

4. _____ (tibio)

5. _____ (Bañarse)

6. _____ (sentir)

7. _____ (albergar)

8. _____ (lo)

9. _____ (el)

10. _____ (ofrecer)

11. _____ (encontrar)

12. _____ (llegar)

13. _____ (éste)

14. _____ (desear)

15. _____ (mejorar)

infecciones renales, diabetes y otros padecimientos. Otros creen lo mismo con sólo __(16)__ baños de vapor a la orilla de __(17)__ fuentes humeantes, incluso, existen muchos que van a ellos por prescripción médica, __(18)__ a estas fuentes un valor casi milagroso.

16. _____ (tomar)

17. _____ (el)

18. _____ (conceder)

DOS

VOCABULARIO DE LA ACTIVIDAD

a lo largo – along
el puerto de escala – port of
  call

la galera – galley
el mercader – merchant
el remero – rower

el derrumbe – collapse

Fuente: Artículo "Canoas mayas" de <u>Mundo</u> <u>Maya</u> (www.mayadiscovery.com).

Por __(1)__ entonces, a lo largo de las costas de la península de Yucatán, Belice, Guatemala y Honduras, __(2)__ un intenso tráfico de embarcaciones que cubrían la ruta marítima entre los dos extremos del mundo maya, al igual que numerosos puertos de escala en diversos puntos del trayecto.

El __(3)__ contacto entre los navegantes mayas y los europeos lo estableció Cristóbal Colón durante su cuarto viaje a América, cuando en el golfo de Honduras __(4)__ una canoa "tan __(5)__ como una galera", de dos metros y medio de ancho, con una cabina en el centro. A bordo de ese navío __(6)__ gran cantidad de mercancías, así como unas cuarenta personas, __(7)__ el mercader y su familia, sirvientes, pilotos y remeros.

Durante los años posteriores __(8)__ muchos encuentros de ese tipo, pero en el siglo XVI, tras la conquista de América por parte de los españoles y __(9)__ producido el derrumbe de las ciudades-estados mayas, el comercio dentro del área __(10)__ abruptamente: la navegación indígena __(11)__, entonces, reemplazada por carabelas y galeones hispanos. De las antiguas rutas marítimas __(12)__ casi hasta el recuerdo, __(13)__ sólo referencias a ellas en algunos testimonios de los conquistadores.

1. _____ (aquel)

2. _____ (haber)

3. _____ (primero)

4. _____ (ver)

5. _____ (largo)

6. _____ (ir)

7. _____ (incluido)

8. _____ (haber)

9. _____ (haberse)

10. _____ (cesar)

11. _____ (ser)

12. _____ (perderse)

13. _____ (quedar)

ACTIVIDAD V. Vocabulario

Instrucciones: Para cada uno de los pasajes siguientes, primero lee el pasaje y entonces escribe en la línea a continuación de cada número una palabra apropiada para completar el pasaje de manera lógica y correcta. Para recibir crédito, tienes que escribir y acentuar la palabra correctamente. Debes escribir UNA SOLA palabra en cada línea. Tienes 10 minutos para leer los pasajes y escribir tus respuestas.

UNO
VOCABULARIO DE LA ACTIVIDAD

asombroso/a – amazing   **la epopeya** – epic poem   **la topadora** – grader

Fuente: "Tren a las Nubes", página de publicidad de DINAR, Salta, Argentina.

El Tren a las Nubes constituye __(1)__ de los atractivos más importantes de la región __(2)__ sus características distintivas: obra, naturaleza e identidad cultural.

Su fama mundial se afirma __(3)__ en la indescriptible belleza de los paisajes por los que discurre la vía férrea, como en su obra de ingeniería.

A lo __(4)__ del tiempo se ha consolidado __(5)__ el emblema del turismo salteño.

Orientaremos nuestros esfuerzos hacia su posicionamiento como el producto turístico argentino __(6)__ excelencia.

1. _____

2. _____

3. _____

4. _____

5. _____

6. _____

Maury, un hombre que se atrevió __(7)__ mucho

Después de __(8)__ estudiado en Filadelfia y Nueva York, de recibirse de ingeniero en 1902, de haber trabajado en los ferrocarriles de Cuba, Richard Fontaine Maury llegó a __(9)__ Argentina en 1906. Trabajó en la renovación de algunas vías de Buenos Aires y un año después inició, bajo la presidencia de Hipólito Yrigoyen, una carrera de prestigio con el proyecto de integración de cuatro naciones del cono sur: Argentina, Paraguay, Bolivia y Chile. __(10)__ esta última, la pieza más preciosa __(11)__ su obra.

Tras remontar los 4.500 metros sobre el nivel del mar de la cordillera, dio a __(12)__ uno de los trenes más asombrosos del mundo. __(13)__ hoy, algunos hombres recitan su epopeya, hombres que a __(14)__ de pico, pala, dinamita y mucho sudor hicieron posible los recursos creativos que el ingeniero Maury desarrolló para superar las dificultades de tan caprichoso terreno, en una época __(15)__ que no existían topadoras ni excavadoras.

7. _____

8. _____

9. _____

10. _____

11. _____

12. _____

13. _____

14. _____

15. _____

DOS
VOCABULARIO DE LA ACTIVIDAD

oler a – to smell of
encabezado/a – headed

estar a cargo de – to be in charge of

Fuente: "Fiestas de la independencia de Centroamérica", artículo de <u>Alfa</u> <u>Travel</u> <u>Guide</u> (www.alfatravelguide.com).

Centroamérica celebra en __(1)__ mes de septiembre su independencia de España. El 15 de septiembre de 1821 las provincias de Centroamérica se proclamaron independientes de la corona española. Por tal __(2)__, los centroamericanos amantes de todo __(3)__ que huele __(4)__ fiesta y celebración, aprovechan esta ocasión para venerar de manera especial la patria durante el mes de septiembre. En Nicaragua se comenzaron a celebrar las fiestas patrias sobre __(5)__ desde finales del siglo XIX y se inauguran ya __(6)__ el primero de septiembre. El 14 de septiembre de 1856 se produjo la batalla de San Jacinto, en __(7)__ cual los nicaragüenses ganaron una batalla militar __(8)__ los filibusteros norteamericanos encabezados __(9)__ William Walker. Fue __(10)__ eso que los días 14 y 15 de septiembre __(11)__ declarados días patrios. Las celebraciones __(12)__ a cargo del ministerio de educación. A los actos centrales se invita a los embajadores centroamericanos, miembros del cuerpo diplomático, ministros de gabinete y ganadores en los concursos alusivos al tema de la patria. Centenares __(13)__ alumnos de diversos centros escolares participan en los actos de celebración. Muchos estudiantes esperan a estrenar __(14)__ propio uniforme del año, para estas fiestas. __(15)__ el estudiante más pobre hasta el más rico luce en los desfiles uniformes nuevos y zapatos negros pulcramente lustrados.

1. _____

2. _____

3. _____

4. _____

5. _____

6. _____

7. _____

8. _____

9. _____

10. _____

11. _____

12. _____

13. _____

14. _____

15. _____

ACTIVIDAD VI. Ensayos Cortos

UNO

Instrucciones: Para la pregunta siguiente, escribirás un mensaje electrónico. Tienes 10 minutos para leer la pregunta y escribir tu respuesta.

Escribe un mensaje electrónico. Un amigo va a viajar en avión al extranjero por primera vez. Va a Costa Rica por tres semanas a vivir con una familia costarricense y viajar con ellos. Una compañía de viajes para estudiantes patrocina el viaje. El amigo te ha pedido consejos. Saluda a tu amigo y

* expresa tu reacción al viaje.
* recomiéndale lo que debe hacer para prepararse para el viaje y su estadía.
* escríbele diciéndole qué debe hacer él en el aeropuerto al salir y al llegar.

DOS

Instrucciones: Para la pregunta siguiente, escribirás una entrada en tu diario. Tienes 10 minutos para leer la pregunta y escribir tu respuesta.

Escribe unas notas de diario sobre el mal uso de autos grandes como los 4x4 como método de transporte local. Relaciona tus ideas a la comunidad en que vives y

* cuenta una anécdota para ilustrar tu opinión.
* defiende tu opinión.
* sugiere unas soluciones.

ACTIVIDAD VII. Ensayo basado en varias fuentes

Instrucciones: El tópico siguiente se basa en las Fuentes 1-3. Las fuentes comprenden material tanto impreso como auditivo. Primero, dispondrás de 7 minutos para leer el material impreso. Después, escucharás el material auditivo; debes tomar apuntes mientras escuches. Entonces, tendrás 40 minutos para escribir tu ensayo.

Este tópico se diseñó para medir tu capacidad de interpretar y sintetizar varias fuentes. Tu ensayo debe utilizar información de las fuentes que apoye tus ideas. Debes referirte a TODAS las fuentes. Al referirte a las fuentes, cítalas apropiadamente. Evita simplemente resumir las fuentes individualmente.

Según los artículos impresos y el programa de radio, el turismo es un arma de doble filo. Por un lado están los intereses del turista y por otro los del país que visita. Discute en forma de editorial este supuesto conflicto y sugiere una solución.

Fuente Impresa Nº 1

VOCABULARIO DE LA ACTIVIDAD

por lo tanto – therefore	**muy a menudo** – very often	**servil** – menial
a corto plazo – short term	**el anfitrión** – host	**desplegar** – to unfold
la divisa – foreign exchange	**insoportable** – unbearable	**la baratija** – trinket

Fuente: Adaptado de un artículo "Turismo y pueblos indígenas: El 'nuevo imperialismo' " publicado por Survival (www.survival.es).

La mayoría de los turistas proceden de los países industrializados. El 80% de todos los viajeros internacionales son ciudadanos de tan sólo 20 países. Por lo tanto, la industria turística de los países ricos es en gran medida la que determina la naturaleza y densidad del turismo.

Estos 'operadores de giras' o mayoristas están interesados fundamentalmente en beneficios a corto plazo y en la recuperación rápida de su capital e inversiones. Sin embargo, los que pagan los costes sociales, culturales, ambientales y económicos del turismo son los países pobres receptores. Los defensores de la industria turística suelen subrayar los beneficios potenciales del turismo (como la afluencia de divisas) pero les cuesta más admitir el impacto negativo que tiene muy a menudo.

Entre los muchos problemas que el turismo puede ocasionar se encuentran:

* la degradación ambiental;
* la corrupción de las culturas anfitrionas;
* la destrucción de las economías locales y el desplazamiento de los habitantes de sus tierras;
* el origen de conflictos y resentimiento;
* la mayor parte del dinero generado por el turismo se envía al extranjero.

Algunos críticos de la industria turística la denominan 'el nuevo imperialismo'. El turismo masivo ha sido el objeto de la mayor parte de las críticas. Dado que se produce a tan gran escala, supone una presión insoportable para los recursos locales, desequilibra el mercado laboral y dispara los precios de las mercancías y de la propiedad en la zona. Esto puede aumentar las dificultades de la población local y alimentar el resentimiento.

Como reacción a los efectos negativos más obvios que produce el turismo, muchos mayoristas se autodenominan ahora 'verdes' y se han apuntado a la moda del eco-turismo.

El eco-turismo aspira a modificar las relaciones desiguales que se establecen en el turismo convencional. Para ello, promueve el uso de guías indígenas y de productos locales. Estos viajes 'éticos' pretenden combinar la educación ambiental con un mínimo de comodidades, ayudar a proteger la flora y la fauna locales y proporcionar a los habitantes incentivos económicos para que conserven su medio ambiente.

Sin embargo, incluso los pequeños grupos de gente y hasta el viajero solitario pueden tener un impacto negativo en la cultura local. Esto es especialmente cierto si la comunidad receptora ha tenido poco contacto con la sociedad 'mayoritaria', como es el caso de algunos pueblos indígenas.

Cuando se trata de pueblos indígenas recientemente contactados, el peligro más obvio es que los visitantes puedan introducir involuntariamente nuevas enfermedades para las que aquéllos no tienen defensas inmunológicas.

Con demasiada frecuencia los mayoristas tratan a los pueblos indígenas como objetos exóticos que forman parte del paisaje. Se espera que desplieguen música y danzas tribales para los turistas.

Fuera de su contexto ceremonial original, estos aspectos de la cultura indígena se trivializan perdiendo su valor y su sentido. Los productos artesanales que antes elaboraban para usos particulares se convierten en baratijas para turistas.

Como comentó Rigoberta Menchú, la indígena quiché guatemalteca ganadora del Premio Nobel de la Paz, "Lo que más daño hace a los indígenas es que nuestros vestidos se consideran bonitos, pero es como si la persona que los llevara no existiese".

Fuente Impresa Nº 2

VOCABULARIO DE LA ACTIVIDAD

prever – to foresee   **en cuanto a** – with regard to   **el atajo** – shortcut

Fuente: Este fragmento "Globalización y turismo" es de un artículo publicado por el Instituto del Tercer Mundo en mayo, 1999.

Durante décadas, el turismo ha sido una gran fuente de recursos para los países, en especial del Tercer Mundo. Su crecimiento ha sido fenomenal, de unos 25 millones de personas que viajaron por año al exterior en la década de los 50 a 617 millones en 1997. La Organización Mundial del Turismo prevé que esa cifra aumentará a 1.000 millones para el año 2010 y a 1.600 millones para el 2020. En cuanto a los ingresos de la industria, en los años 60 el turismo "sólo" generó 6.800 millones de dólares, y en 1997 448.000 millones. Para el 2010, se prevé que esa cantidad ascenderá a un billón y medio de dólares.

El turismo es también una importante fuente de empleo en todo el mundo. Según el Consejo Mundial de Viajes y Turismo, que agrupa a más de 80 altos ejecutivos de agencias turísticas y de viaje, la industria emplea directa o indirectamente a más de 260 millones de personas y empleará a 100 millones más en la próxima década, 70 por ciento de ellas en la región de Asia-Pacífico.

No sorprende entonces que los países del Tercer Mundo, necesitados de divisas, consideren al turismo como un atajo hacia el desarrollo. Su potencial de generar miles de millones de dólares con relativa facilidad lo convirtió en una especie de panacea para las naciones endeudadas.

Fuente Nº 3 Auditiva

VOCABULARIO DE LA ACTIVIDAD

recalcar – to stress   **el marco** – setting, framework   **el afán** – enthusiasm
el abaratamiento – reduction   **tal de** – such as

Fuente: Este informe, que se titula "El turismo no es sólo riqueza", se emitió por la emisora Radio Naciones Unidas en 2005.

🔊 4.7

> **Voces en el informe**
> Presentador: Anfitrión del programa de Radio Naciones Unidas
> Tailo Alollí: Reportero de Radio Naciones Unidas
> Eugenio Yunis: Director del Departamento de Desarrollo Sostenible del Turismo de la Organización Mundial del Turismo

ACTIVIDAD VIII. Conversaciones dirigidas

UNO

> ***Instrucciones:*** Ahora participarás en una conversación simulada. Primero, tendrás 30 segundos para leer el bosquejo de la conversación. Luego escucharás una explicación de la situación y tendrás 60 segundos para leer de nuevo el bosquejo. Después empezará la conversación, siguiendo el bosquejo. Siempre que te toque, tendrás 20 segundos para responder; una señal te indicará cuándo debes empezar y terminar de hablar. Debes participar en la conversación de la manera más completa y apropiada posible.

Imagina que entras en una oficina para preguntar sobre billetes de avión para viajar a Chile. Te atiende un empleado mayor.

La conversación
[Las líneas en gris reflejan lo que escucharás en la grabación.]

El empleado:	• Te saluda. **[Tono]**

Tú:	• Dile por qué has venido.
	• Explícale lo que quieres comprar.
	• Pregúntale si te puede ayudar.

El empleado:	• Te responde y te pide más información. **[Tono]**

Tú:	• Dale la información otra vez, pero de otra forma.
	• Pregúntale por qué es importante que te dé la información.

El empleado:	• Continúa la conversación. **[Tono]**

Tú:	• Expresa tu reacción.
	• Dale la información que quiere.
	• Haz lo que te pide.

El empleado:	• Continúa la conversación. **[Tono]**

Tú:	• Dale la información que pide.
	• Dile por qué quieres ir a Chile.

El empleado:	• Termina la conversación. **[Tono]**

Tú:	• Expresa tu reacción.
	• Exprésate de una forma cortés.
	• Despídete del empleado.

DOS

> ***Instrucciones:*** Ahora participarás en una conversación simulada. Primero, tendrás 30 segundos para leer el bosquejo de la conversación. Entonces, escucharás una explicación de la situación y tendrás 60 segundos para leer de nuevo el bosquejo. Después empezará la conversación, siguiendo el bosquejo. Siempre que te toque, tendrás 20 segundos para responder; una señal te indicará cuándo debes empezar y terminar de hablar. Debes participar en la conversación de la manera más completa y apropiada posible.

Imagina que estás en un aeropuerto internacional y que un empleado de la línea aérea te entrevista. Vas a España con otros estudiantes durante los meses de julio y agosto.

La conversación
[Las líneas en gris reflejan lo que escucharás en la grabación.]

El empleado:	• Te saluda. • Te hace unas preguntas oficiales. **[Tono]**
Tú:	• Responde. • Pregunta por qué te entrevista.
El empleado:	• Continúa la entrevista. **[Tono]**
Tú:	• Contesta. • Exprésale cómo te sientes en este momento y por qué.
El empleado:	• Sigue la entrevista. **[Tono]**
Tú:	• Contesta nombrando lugares que quieres ver y por qué. • Dile que tienes prisa.
El empleado:	• Continúa la conversación. **[Tono]**
Tú:	• Explícale por qué de verdad tienes prisa. • Contesta la pregunta sin entusiasmo.
El empleado:	• Persiste en la conversación. **[Tono]**
Tú:	• Contesta. • Despídete molesto/a.
El empleado:	• Reacciona y se despide.

ACTIVIDAD IX. Presentaciones orales

__Instrucciones:__ La pregunta siguiente se basa en el artículo impreso y el informe de la radio. Primero, tendrás 5 minutos para leer el artículo impreso. Después, escucharás el informe de la radio; debes tomar apuntes mientras escuches. Entonces, tendrás 2 minutos para preparar tu respuesta y 2 minutos para grabar tu respuesta.

UNO

Imagina que tienes que dar una presentación ante un conjunto de varias clases de español.

El artículo impreso da una interpretación del significado de la celebración de la Pachamama; el informe radial da otra interpretación de la misma celebración de la "Madre Tierra". En tu presentación, haz una comparación de las dos interpretaciones.

Texto impreso

VOCABULARIO DE LA ACTIVIDAD

la siembra – planting	**regir** – to control	**el hueco** – hole
la ofrenda – offering	**el enlace** – connection	**la chicha** – corn liquor

Fuente: Este fragmento es del artículo "Pachamama - Agosto y la Celebración" de Huaman Luis Alberto Reyes, publicado en <u>Catamarca Guía</u>, 2001.

Agosto es el mes de la Pachamama, época de preparación de la siembra. La madre, que acostumbramos a evocar pariendo y cuidando a la vida, tiene también una etapa en que recibe, llama hacia ella, espera.

La tierra está abierta. Es una ocasión especial para llegar a su corazón, para hacerle ofrendas, cuyo significado es el devolver ritualmente lo que la tierra misma nos ha dado.

Celebrar a la gran madre, ofrendarle los frutos y las obras de nuestra vida es esencial en la concepción de nuestros antiguos hermanos de la Tierra. Somos una parte dentro de un ser mayor. La celebración es un modo de evocarlo y asumirlo.

En este ámbito rige especialmente la reciprocidad: cada ser ha recibido la vida como una donación de otro ser hacia él y a su vez debe donarse, en sus obras, sus frutos, en reciprocidad. Los seres humanos tienen también la misión de ser enlaces entre los cielos y la tierra. Tenemos la misión de ayudar, con sus celebraciones, a la armonía de las transiciones de los espacios y los tiempos. Por eso ayudan a la Madre y al universo cuando celebran en los solsticios, los cambios de luna, en los nacimientos y las muertes, en los pasajes de la vida a través de sus estaciones sagradas.

Aún hoy, en muchas partes de la región andina, la gente busca un lugar espaciado, quizás al lado de una piedra, y hace un hueco en la tierra para bendecir la semilla y "dar de comer a la tierra" arrojando comida, bebidas y coca. Se le ofrecen las cosas que salieron de ella, los alimentos, el agua, la coca, la chicha, el vino. Es una forma de reconocer lo recibido, de agradecer la vida y devolverla ritualmente a su origen.

En el mes de agosto la celebran las comunidades indígenas de los Andes. Pero no sólo las comunidades y campesinos, sino muchos miles de personas de la zona que se extiende desde Ecuador hasta Argentina realizan a su modo el homenaje. En algunas ciudades del Noroeste, como Jujuy, grupos de obreros, estudiantes y empleados públicos interrumpen sus tareas para reunirse en actos de amor a las raíces que hoy van más allá de eso. Se está viviendo en el noroeste argentino y en otras regiones de tradición indígena un espontáneo proceso de reetnización.

Informe de la radio

VOCABULARIO DE LA ACTIVIDAD

la cumbre – summit, top
nevado/a – snow covered

el rechazo – rejection
lograr – to achieve

el odio – hatred
el malestar – malaise,
uneasiness

Fuente: Este informe, que se titula "El Pagapu a Pachamama: ¿Es posible pagar por el amor de una madre?", ha sido adaptado de un artículo publicado en <u>Quechua</u> <u>Network</u> y escrito por Carlos Quispe, 28 julio, 2004.

4.9.1

> **Voces en el informe**
> Narradora: Anfitriona del program
> Carlos Solteromayor: Comentarista especial

DOS

Imagina que como buena consecuencia de un proyecto de tu clase de español te han invitado a dar una presentación turística a un club local de hombres y mujeres de negocios. A base de la información de un video sobre las Cataratas del Niágara y un artículo sobre las Cataratas del Iguazú, promociona uno de los lugares como "El Mejor Destino del Mes".

Texto impreso

VOCABULARIO DE LA ACTIVIDAD

el paraje – spot
la cascada – waterfall
la corriente – current

el cañadón – gorge
cobijar – to cover, to shelter, to
include

a lo largo del año – all year
long
el guardaparques – ranger

Fuente: Artículo adaptado de traveltango.com.ar "Iguazú: Parque Nacional Iguazú".

Las Cataratas del Iguazú en la frontera entre Brasil y la Argentina están ubicadas en Misiones, una de las provincias más bellas de la República Argentina. Ofrece una combinación de naturaleza, historia y cultura que la convierten en una propuesta ineludible. La impresionante belleza paisajística de las Cataratas del Iguazú, así como la variada y abundante vida animal y el interés botánico que encierran, han convertido a este paraje en uno de los centros turísticos más importantes y bellos del mundo.

El sistema está constituido por más de 270 cascadas originadas por la existencia de numerosas islas pequeñas que dividen la corriente principal del río. Las cascadas presentan una altura de hasta 82 metros y una anchura de 4 Km., dimensiones que, unidas al volumen de la masa de agua acarreada durante la estación lluviosa, las sitúan entre las cataratas más importantes y espectaculares del mundo.

Después de la caída, el río Iguazú se sumerge en un cañadón profundo, conocido mundialmente como La "Garganta del Diablo". Al caer bruscamente, las aguas se vaporizan en una finísima llovizna que, bajo el sol, da lugar a innumerables arcoiris que se entrecruzan, formando una postal inolvidable.

Para preservar la selva sub-tropical que rodea las Cataratas, y a las propias Cataratas, se crearon dos parques nacionales: El Parque Nacional Iguazú en Argentina y el Parque Nacional do Iguaçu en Brasil.

El Parque cobija en su interior, además de las Cataratas, un santuario natural denominado selva. Muchos elementos se conjugan para crear este ecosistema protegido y al recorrer los senderos se puede descubrir un mundo desconocido de imponente belleza, por su naturaleza virgen y su fuerza casi salvaje.

El clima es sub-tropical. Los veranos son calurosos y los inviernos templados. Las lluvias alcanzan los 2.000 mm. anuales y se distribuyen a lo largo del año.

En el área de Cataratas el personal de la empresa Iguazú Argentina brinda información, indicaciones y sugerencias hechas por guardaparques y guías nacionales en el Centro de Visitantes. También, en la misma zona, encontrará alojamiento, restaurantes, locales de venta de artesanías, quioscos con materiales fotográficos, teléfonos, buzón para correspondencia y todo lo necesario para hacer más placentera su visita y para aprovechar y disfrutar al máximo el paseo. Las alternativas son varias, la elección es suya.

Se llega a la "Garganta del Diablo" caminando o en el tren "Ecológico de la Selva", que parte desde la estación central y tiene un recorrido de 4 km., aproximadamente. En las inmediaciones encontrará un restaurante, un local de artesanías y, aproximadamente a 1.000 metros, un área para acampar sin nada más que árboles, ideal para personas aventureras y amantes de la naturaleza.

Para la noche, hay discotecas, boites, casinos, restaurantes y casas de espectáculos con música típica regional.

Informe de la radio

VOCABULARIO DE LA ACTIVIDAD

el arrecife – reef   **la delicia** – delight   **el malecón** – jetty

Fuente: Un video turístico promocionado por la agencia de viajes Los Cardones, Salta, Argentina.

🔊 4.9.2

Voz en el informe

Locutora: Anfitriona del video

¡PONERLO EN PRÁCTICA!

I. LA TARJETA POSTAL PINTORESCA.

A. EN PAREJAS, CADA ESTUDIANTE LE ESCRIBE A UN AMIGO/A UNA TARJETA POSTAL. UN ESTUDIANTE ELIGE EL VIAJE "A" Y EL OTRO EL VIAJE "B". CADA UNO DIBUJA UNA TARJETA SEGÚN EL VOCABULARIO DEL VIAJE QUE HA ESCOGIDO. DESPUÉS, COMPARA SU DISEÑO CON EL DEL OTRO ESTUDIANTE. A CONTINUACIÓN, CADA UNO LEE SU TARJETA EN VOZ ALTA A LA CLASE.

VIAJE INOLVIDABLE "A"

el crucero
la piscina/la pileta
los muelles
el paisaje pintoresco
la isla aislada
las orillas
desembarcar

VIAJE INOLVIDABLE "B"

la estación
la plaza majestuosa
la fuente iluminada
el plano
visitar la ópera
divertirse
el ayuntamiento
el museo de bella artes

B. AHORA VAS A ESCRIBIRLE UN MENSAJE AL AMIGO. SEGÚN TU TARJETA Y TU VIAJE, ELIGE EL VOCABULARIO APROPIADO DE LA LISTA DE PALABRAS QUE SIGUE PARA COMPLETAR EL MENSAJE A CONTINUACIÓN. PUEDES CAMBIAR LA FORMA DE LA PALABRA SEGÚN LA GRAMÁTICA APROPIADA DE LA ORACIÓN Y SU CONTEXTO.

la brújula
la mochila
el pasaporte
un año
las naves
los jardines
las demoras
el machete
el andén
las direcciones
un mes
el folleto
emocionante
cinco días
las avenidas peatonales
las islas
poblado/a
los zancudos
los turistas
el barco de vapor
el carnet
media hora
las ruinas indígenas
los carteristas
cosmopolita
el parque

Querido/a _____,

Hace _____ que llegué. Estoy en _____. No puedes imaginarte _____. Hay tantos/as _____. Algún día tienes que visitar este sitio tan _____. Es importante que uno lleve _____, _____, y _____. Lo malo es que no pueda aguantar más _____. Pues, tengo que irme al/a la _____. Hasta muy pronto. ¡Besos y un fuerte abrazo!

Tu amigo/a _____

II. HAZ UNA LISTA DE PREPARATIVOS QUE RECOMIENDAS QUE UNO HAGA SI VISITA EL LUGAR DE TU VIAJE ESPECTACULAR. (VIAJE "A" O "B") ENTONCES, COMPARA TUS PREPARATIVOS CON LOS DE OTRO ESTUDIANTE DE LA CLASE. SI NO ESTÁS DE ACUERDO CON UNA RECOMENDACIÓN, OFRÉCELE OTRA Y DILE POR QUÉ SE LA OFRECES.

Ej. – Recomiendo que tomes una maleta chiquita porque es tan difícil andar de prisa con una grande.

CAPÍTULO V

EL OCIO

¡¡¡¡¡¡¡¡¡¡¡¡ MODISMOS !!!!!!!!!!!!!

La duquesa de Alba siempre hacía lo que *le daba la real gana.* Siempre *tenía ganas de* hacer lo que quería.

Los pasajeros prudentes nunca *hacen alarde de* su dinero.

? JUEGOS DE PALABRAS

Hoy día es muy *corriente* pagar el agua *corriente y la corriente* eléctrica con cheques de una *cuenta corriente.*

En mi época cuando quería que *pasara rápido el tiempo,* me gustaba leer para *matar el tiempo. Muchas veces* esto pasaba cuando *hacía mal tiempo* y no podía llegar *a tiempo* a la casa de mi novia para *la hora de* cenar.

Para prepararse para *la conferencia,* los estudiantes tienen que leer mucha *lectura* literaria y filosófica

COLECCIONAR
cerámica
cuadro
disco
miniatura
moneda
muñeca
sello
tarjeta de deportes

IR DE CAMPING
botiquín de medicinas (m)
campista (m, f)
equipaje (m)
fogata
intemperie (f)
montañero/a
tienda de campaña

MOTIVOS
calmarse
descansar
entretenerse
reír a carcajadas

PATROCINAR LAS ARTES

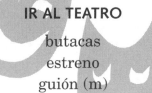

IR AL CINE
filmado/a
film (m)
pantalla
película

IR AL TEATRO
butacas
estreno
guión (m)

IR A UN CONCIERTO
disco compacto
disco de vinilo
guitarra
grabación (f)
grabar
tocar un instrumento

ACTIVIDADES

buscar aventuras
cazar perdices (m)
dar una caminata
esbozar dibujos
hacer una cadena de flores
ir a una fiesta
jugar al boliche (m)
jugar al escondite (m)
jugar a la rayuela
leer tiras cómicas
montar en bicicleta

PALABRAS ÚTILES

advertir	destellos
afiches (m)	destacar
aguardar	disponible
aplazar	entablar
aportar	gatillo
arrancar	onírico/a
arrugar	refunfuñar
comprobar	risueño/a
cotidiano/a	silbar
desarrollo	

ACTIVIDAD ➡	ACCESORIOS ➡	RESULTADOS
dibujar	pincel (m) y lienzo	tener placer estético
ir de camping	tienda y mochila	apreciar el medio ambiente
jugar al ajedrez	tabla y pieza	divertirse
tejer un suéter	aguja e hilo	regalarle algo a alguien
pasearse	bastón (m)	renovarse
montar a caballo	riendas y bocado	aliviar el estrés
participar en el tiro al arco	arco y flechas	evitar el aburrimiento

ACTIVIDAD I. Audios cortos

UNO

VOCABULARIO DE LA ACTIVIDAD

el bienestar – wellbeing
la coronilla – crown of the head
el tobillo – ankle

la pantorrilla – calf of leg
la rodilla – knee

las caderas – hips
la cintura – waist

Fuente: "Un yoghi de mala gana", selección de un programa de radio emitido por Radio Araucano, julio, 2003.

🔊 5.1.1

Voces en el informe
Don José Solteromayor: Locutor
Instructora de yoga
Chico deportista
Teri: La novia del chico

Número 1.
- A. En una clase de yoga.
- B. En una clase de educación física.
- C. En una competición de bici.
- D. En una pileta.

Número 2.
- A. Pensativa.
- B. Rebelde.
- C. Aburrida.
- D. Divertida.

Número 3.
- A. Muy duro.
- B. Muy flojo.
- C. Muy completo.
- D. Muy desilusionado.

Número 4.
- A. No puede relajarse.
- B. No tiene suficiente tiempo.
- C. No tiene mucho estrés.
- D. No le parece muy útil.

Número 5.
- A. A que uno siga una dieta.
- B. A que uno comience un plan de ejercicios.
- C. A que uno resuelva muchos problemas.
- D. A que uno ataque los proyectos y tareas difíciles.

Número 6.
- A. La respiración.
- B. El músculo.
- C. La postura.
- D. La flexibilidad.

Número 7.
- A. Decide salir durante la práctica.
- B. Prefiere seguir otra técnica de relajación como la de auto hipnosis.
- C. Se duerme durante la parte final.
- D. Le inspira a inscribirse en la próxima sesión.

DOS

VOCABULARIO DE LA ACTIVIDAD

apretar el gatillo – to squeeze the trigger

sanos y salvos – safe and sound

a pesar de – in spite of

rendir – to give up

los demás – others

aplazado/a – postponed

el escondite – hide-and-seek

la rayuela – hopscotch

el faisán – pheasant

sosegado/a – calm

el abatimiento – dejection

Fuente: Esta selección es del programa "Vistazo Especial" de Radio Araucano, emitido en septiembre del 2005.

5.1.2

Voz en el informe

Locutora: Anfitriona del programa

Número 1.
- A. Hace ejercicio y levanta pesas.
- B. Juega a soldados y espías.
- C. Caza faisán.
- D. Mata dibujos de figuras humanas.

Número 2.
- A. Tiene ganas de empezar de nuevo.
- B. Se siente como una rana en su pozo.
- C. Está muy sosegado.
- D. Está frustrado y deja la batalla.

Número 3.
- A. Porque les gusta matar.
- B. Porque son fáciles de jugar.
- C. Porque los juegan tantos otros jóvenes.
- D. Porque los psicólogos los desprecian.

Número 4.
- A. Todos los juegos infantiles actuales son espantosos.
- B. Es mejor jugar juegos tradicionales.
- C. Los videojuegos están perdiendo su popularidad.
- D. Hay cierto tipo de joven que juega los videojuegos violentos.

Número 5.
- A. Los jóvenes suprimen sus instintos de compasión y comprensión.
- B. Los jóvenes no prestan atención a los deportes.
- C. Los jóvenes desarrollan relaciones criminales.
- D. Los jóvenes prefieren pasar sus horas libres en casa.

Número 6.
- A. Didáctico.
- B. Alegórico.
- C. Satírico.
- D. Humorístico.

Número 7.
- A. "Cómo motivar a los niños"
- B. "El abatimiento"
- C. "Ver es creer"
- D. "Una adicción moderna"

ACTIVIDAD II. Audios extendidos

Instrucciones: Ahora escucharás una selección auditiva. Se te permite tomar apuntes en el espacio en blanco de esta hoja y la siguiente. Estos apuntes no serán calificados. Al final de la selección contestarás una serie de preguntas sobre lo que acabas de escuchar. Basándote en la información de la selección, elige la MEJOR respuesta a cada pregunta de las cuatro opciones impresas.

UNO

VOCABULARIO DE LA ACTIVIDAD

la madrugada – dawn
la supervivencia – survival
de veras – really
la acampada – camping trip
imprevisto/a – unforeseen

los fósforos – matches
la tirita – bandaid
la venda – wrap
la picadura – bite, sting
el chaleco de plumón – down vest

el rescate – rescue
imprescindible – absolutely necessary
la remera – t-shirt

Fuente: Este informe, que se titula "Tragedia en la Sierra Prima", se emitió por la emisora Radio Araucano en mayo del 2001.

🔊 5.2.1

Voces en el informe
Reportera: Anfitriona del programa de Radio Araucano
Especialista en trekking

1. ¿Por qué entrevista la reportera al especialista?
   A. La reportera quiere ir a acampar dentro de poco.
   B. El especialista conoce a la reportera.
   C. El público quería saber más sobre el especialista.
   D. Hubo un accidente durante una acampada.

2. ¿Por qué no sobrevivieron los dos montañeros?
   A. Hace un año que vivieron en los elementos.
   B. Los atacó un oso pardo.
   C. No empaquetaron accesorios imprescindibles.
   D. Porque estaba muy despejado.

3. ¿Qué no mencionan como importante para llevar durante una acampada corta?
   A. Necesidades médicas.
   B. Fósforos.
   C. Crema contra la quemadura del sol.
   D. Comida.

4. ¿Para qué sugiere el especialista que se lleve jabón?
   A. Para lavar la ropa en caso de un accidente.
   B. Para hacer una buena sopa cuando uno tiene hambre.
   C. Para limpiar la mochila.
   D. Para lavarse las lesiones.

5. ¿Qué se debe llevar para impedir un desastre imprevisible?
   A. Una brújula y un mapa.
   B. Un cuchillo y pedacitos de leña.
   C. Una mochila grande.
   D. Unas aspirinas y protección contra los bichos.

6. Para ser encontrado en caso de un desastre, ¿qué debe hacer uno?
   A. Traer un teléfono celular.
   B. Vestirse en colores brillantes.
   C. Llevar sólo una remera.
   D. Hacer el equipaje con cuidado.

7. ¿Cuál es la preparación más importante de todas?
   A. Decirle a alguien adónde vas.
   B. Sólo salir de caminata cuando hace buen tiempo.
   C. Comprar comida y agua especiales.
   D. Encontrar una mochila bastante grande.

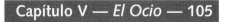

DOS

VOCABULARIO DE LA ACTIVIDAD

los dimes y diretes – bickering
el farandulero – partygoer
valioso/a – precious

el galán – gallant
burlarse de – to make fun of

Fuente: Entrevista "Diez Preguntas: Mauricio Zeilic" en <u>People en español,</u> página 124, agosto, 2005.

5.2.2

Voces en el informe
Locutor: Presenta el programa.
Locutora: Anfitriona del programa de Radio Araucano.
Mauricio Zeilic: Comentador y Rey del Tiqui-Tiqui.

1. ¿Cómo es el tono de esta entrevista?
   - A. Agrio.
   - B. Fiel.
   - C. Placentero.
   - D. Humilde.

2. ¿Por qué se ganó Mauricio Zeilic el título de Rey del Tiqui-Tiqui?
   - A. Porque participó en un concurso.
   - B. Porque se acostumbró a usar la expresión cuando comentaba sobre los famosos.
   - C. Porque era pariente de la familia real y tenia mucho dinero.
   - D. Porque tiene varias colecciones valiosas.

3. ¿Todavía tiene ídolos Mauricio Zeilic?
   - A. No, no tiene ningún ídolo.
   - B. Sí, tiene varios ídolos muy famosos y ricos.
   - C. Sí, admira a las personas que ayudan a los seres humanos.
   - D. Sí, su madre.

4. ¿Cómo se representa Mauricio Zeilic?
   - A. Como mujeriego.
   - B. Como una persona demasiado flaca.
   - C. Como una persona que espera mucho.
   - D. Como una persona compasiva y sensitiva.

5. Según Zeilic, ¿ha cambiado la TV?
   - A. Se ha mejorado.
   - B. Ahora no importa tanto ni la edad de la persona ni la personalidad.
   - C. Había más respeto antes.
   - D. Los jefes tratan a todos con más delicadeza.

6. Actualmente, ¿qué le parece a Mauricio Zeilic la tele?
   - A. Le da igual.
   - B. No podría vivir sin ella.
   - C. Inolvidable.
   - D. Imprescindible.

7. En lugar de "Diez Preguntas", ¿qué otro nombre sería apto para este programa?
   - A. "Para adelante"
   - B. "La actualidad"
   - C. "Más vale tarde que nunca"
   - D. "La vida de los ricos, los famosos y los sinceros"

ACTIVIDAD III. Lecturas

Instrucciones: Lee con cuidado el pasaje siguiente. El pasaje va seguido de varias preguntas u oraciones incompletas. Elige la MEJOR respuesta o terminación, de acuerdo con el pasaje. Tienes 10 minutos para leer el pasaje y contestar las preguntas.

UNO

VOCABULARIO DE LA ACTIVIDAD

hacer alarde de – to display
el pormenor – detail
nítido/a – clear, sharp

la escotilla – hatchway
recio/a – strong
el apretón – squeeze

la nave espacial – spaceship
fallecer – to die

Fuente: "El diario inconcluso", Virgilio Díaz Grullón, <u>Américas</u>, Vol 45, N° 1, 1993.

El diario inconcluso

Siempre había hecho alarde de tener una mente científica, inmune a cualquier presión exterior que intentase alterar su rigurosa visión empírica del universo. Durante su adolescencia se había permitido algunos coqueteos con las teorías freudianas sobre la interpretación de los sueños, pero la imposibilidad de confirmar con la experiencia personal las conclusiones del maestro psiquiatra le hizo perder muy pronto el interés en sus teorías. Por eso, cuando soñó por primera vez con el vehículo espacial no le dio importancia a esa aventura y a la mañana siguiente había olvidado los pormenores de su sueño.

Pero cuando éste se repitió al segundo día comenzó a prestarle atención y trató con relativo éxito de reconstruir por escrito sus detalles. De acuerdo con sus notas, en ese primer sueño se veía a sí mismo en el medio de una llanura desértica con la sensación de estar a la espera de que algo muy importante sucediera, pero sin poder precisar qué era lo que tan ansiosamente aguardaba.

A partir del tercer día el sueño se hizo recurrente adoptando la singular característica de completarse cada noche con episodios adicionales, como los filmes en serie que solía ver en su niñez. Se hizo el hábito entonces de llevar una especie de diario en que anotaba cada amanecer las escenas soñadas la noche anterior. Releyendo sus notas que cada día escribía con mayor facilidad, porque el sueño era cada vez más nítido y sus pormenores más fáciles de reconstruir, le fue posible seguir paso a paso sus experiencias oníricas.

De acuerdo con sus anotaciones, la segunda noche alcanzó a ver el vehículo espacial descendiendo velozmente del firmamento. La tercera lo vio posarse con suavidad a su lado. La cuarta contempló la escotilla de la nave abrirse silenciosamente. La quinta vio surgir de su interior una reluciente escalera metálica. La sexta presenciaba el solemne descenso de un ser extraño que le doblaba la estatura y vestía con un traje verde luminoso. La séptima recibía un recio apretón de manos de parte del desconocido. La octava ascendía por la escalerilla del vehículo en compañía del cosmonauta y, durante la novena, curioseaba asombrado el complicado instrumental del interior de la nave. En la décima noche soñó que iniciaba el ascenso silencioso hacia el misterio del cosmos, pero esta experiencia no pudo ser asentada en su diario porque no despertó nunca más de su último sueño.

1. El narrador se consideraba a sí mismo...
   A. realista.
   B. idealista.
   C. persona corriente.
   D. estudiante de Freud.

2. ¿Por qué al narrador no le llamó mucho la atención el primer sueño?
   A. No lo había soñado completamente.
   B. No coincidía con su experiencia.
   C. Ya no tenía interés en interpretar los sueños.
   D. No pudo recordarlo fácilmente.

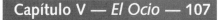

3. ¿Por qué mantenía un diario?
   A. Quería hacer una investigación de extraterrestres.
   B. Tenía interés en las teorías de Freud.
   C. Quería recordar los detalles de sus sueños.
   D. Deseaba comprobar que había volado en una nave espacial.

4. El cosmonauta del vehículo espacial era...
   A. amistoso.
   B. antipático.
   C. alegre.
   D. indiferente.

5. ¿Por que no escribió nada en su diario la décima noche?
   A. Se durmió muy tarde.
   B. Falleció.
   C. Por fin se sentía cómodo al lado del ser extraño.
   D. Despegó en el vehículo espacial.

6. Otro título apropiado para este pasaje sería...
   A. "La ciencia y el cosmos"
   B. "Un vehículo espacial y yo"
   C. "El diario mensual"
   D. "El último sueño"

DOS

VOCABULARIO DE LA ACTIVIDAD

cosido/a a mano – hand sewn
más allá – beyond
las ramas de vid – grapevines
teñir – to dye
las capas sociales – social levels

el mate – herbal tea; pot to serve mate in
la bombilla – small pipe for drinking mate
la pava – kettle

el rito – ritual
cebar – to prepare mate
amargo/a – bitter, unsweetened
el chango – boy, guy (Argentina)

Fuente: "El humilde arte de vida", artículo de Liza Gross en <u>Américas</u>, Vol. 45 N° 1, 1993. "El mate: Arte e infusión" artículo de Roberto Elizalde en Revista para Viajeros de Aerolíneas Argentinas, enero, 2005.

El humilde arte de vida

Un gran porcentaje del arte popular latinoamericano es utilitario, una respuesta a las circunstancias físicas, sociales o económicas de una comunidad. Ropa cosida a mano, muebles, utensilios de cocina y otros objetos utilitarios sobreviven en grandes cantidades, a pesar de su reemplazo gradual por objetos fabricados masivamente. A pesar de que los artistas populares tienen como principal prioridad cumplir con ciertos requisitos impuestos por el medio ambiente, van más allá de las consideraciones puramente prácticas, embelleciendo y decorando sus objetos con creativas imágenes basadas en tradiciones. Los bastones aparecen adornados con serpientes y ramas de vid, los recipientes tienen forma de llamas o cabras y los bancos parecen armadillos o caballos. Los productos textiles, particularmente los utilizados en el vestido, también son una manifestación común del arte popular.

El arte popular recreativo, que tiene por objeto entretener y divertir, incluye juguetes, como autobuses y aeroplanos, así como juegos y miniaturas. A primera vista, las piezas de arte popular recreativo pueden considerarse meramente juguetes, pero a menudo revelan aspectos fundamentales de la vida social y religiosa.

A través de las artesanías se preserva la continuidad de materiales, diseños y técnicas que dan claro testimonio de la capacidad de los artesanos. Las artesanías perduran hasta hoy con las particularidades de cada región. Por ejemplo, se puede encontrar el mate de madera y plata en la Argentina. El mate es una de las costumbres más originales del sur del continente americano. Es mucho más que una infusión. De origen prehispánico, supo teñir la cultura de esta parte del mundo, esparciéndose a través de las distintas capas sociales. Un lugar especial en este escenario de mates (de plata, calabaza o porcelana), bombillas, yerberas, pavas y hornillos, entre otros de los utensilios necesarios para su rito, se enmarca dentro de la exquisita orfebrería hispanoamericana y criolla.

Así, a lo largo de los siglos, diferentes estilos y topologías se desarrollaron para ofrecer piezas de enorme valor artístico e histórico. El mate tiene sus ritos y uno de ellos es el cebado, que implica mantenerlo en buena forma hasta antes de que se enfríe el agua. Cebar expresa la idea de conservar algo en estado consistente; no el acto de llenar el mate de agua caliente, sino prolongar ese mate en condiciones estables. Se puede tomar dulce (con azúcar sobre la yerba antes de cebar) o amargo (a este último también se lo conoce como cimarrón). El tereré es el mate frío y amargo. Así, atravesando el tiempo junto al hombre, se ha consolidado en esta parte del mundo como una sana costumbre.

1. ¿Qué compete con el arte popular?
   A. El arte recreativo.
   B. La artesanía internacional.
   C. Los productos de las fábricas grandes.
   D. Varios artistas locales.

2. ¿Qué se combina con la utilidad práctica para producir muchos objetos cotidianos?
   A. Un deseo de competir con las fábricas modernas.
   B. Demandas físicas y económicas.
   C. La necesidad de diversiones prácticas.
   D. Una imaginación decorativa impresionante.

3. ¿De dónde vienen muchas de las ideas decorativas?
   A. Se les ocurren a los artesanos de las fábricas.
   B. Vienen de imágenes encontradas en las tradiciones populares.
   C. Los artistas imitan lo práctico de la vida diaria.
   D. Muchos artesanos las sacan de sus instintos creativos.

4. ¿Cuáles son los dos distintos tipos de artesanía popular mencionados?
   A. La creadora y la tradicional.
   B. La práctica y la recreativa.
   C. La social y la utilitaria.
   D. La pagana y la religiosa.

5. ¿Qué es el mate?
   A. Una bebida alcohólica.
   B. Un te caliente o frío.
   C. Una fiesta.
   D. Una taza sólo de plata.

6. El cebar es…
   A. cuando se bebe el mate.
   B. un rito de mantener el mate en buen estado.
   C. cuando se compra la yerba.
   D. la parte de oro de la taza.

7. Toman el mate…
   A. sólo los ricos.
   B. sólo los pobres.
   C. sólo los changos.
   D. todos.

ACTIVIDAD IV. Vocabulario y Verbos

UNO

VOCABULARIO DE LA ACTIVIDAD

sentirse arropado/a por – feel surrounded by
regalar – to give a gift

el éxito – success
merecer – to deserve

el ascenso – promotion
obrar – to work

Fuente: Artículo "Tu signo" de Walter Mercado en <u>People en español</u>, página 119, agosto, 2005.

Enamórate de ti, de tu vida, del mundo que te rodea y la dicha no podrá faltar de tu lado.

Libra – septiembre 23 – octubre 22

Si eres positiva cada día, ___(1)___ más dichosa en tu vida. Júpiter continúa ___(2)___ y expandiendo tus fronteras. Te sientes segura de ti ___(3)___ y más independiente al ___(4)___ decisiones. Los dos grandes planetas ___(5)___ del zodiaco están en tu signo todo este mes. Te sientes arropada por la buena fortuna. El cosmos te regala dinero, magnetismo, belleza personal y de ___(6)___ que más deseas: ___(7)___ fuerte y saludable. Alguien de tu pasado regresa pero ___(8)___ su tiempo, ya que tú ___(9)___ sobre todo lo negativo. El fuego de Aires y Leo enciende tu corazón.

Tus números: 9, 16, 17, 23

1. _____ (ser)

2. _____ (bendecirse)

3. _____ (mismo)

4. _____ (tomar)

5. _____ (benéfico)

6. _____ (lo)

7. _____ (sentirse)

8. _____ (perder)

9. _____ (crecer)

Escorpión – octubre 23 – noviembre 21

El éxito te espera. Te mereces todo ___(1)___ bueno que viene para ti. Aunque te ___(2)___ , sigue ___(3)___ lo que tu corazón te indica ___(4)___ ignora los comentarios negativos. Estarás ocupadísima ___(5)___ problemas personales y familiares. Tu salud necesita vigilancia, especialmente la espalda, el cuello y las piernas. ___(6)___ un examen médico de rutina y respeta la autoridad de un profesional. ___(7)___ ejercicios de relajamiento y si puedes, date masajes en las partes afectadas. El amor callado y misterioso será una realidad en tu vida. No ___(8)___ secretos ni siquiera a tu mejor amiga. Tu pareja estará bajo mucho estrés y explotará por ___(9)___ tontería.

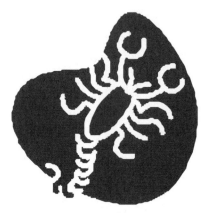

Tus números: 1, 11, 21, 30

1. _____ (lo)

2. _____ (criticar)

3. _____ (hacer)

4. _____ (y)

5. _____ (solucionar)

6. _____ (Hacerse)

7. _____ (Practicar)

8. _____ (divulgar)

9. _____ (cualquier)

DOS

Sagitario – noviembre 22 – diciembre 21

No intentes precipitar los acontecimientos. ___(1)___ darás tiempo a todo. No ___(2)___ nada. Tu rol profesional será muy destacado. Espera ascensos y no ___(3)___ ganancias. Te reconocen tus talentos, habilidades y experiencias. Agosto será un mes feliz cuando ___(4)___ deudas. Disfrutarás de excelentes amistades y te unirás más a tu familia. Tus hermanos ___(5)___ mucho por ti. Tu salud, que estuvo tan afectada, por fin se estabiliza. El mundo te ___(6)___ después de la noche negra que viviste. Después del día 17 el amor te ___(7)___ y te encuentra. Venus entra en Libra y empieza a viajar con tu regente, Júpiter. Se ___(8)___ oportunidades a través de amistades o en actividades sociales. Cerca del 31 ___(9)___ un encuentro amoroso inolvidable.

Tus números: 3, 7, 9, 12

1. _____ (Le)

2. _____ (forzar)

3. _____ (mayor)

4. _____ (pagar)

5. _____ (hacer)

6. _____ (sonreír)

7. _____ (perseguir)

8. _____ (presentar)

9. _____ (haber)

Tauro – abril 20 – mayo 20

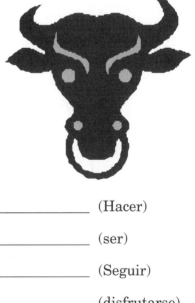

La presencia de Marte, el planeta guerrero, en tu signo te hará voluntariosa, exigente e impetuosa. Venus te une a un libro que se llama <u>Triángulo</u>. Hasta el ___(1)___ de mayo, tu salud estará de cuidado, pero después del examen AP, mejora ___(2)___. Si controlas el boli y escuchas a tu profesora, ___(3)___ victoriosa. Tu sinopsis y tu síntesis obrarán milagros. El Sol entra en julio y te colma de creatividad. Tu musa ___(4)___ y empezarás a demostrar todos tus talentos ocultos. ___(5)___ feliz a tu profesora de castellano. A partir del 22 de julio, tú ___(6)___ reina del mundo del español. ___(7)___ estudiando la lengua y ___(8)___ de toda la cultura.

Tus números: 3, 4, 5, 15

1. _____ (primero)

2. _____ (espectacular)

3. _____ (salir)

4. _____ (despertarse)

5. _____ (Hacer)

6. _____ (ser)

7. _____ (Seguir)

8. _____ (disfrutarse)

ACTIVIDAD V. Vocabulario

Instrucciones: Para cada uno de los pasajes siguientes, primero lee el pasaje y entonces escribe en la línea a continuación de cada número una palabra apropiada para completar el pasaje de manera lógica y correcta. Para recibir crédito, tienes que escribir y acentuar la palabra correctamente. Debes escribir UNA SOLA palabra en cada línea. Tienes 10 minutos para leer los pasajes y escribir tus respuestas.

UNO

VOCABULARIO DE LA ACTIVIDAD

decimotercero/a – thirteenth   **el acorde** – chord   **impartir** – to give
aportar – to contribute   **la escala** – layover

Fuente: Artículo "Adolfo Toyota, guitarrista: Por Madrid pasan todos los grandes de la guitarra" de Susana Moreno, El País, 20 de diciembre de 1997.

La vida de este artista está tejida de paradojas. No sabía pronunciar una sola palabra en castellano cuando se enamoró __(1)__ la guitarra española. Su apellido recuerda __(2)__ la industria del motor, y sin embargo, no tiene coche y está encantado de viajar en tren de cercanías. Adolfo Toyota (Okinawa, 1955) es un japonés que desde niño guardó un tesoro – los discos de Paco de Lucía – y una ilusión, vivir en Madrid y transmitir con la guitarra española unos sentimientos a __(3)__ que su timidez ponía barreras. Se marchó con su familia a Filipinas, y en su decimotercer cumpleaños su hermano __(4)__ regaló el preciado instrumento al que aportó de oído, los primeros acordes. Con 16 años ya actuaba en bares de Manila y dos años __(5)__ tarde debutó como profesional. Para entonces, se le consideraba en Filipinas un virtuoso de la guitarra española, pero decidió profundizar en __(6)__ estudio y para eso se marchó al American Institute of Guitar, de Nueva York, donde permaneció desde 1984 hasta 1986.

En esa etapa conoció a su más admirado profesor, el guitarrista Sabicas. Pero ésa sólo fue la escala de un viaje definitivo que terminó en Madrid __(7)__ 11 años. Adolfo Toyota se asentó __(8)__ el municipio de Móstoles, __(9)__ se dedica __(10)__ impartir clases de guitarra en casa y en un colegio, al mismo __(11)__ que compone y repara estos instrumentos. Comparte estas tareas con los conciertos dentro y fuera de España. Acaba de sacar al mercado su segundo disco, Guitar Juice, un zumo de guitarra en __(12)__ que se mezcla el flamenco con la música intimista y el *new age*.

1. _____

2. _____

3. _____

4. _____

5. _____

6. _____

7. _____

8. _____

9. _____

10. _____

11. _____

12. _____

DOS

VOCABULARIO DE LA ACTIVIDAD

el destello – twinkling   **la campaña** – campaign   **el aullido** – howl
pisar – to step on   **la encuesta** – survey   **la cadena** – chain
culpar – to blame   **la boina** – type of cap (hat)

Fuente: Artículo "Mascotas ¡Ah, Chihuahua!", de Betty Cortina y John Hunnah en <u>People en español</u>, pág. 33, agosto, 1998.

No eran los destellos de las cámaras de los paparazzi lo que __(1)__ tenían nerviosa. Ni __(2)__ el tumulto de las cámaras de televisión que seguían sus pasos durante el estreno de *Godzilla* hizo que se acobardara. Pero lo que sí estaba aterrorizando a Gidget, la estrella de los picantes anuncios de televisión de Taco Bell, eran los muchos pies. "Hay una cosa que __(3)__ da miedo", dice Sue Chípperton, __(4)__ entrenadora. "Que la vayan a pisar."

No __(5)__ puede culpar. La chihuahua de 8 libras que es el centro de la campaña publicitaria de $60 millones de la cadena de comida mide sólo 11 pulgadas. Pero gracias a su famosa línea, "¡Yo quiero Taco Bell!", se ha convertido en lo más grande de la publicidad desde __(6)__ Budweíser convirtiera a Spuds Mackenzie en __(7)__ alma de las fiestas de los años ochenta. Una encuesta de USA *Today* encontró que estos segmentos figuran entre los *comerciales* más eficaces de la década. Dicha reacción motivó a Taco Bell a grabar nueve anuncios adicionales (incluyendo uno en que la perrita usa una boina estilo Che Guevara y proclama: "¡Viva, Gorditas!" y comenzó a vender camisetas y afiches de Gidget.

Pero no todos están dando aullidos de alegría. Los anuncios, en __(8)__ que aparece Gidget hablando inglés también, han generado críticas __(9)__ parte de algunos latinos que se quejan de que el marcado acento español que se usa insulta a los hispanos. "__(10)__ abren las puertas a la discriminación y los prejuicios", tronó el Dallas *Morning News,* mientras en Florida un miembro de la Liga de Ciudadanos Latinoamericanos Unidos llamó a un boicot de la cadena de comida rápida. Taco Bell y la agencia publicitaria insisten __(11)__ que no han hecho __(12)__ incorrecto. "La perrita es audaz y lista", dice Clay Williams. "Nuestra intención nunca fue ofender."

1. _____

2. _____

3. _____

4. _____

5. _____

6. _____

7. _____

8. _____

9. _____

10. _____

11. _____

12. _____

ACTIVIDAD VI. Ensayo Cortos

UNO

Instrucciones: Para la pregunta siguiente, escribirás una carta. Tienes 10 minutos para leer la pregunta y escribir tu respuesta.

Acaba de estrenarse en las salas la película *Tartas y budines*. Es una película que trata de la importancia y la alegría de la comida. Eres crítico para el periódico del colegio. Escribe una crítica sobre la película.

* Inventa una reseña de la película *Tartas y budines*, inventando un posible argumento.
* Expresa tu reacción personal a la película.
* Recomiéndasela o no se la recomiendes a tus compañeros y escribe por qué.

DOS

Instrucciones: Para la pregunta siguiente, escribirás un mensaje electrónico. Tienes 10 minutos para leer la pregunta y escribir tu respuesta.

En los países hispanos se dice que "el tiempo no vuela sino que corre. El reloj no corre sino que anda." Las mañanas duran hasta las 14:00, y a las 20:00 todavía es la tarde. Escríbele a un amigo/a de España un mensaje electrónico sobre la importancia de la siesta y

* define cuánto tiempo debe durar una siesta provechosa.
* si es posible echar una siesta acá en los EE.UU.
* defiende tu opinión.

ACTIVIDAD VII. Ensayo basado en varias fuentes

Instrucciones: La siguiente pregunta se basa en las Fuentes 1-3. Las fuentes comprenden material tanto impreso como auditivo. Primero, dispondrás de 7 minutos para leer el material impreso. Después, escucharás el material auditivo; debes tomar apuntes mientras escuches. Entonces, tendrás 40 minutos para escribir tu ensayo.

Esta pregunta se diseñó para medir tu capacidad de interpretar y sintetizar varias fuentes. Tu ensayo debe utilizar información de las fuentes que apoye tus ideas. Debes referirte a TODAS las fuentes. Al referirte a las fuentes, cítalas apropiadamente. Evita simplemente resumir las fuentes individualmente.

Todo nuestro mundo hoy es "móvil" e "inmediato" con el teléfono celular y el Internet. Además podemos vivir la vida personal de otros a través de la 'reality TV' y los chats. Por eso, algunos piensan que el mundo está lleno de peligros y malos hábitos. Otros piensan que vivir de inmediato nos ha ayudado mucho. Utilizando los puntos de vista expresados en las tres fuentes, escribe un editorial para el periódico de tu colegio.

VOCABULARIO DE LA ACTIVIDAD

amparado/a – protected
la cartuchera – cartridge
delator/a – one who informs
apenas – hardly

incidir – to affect
diurno/a – daily
herir – to wound
penosamente – painfully

susurrado/a – whispered
la traición – betrayal

Fuente Impresa Nº 1

Fuente: "Los adolescentes y el internet: un arma de doble filo", artículo adaptado de La Nación de Argentina de Amy Harmon (The New York Times), traducción: Mirta Rosenberg, página 124, 9 diciembre, 2004.

Amparados en el anonimato de la Red y lejos de la mirada de los adultos, muchos adolescentes se permiten ser más agresivos e irrespetuosos con sus pares que en las relaciones cara a cara. Preocupados, los expertos analizan el fenómeno.

En una escuela de Birmingham, EE.UU., la pelea empezó cuando algunas chicas de octavo grado robaron una cartuchera llena de maquillaje que pertenecía a una nueva compañera, Amanda Marcuson, y ésta denunció el robo.

En cuanto Amanda llegó a su casa, los mensajes empezaron a aparecer en la pantalla de su computadora. La acusaban de ser delatora y mentirosa. "¡Pero me robaron mis cosas!", respondió de inmediato Amanda, consternada. La respuesta fue: "Perra malvada", seguida de una serie de epítetos cada vez más groseros.

Pero el bombardeo de insultos electrónicos no se interrumpió. Como en muchos casos de adolescentes, los mensajes de Internet de Amanda también fueron automáticamente reenviados a su teléfono celular, y cuando terminó el partido la chica ya había recibido 50, el límite de la capacidad de recepción del celular.

"Parece que la gente puede decir cosas mucho peores *on line* que cara a cara", dijo Amanda, de 14 años. Y agregó que sus compañeras jamás le habían dicho una palabra personalmente.

La tecnología que permite a sus usuarios herir sin verse forzados a ver el efecto de su acción, parece incitar a un nivel más profundo de maldad. Los psicólogos dicen que, en Internet, la distancia entre el agresor y la víctima está llevando a un grado de brutalidad – con frecuencia no intencional – sin precedente, especialmente cuando se combina con el descontrol impulsivo y la falta de empatía típicos de los adolescentes.

Un número cada vez mayor de adolescentes está aprendiendo muy penosamente que las palabras enviadas al ciberespacio pueden tener consecuencias más severas que una conversación telefónica o una confidencia susurrada al oído. Los mensajes instantáneos se han convertido en un arma potente para la traición y el tormento de los adolescentes.

Fuente Impresa Nº 2

VOCABULARIO DE LA ACTIVIDAD

consabido/a – usual
la cuna – cradle
el lego – layman

ajado/a – aged
el volante – leaflet

efímero/a – ephemeral, short lived
subrepticio/a – secret

Fuente: Artículo "¿Quién dijo que ya no se lee?" de Cristina Fajre en Clarín/Argentina, página Nº 9, 30 de octubre, 2004.

La autora sostiene que lo que se lee entre amigos, en publicaciones artesanales o en Internet, no está institucionalizado como "lectura".

"¿Quién dijo que leer es fácil? ¿Quién dijo que es contentura siempre y no riesgo y esfuerzo? Precisamente, porque no es fácil. Es que convertirse en lector es una conquista."
(Graciela Montes)

El tema siempre empieza con una frase apocalíptica: "Ya no se lee", dicen. O "los chicos de ahora no leen", o "la televisión está matando el libro (o la imaginación)". A la frase apocalíptica sigue la consabida pregunta: "¿Qué podemos hacer para que lean?" Entonces uno descubre que es muy difícil dar respuestas que mitiguen la ansiedad que genera la problemática.

Es importante revisar las sentencias que corren de boca en boca tranquilizando conciencias. Cuando se afirma que los chicos no leen hay que preguntarse: "¿Los grandes, sí?" Y también: "¿No leen? ¿O no leen lo que nosotros consideramos 'lecturas'?"

En Salta, Argentina, cuna de poetas, las prácticas de lectura tienen una condición paradójica. Se lee en los círculos "bohemios": grandes y chicos, buenos y malos poetas, críticos y legos leen producciones que ven la luz en libros artesanales, cuadernos ajados, volantes efímeros. Pero la escuela no se hace eco de esta práctica que se ve como subrepticia.

"¿Cuántas veces comenta, recomienda, comparte un texto con su hijo, un vecino, un amigo?"

Utilizar las estrategias propias de estos tiempos, sin encerrarse en el "Todo tiempo pasado fue mejor". Ahora, también se lee, de otra manera. Pero se lee. ¿Acepta que su hijo baje información por Internet, que lea historietas o que el vecino de pelo largo y arito se junte con otros pelos y otros aritos a leer poemas mientras se toman un vino?

VOCABULARIO DE LA ACTIVIDAD

el trámite – step, formality
el coche que ande – car that runs
el juego de altavoces – speakers
la sirena – siren
no tener buena onda – not to have good vibes

Fuente Nº 3 Auditiva

Fuente: Selección de programa de Radio Araucano, "Sólo entre jóvenes", febrero, 2004.

5.7

| **Voces en el informe** |
| Juan: Un joven enamorado del Internet. |
| Una joven: No tan estudiosa como se presenta. |

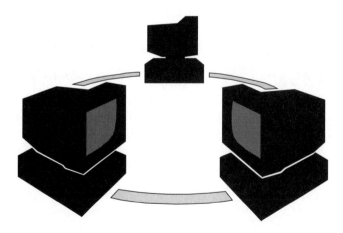

ACTIVIDAD VIII. Conversaciones dirigidas

◀》 5.8.1   **UNO**

Instrucciones: Ahora participarás en una conversación simulada. Primero, tendrás 30 segundos para leer el bosquejo de la conversación. Entonces, escucharás una explicación de la situación y tendrás 60 segundos para leer de nuevo el bosquejo. Después empezará la conversación, siguiendo el bosquejo. Siempre que te toque, tendrás 20 segundos para responder; una señal te indicará cuándo debes empezar y terminar de hablar. Debes participar en la conversación de la manera más completa y apropiada posible.

Uno puede observar el nuevo furor con los espectáculos de realidad. Quieres estudiar la danza latina para ser concursante. Te interesa muchísimo el tango. Entras en el estudio de un bailarín profesional.

La conversación
[Las líneas en gris reflejan lo que escucharás en la grabación.]

El bailarín:	• Te saluda. **[Tono]**
Tú:	• Dile por qué estás en el estudio de baile.
	• Dile cuándo es el concurso.
	• Pregúntale el precio.

El bailarín:	• Te responde y te pide más información. **[Tono]**
Tú:	• Dale la información que busca.
	• Dile por qué estarás listo dentro de poco.
	• Explícale lo que tienes que hacer para prepararte para bailar.

El bailarín:	• Empieza la clase de danza. **[Tono]**
Tú:	• Expresa tu reacción.
	• Te caes. Explica qué te pasó.
	• Pídele perdón.

El bailarín:	• Sigue enseñando. **[Tono]**
Tú:	• Expresa tu reacción.
	• Explica por qué quieres ganar el concurso.
	• Encarga otra lección y despídete de él.

El bailarín:	• No se despide de ti. **[Tono]**
Tú:	• Expresa tu reacción.
	• Explica que no tienes dinero y por qué.
	• Sugiere una manera de pagarle.

Instrucciones: Ahora participarás en una conversación simulada. Primero, tendrás 30 segundos para leer el bosquejo de la conversación. Entonces, escucharás una explicación de la situación y tendrás 60 segundos para leer de nuevo el bosquejo. Después empezará la conversación, siguiendo el bosquejo. Siempre que te toque, tendrás 20 segundos para responder; una señal te indicará cuándo debes empezar y terminar de hablar. Debes participar en la conversación de la manera más completa y apropiada posible.

La poesía es la leche materna de la civilización. Es decir, la poesía sustenta, naturalmente, toda transformación personal. La poesía puede ser algo inherente, instintivo. Representa la cultura, la gente, la vida. Con la ayuda de un profesor, vas a crear un poema. El tema será la juventud.

La conversación
[Las líneas en gris reflejan lo que escucharás en la grabación.]

El profesor:	• Empieza la sesión. • Te saluda y te hace unas preguntas. **[Tono]**
Tú:	• Contesta la pregunta.
El profesor:	• Te felicita y sigue enseñando. **[Tono]**
Tú:	• Responde y explica por qué.
El profesor:	• Continúa la conversación. **[Tono]**
Tú:	• Responde. • Describe la situación.
El profesor:	• Termina la conversación. **[Tono]**
Tú:	• Recita lo que te pidió. • Termina con cualquier sentimiento que quieras.
El profesor:	• Se expresa. **[Tono]**
Tú:	• Responde que no puedes quedarte y por qué. • Fija una hora para otra sesión.

ACTIVIDAD IX. Presentaciones orales

Instrucciones: La siguiente pregunta se basa en el artículo impreso y el informe de la radio. Primero, tendrás 5 minutos para leer el artículo impreso. Después, escucharás el informe de la radio; debes tomar apuntes mientras escuches. Entonces, tendrás 2 minutos para preparar tu respuesta y 2 minutos para grabar tu respuesta.

UNO

El director de tu colegio quiere eliminar las clases de música y de cocina. Puedes ver la importancia de estas materias hoy día y en el futuro. Vas a defender tu opinión durante la próxima reunión de la junta administrativa del colegio. Puedes usar las dos fuentes para preparar tu presentación y defender cómo se relacionan con tu propio colegio.

Texto impreso

VOCABULARIO DE LA ACTIVIDAD

colarse – to slip into	**la olla** – pot	**el bajista** – bass player
la baguala – type of Argentinean music	**embullir** – to boil over	**la zapada** – jam session
	el afiche – poster	

Fuente: Artículo "Empanadas, vino tinto y rock and roll" de Jesús Rodríguez, <u>Clarín</u> (Suplemento especial #11), 30 octubre de 2004.

Reunimos en el pub a los líderes de las bandas "La forma", "El barco del abuelo", "Alucinema", "Ostinato", y "Santuario" en una charla que por momentos desbordó energía y optimismo. El rock salteño es como una olla tapada a punto de ebullir, cada vez hay más jóvenes que hacen rock – afirma Horación Ligoule, cuyo grupo hace básicamente rock directo, aunque también fusiona blues, reggae y tango.

En un rincón del pub, el afiche fotocopiado anuncia a Pekine un rockero salteño que viene con sus zapadas desde mediados de la década de los 70. Ninguno en la mesa duda de que Pekine es el modelo a tener en cuenta.

La movida que provocó la calle Balcarce – donde está más despierta la noche salteña – hizo que muchos grupos empezaran a hacer cover pero poco a poco, esas bandas están cambiando por lo propio y la gente lo acepta.

El rock, hay que decirlo, no es novedad en Salta. Uno de los que lo sabe bien es el actual juez federal #2, Miguel Antonio Media, quien antes de encaminarse por los sinuosos laberintos de los tribunales y las causas penales, fue un batero de aquéllos, hasta con el pelo largo. Hoy, sus dos hijos, Alejandro y Fernando Medina, tocan en "Ostinato".

En Salta, se hace un rock de muy buena calidad, pero hacer rock cuesta mucha plata. La mayoría de los grupos no vive del rock, sino que trabaja en otra cosa.

El bajista es la figurita oficial de una banda de rock: "Como hay pocos, muchas veces los grupos invitan a uno para un show. Pero entre los grupos nos llevamos muy bien", dice Pablo Rodríguez.

Sin embargo, los líderes sienten que hay un vacío. "La Secretaria de Cultura debería darnos un lugar para hacer recitales", dice Fernando Subelza, que hace 3 años dejó la música clásica para dedicarse al rock. Subelza admite que está muy influenciado por el folclore. "Tengo amigos – dice – que hacen folclore. En "Ostinato" toco el violín y de pronto en algún tema comienzo a tocar bagualas. Y a la gente le gusta."

No es raro, estamos en Salta.

Informe de la radio

VOCABULARIO DE LA ACTIVIDAD

legar – to bequeath
imprevisible – unpredictable

emparentado/a – paired up with
la alacena – cupboard

el teclado – keyboard
la prueba de fuego – acid test

Fuente: Este informe, que se titula "Salmón sin restricciones" ha sido adaptado de un artículo publicado en Clarín (Sección–Ollas), 11 de noviembre de 2004.

🔊 5.9.1

Voces en el informe
Locutora: Anfitriona del programa de radio
Horacio: Portavoz de la banda ¡Miranda!
Alejandro: Músico de la banda ¡Miranda!
Juliana: Música de la banda ¡Miranda!

DOS

La ropa es muy importante. Sin embargo, hay que vestirse de ropa apropiada para la ocasión. Hoy día leemos mucho sobre lo que está de moda. A veces es una manera de liberarnos del estrés. Tienes que hablar con los compañeros de tu clase de español sobre los preparativos para un viaje de la clase a México este verano. Tu presentación se titula: ¿Qué poner en la valija?

Texto impreso

VOCABULARIO DE LA ACTIVIDAD

la ojota – flip-flop
derretir – to melt
ajustado/a – fitted
el calzado – shoe
apacible – mild
deambular – to walk, to stroll
la suela – sole
el alto vestir – high fashion

el taco – heel
la alta costura – haute couture, high fashion
el dije – charm
el canutillo – gold or silver thread
la lentejuela – sequin
la lona – canvas

Fuente: Artículo "Tiempo de vacaciones, tiempo de ojotas" página 23 en El viajero ilustrado sección especial de Clarín, domingo 26 de diciembre, 2004.

Hace poco que un grupo de deportistas visitó al presidente de los EE.UU. Después de sacar una foto para los periódicos nacionales, algunos críticos se dieron cuenta de que la mayoría de las chicas estaban llevando ojotas. Empezó un debate nacional sobre esta moda. ¿De dónde viene esta palabra, este tipo de zapato?

Cuando las altas temperaturas comienzan literalmente a derretir las calles, las medias sufren tanto o más que los cuellos ajustados y las corbatas. Por una simple cuestión de lógica, el calzado abierto es el que predomina en el verano. Sobre todo, ese tipo especial y único que no falta en ningún guardarropa: las ojotas. "El viajero ilustrado" no ignora que una de las primeras cosas que suelen hacerse al regresar del trabajo es liberarse de los zapatos y calzarse unas relajantes...ojotas. El término proviene del quechua *ussuta* o *uzuta*, que más tarde los españoles convirtieron en la palabra actual. De la herencia lingüística que heredamos del imperio inca, el vocablo ojota probablemente sea el que tiene mayor difusión, quizás porque se trata de un producto que se usa en todo el mundo. Una latitudes de climas menos apacibles se instaló la costumbre de usarlas con medias.

Fue la vida al aire libre lo que impulsó el surgimiento de este original tipo de calzado. Los indígenas, que deambulaban para localizar comida, se vieron obligados a inventar esta suerte de sandalia, por la misma razón que nosotros la usamos en la playa: para no quemarse los pies. Ya antes de la llegada de los conquistadores, los paisanos del noroeste argentino y los de la puna fabricaban ojotas con suela de cuero de venados o llamas.

Hoy, la ojota es un símbolo indiscutible de las vacaciones, el emblema de ese estado de ánimo, casual y distendido, que caracteriza nuestros momentos de ocio. Su sola contemplación evoca el calor y la arena, el rumor de las olas. "El viajero ilustrado" supone que no por casualidad Brasil es uno de los más grandes productores de ojotas. La "havaianas", marca registrada de América Latina, transmiten su particular estilo de vida, el espíritu de su clima tropical y su pasión por el color. El escritor Jorge Amado las califica de "democráticas" ya que las calzan chicos y grandes, pobres y ricos: modelos top como Naomi Campbell y Giselle Bundchen usan las mismas havaianas que el Movimiento de los Sin Tierra, el presidente Lula y Caetano Veloso. Y esto no es nada, ya que se trata de un éxito que trascendió las fronteras del país: la empresa lleva vendidos 2.200 millones de pares desde su aparición in 1964. Únicamente con los pares del número 37 pueden cubrirse 50 vueltas a la circunferencia terrestre.

Las ojotas de todas las marcas han dejado de verse exclusivamente en los sitios de veraneo; su uso se generalizó en las actividades urbanas y de tiempo libre. Por ende, proliferan los estilos y variedades. El Viajero Ilustrado habrá advertido que a las más informales se agregan ahora las de jerarquizados diseños y calidad de materiales; ¡ojotas para alto vestir, con plataforma y hasta taco!

Por su sensualidad, las ojotas cuentan con la preferencia femenina y el mercado de la alta costura se ocupa de ello. Buscando el marco que realice la elegancia de los pies, los grandes diseñadores de moda combinan en las tiras de las ojotas diversos accesorios que van desde cadenas metálicas, ojalillos, argollas, botones, dijes de acrílico, hueso y madera, pasadores, tachas bordados con canutillos y lentejuelas, hasta incrustaciones de oro, piedras preciosas y brillantes. Claro, algunas de estas rondan los 500 dólares y no es aconsejable tirarse con ellas a descansar plácidamente sobre una lona en cualquier playa.

Informe de la radio

VOCABULARIO DE LA ACTIVIDAD

armar el bolso/la valija – to pack the bag
entre sí – among themselves
la pollera – skirt
el aro – earring

el colgante – hanger
el portatraje – hanging bag
el hueco – hollow spot, empty space

Fuente: Adaptado de Opinión en <u>Viva La Revista de Clarín</u>, p. 20, 19 de diciembre, 2004 y emitido en Radio Araucano en julio de 2005.

🔊 5.9.2

Voces en el informe
Locutora: Anfitriona del programa de Radio Araucano
Varias alumnas: Virginia, Alejandra, Roberta

¡PONERLO EN PRÁCTICA!

Ia. ¿CUÁLES SON ALGUNOS PASATIEMPOS FAVORITOS DE USTEDES? IDENTIFÍQUENLOS SEGÚN LOS DIBUJOS:

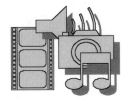

1. _____

2. _____

3. _____

4. _____

5. _____

6. _____

Ib. ¿PODRÍAS NOMBRAR MÁS PASATIEMPOS PARA LOS NIÑOS DE 10 AÑOS?

1. _____

2. _____

3. _____

4. _____

5. _____

Ic. ¿PODRÍAS NOMBRAR PASATIEMPOS PARA LOS ADULTOS?

1. _____

2. _____

3. _____

4. _____

5. _____

Id. AHORA, COMPARA TUS LISTAS CON LA DE OTRO ESTUDIANTE. DECIDAN LOS DOS, CUÁLES SON LOS CINCO PASATIEMPOS MÁS DIVERTIDOS. A CONTINUACIÓN, ORGANICEN LOS DETALLES EN LA TABLA DE ABAJO SEGÚN LAS CATEGORÍAS.

El pasatiempo	Cuando lo hacen	Los accesorios necesarios	Con quién(es) lo hacen	Dónde lo hacen
1.				
2.				
3.				
4.				
5.				

Ie. AHORA A BASE DE LA TABLA Y LA OTRA INFORMACIÓN SOBRE LOS PASATIEMPOS, DESCRIBE CÓMO SE JUEGAN O CÓMO SE HACEN LOS VARIOS PASATIEMPOS.

II. PATROCINAR LAS ARTES – IR A UN CONCIERTO

Quieres ir a un concierto de tu conjunto o cantante favorito. Buscas información en el periódico. ¿Qué tipo de información crees que puedes encontrar?

- precio de las entradas
- una breve historia sobre el/los músicos
- dónde vive(n)
- cuántos años tiene(n)
- descripciones de su música
- su comida favorita
- planes para grabaciones futuras
- si existen discos de vinilo
- dónde están las butacas
- los nombres de sus padres
- su(s) apodos

Ahora, escribe un artículo sobre tu conjunto o cantante favorito. Usa las palabras previas en tu comentario. Puede ser una entrevista si quieres. ¡Escribe un título llamativo!

_____
_____
_____
_____
_____
_____
_____
_____
_____
_____
_____
_____
_____
_____
_____
_____
_____

III. Elige la palabra que no pertenezca, es decir, que no tenga nada que ver con las otras.

1. la balada   el sello   el bolero   la habanera

2. el pincel   el lienzo   la aguja   la acuarela

3. María Callas   José Carreras   Plácido Domingo   García Márquez

4. el escondite   la rayuela   hacer cadena de flores   cazar perdices

5. las cerámicas   las muñecas   las tarjetas de deportes   el botiquín de medicina

TERESITA AGUILAR Unisex
Masajes Descontracturantes
Integral $13 Espalda $9
Reductores $17 (Incluye Máscara y Aparatología) | Vendas Frías $15
Circulatorio $15
Drenaje 15 Linfático | Auriculoterapia $13 (Método natural para bajar de peso, calmar dolores crónicos)
Limpieza de Cutis $20
1/2 pierna $10 | Peeling $20
Pedicuria $15 | Reflexología $10
4326-2048 Corrientes 753 P.10° E
Volante entregado en mano no tirar en la vía pública

Un hombre que está en un palco del teatro con su perro al lado ve una ópera. Termina la ópera y el perro se pone de pie a aplaudir como un loco y a gritar "¡¡Bravo!! ¡¡Bravo!!". El hombre del palco de al lado está tan alucinado que se queda mirando y le dice al dueño, "¿Pero, usted ha visto? ¡¡Es increíble!!" "Sí, y más asombrado estoy yo, porque cuando leyó esta mañana la crítica en el periódico, me dijo que no le iba a gustar nada la obra."

CAPÍTULO VI
LOS DEPORTES

¡¡¡¡¡¡¡¡¡¡¡¡ MODISMOS !!!!!!!!!!!!!!

Echo de menos a los beisbolistas de mi infancia. *Cuanto más* yo seguía sus carreras, *más* estos atletas *se hacían* héroes en mi imaginación. *Me volvía* loco por ellos porque *llegaban a ser* más grandes que la vida. Recuerdo que *me puse* enojado con mis padres cuando no me permitieron ir a un partido a verlos.

JUEGOS DE PALABRAS

En realidad estudio más *actualmente* de lo que estudiaba en el pasado.

El toro *valiente* se puso muy *bravo* al ver el capote del matador.

El estudiante *se dio cuenta* de que su equipo no *había realizado* su meta de marcar un gol más que el año pasado.

EL/LA ATLETA
ágil
agresivo/a
apasionado/a
fuerte
hábil

LOS PROFESIONALES
el patrocinador
el cazatalentos
la carrera
la copa mundial
la liga

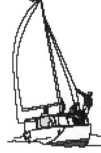

EL ATLETISMO
carrera
corredor/a
correr
lanzamiento de disco
lanzamiento de jabalina
lanzamiento de peso
pista
salto de altura

PARA PONERSE EN FORMA
estirar todo el cuerpo
hacer las lagartijas
hacer los abdominales
hacer mucho esfuerzo
levantar pesas

EL ENTRENAMIENTO MENTAL
aguantar el dolor
manifestar orgullo
mantener buen espíritu
mostrar coraje (m)
tener mucho ánimo

LOS DEPORTES

El que por su gusto corre, nunca se cansa.

EL DEPORTE	LAS ACCIONES	EL EQUIPO	LAS INSTALACIONES
el béisbol	batear un jonrón	el bate	el estadio
el boxeo	golpear	los guantes	el ring
el buceo	bucear	los tanques	el mar
el ciclismo	pedalear	la bicicleta	la pista
el esquí	esquiar	los esquíes	la montaña
el hockey sobre hielo	patinar	el palo	la pista
la lucha	luchar	el talento	el gimnasio
la natación	nadar	el bañador	la piscina
el tenis	pegar la pelota	la raqueta	la cancha
el tiro	tirar	el rifle	el campo

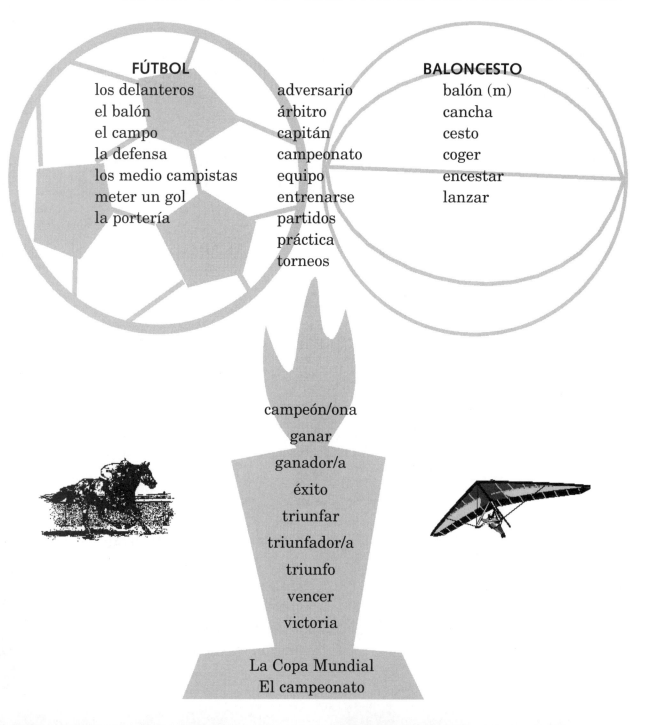

FÚTBOL

los delanteros
el balón
el campo
la defensa
los medio campistas
meter un gol
la portería

adversario
árbitro
capitán
campeonato
equipo
entrenarse
partidos
práctica
torneos

BALONCESTO

balón (m)
cancha
cesto
coger
encestar
lanzar

campeón/ona

ganar

ganador/a

éxito

triunfar

triunfador/a

triunfo

vencer

victoria

La Copa Mundial
El campeonato

ACTIVIDAD I. Audios cortos

Instrucciones: Ahora vas a escuchar una selección auditiva. Después de la selección se te harán varias preguntas sobre lo que acabas de escuchar. Para cada pregunta elige la MEJOR respuesta de las cuatro opciones escritas en tu libreta de examen y rellena el óvalo correspondiente en la hoja de respuestas.

UNO

VOCABULARIO DE LA ACTIVIDAD

halagar – to flatter
jubilarse – to retire
hambriento/a – hungry, starving

"De tal palo, tal astilla." –
"Like father like son."
cobarde – cowardly

la barriga – potbelly

Fuente: Este informe, que se titula "El futuro del fútbol", se emitió por la emisora Radio Araucano en julio de 2005.

◀))) 6.1.1

Voces en el informe
Mauricio: Padre de un hijo recién nacido
Abuela del nene

Número 1.
A. Con un atleta profesional.
B. Con su esposa.
C. Con una amiga.
D. Con su madre.

Número 2.
A. Es ser débil y cobarde.
B. Es ser participante pasivo.
C. Es ser observador y soñador.
D. Es ser generoso y comprensible.

Número 3.
A. Que tenga esperanza por el Atlético.
B. Que sea aficionado del Atlético.
C. Que juegue para el Atlético.
D. Que sea como él.

Número 4.
A. Porque no jugaba con suficiente agresividad.
B. Porque tenía demasiadas deudas.
C. Porque se casó.
D. Porque cumplió veinticinco años.

Número 5.
A. Porque va a ser gran portero.
B. Porque quiere comer.
C. Porque es como su padre.
D. Porque acaba de escuchar a su padre.

Número 6.
A. Los dos se parecen mucho.
B. A los dos les gusta comer.
C. Los dos tienen barriga.
D. A los dos les gustan los deportes.

Número 7.
A. Soñadora e ingenua.
B. Realista y práctica.
C. Impulsiva y mandona.
D. Cariñosa y comprensiva.

DOS

VOCABULARIO DE LA ACTIVIDAD

repugnar – to disgust
tenaz – tenacious
el rebote – rebound

bonaerense – from Buenos Aires
el regateador – haggler

el salteador – jumper
el estafador – swindler

Fuente: Programa de deportes, "En los ojos del patrón", Radio Araucano, junio, 2005.

6.1.2

Voces en el informe

Locutor: Anfitrión del programa
Hugo Jiménez: Presentador del programa

Número 1.
  A.   La Argentina.
  B.   España.
  C.   Estados Unidos.
  D.   Chile.

Número 2.
  A.   Con un jugador de voleibol.
  B.   Con unos gigantes míticos.
  C.   Con sus dos hermanos mayores.
  D.   Con un jugador de fútbol.

Número 3.
  A.   Frágil.
  B.   Alto.
  C.   Bajo.
  D.   Muy esbelto.

Número 4.
  A.   De ser muy buen ladrón.
  B.   De ser muy buen regateador.
  C.   De ser muy buen salteador.
  D.   De ser muy buen estafador.

Número 5.
  A.   En las gradas.
  B.   Bajo el balón.
  C.   Bajo la canasta.
  D.   En la zona defensiva.

Número 6.
  A.   Que puede competir entre gigantes.
  B.   Que es un ídolo.
  C.   Que a los niños les encanta el fútbol.
  D.   Que a mucha gente le alegra su deportismo.

Número 7.
  A.   Néstor Kirchner.
  B.   Manu Ginóbili.
  C.   Diego Maradona.
  D.   Juan Manuel Fangio.

ACTIVIDAD II. Audios extendidos

Instrucciones: Ahora escucharás una selección auditiva. Se te permite tomar apuntes en el espacio en blanco de esta hoja y la siguiente. Estos apuntes no serán calificados. Al final de la selección contestarás una serie de preguntas sobre lo que acabas de escuchar. Basándote en la información de la selección, elige la MEJOR respuesta a cada pregunta de las cuatro opciones impresas.

UNO

VOCABULARIO DE LA ACTIVIDAD

vergonzoso/a – shameful
la derrota – defeat
mayúsculo/a – capital (letter)
en bastardilla – in italics
"¡Más vale pájaro en mano que ciento volando!" – "A bird in hand is worth two in the bush!"

"A quien madruga Dios le ayuda." – "The early bird catches the worm."
la choza – hut
amargo/a – bitter
retroceder – to move backward

"A caballo regalado no le miréis el diente." – "Don't look a gift horse in the mouth."
"Más vale tarde que nunca." – "Better late than never."
tierno/a – tender

Fuente: Este informe, que se titula "Ganar por ganar", se emitió por la emisora Radio Araucano en mayo de 2005.

📢 6.2.1

Voz en el informe
Don Juan Molinero

1. ¿Qué tipo de equipo es?
   A. De baloncesto.
   B. De fútbol.
   C. De béisbol.
   D. De hockey sobre hielo.

2. ¿Quién se dirige a los jugadores?
   A. El patrocinador.
   B. El gerente.
   C. El capitán.
   D. El entrenador.

3. ¿Qué le pasó al narrador durante su niñez?
   A. Tuvo problemas de dinero y comida.
   B. Su madre siempre le trataba muy bien.
   C. Su padre le enseñó todo lo que sabe del deporte.
   D. Aprendió a jugar muy bien los deportes.

4. ¿Por qué es ésta una oportunidad muy importante?
   A. No habrá otra temporada.
   B. Los jugadores se han preparado muchísimo.
   C. Son las finales de la liga.
   D. El otro equipo tiene varios jugadores lesionados.

5. ¿Qué pasó el año pasado?
   A. No llegaron ni siquiera hasta las finales.
   B. No se esforzaron tanto y perdieron.
   C. El mismo equipo les ganó.
   D. El narrador habló con igual pasión.

6. Con la victoria, ¿qué quiere recobrar el narrador?
   A. La dignidad y honra del equipo.
   B. Su juventud perdida.
   C. Una apuesta que perdió el año pasado.
   D. Otra oportunidad.

7. ¿Cómo se expresa el narrador?
   A. En frases intelectuales.
   B. En frases cliché.
   C. En términos tiernos.
   D. En términos poéticos.

DOS

VOCABULARIO DE LA ACTIVIDAD

el boliche – bowling   **pecaminoso/a** – sinful   **pulido/a** – polished
derribar – to knock down   **el impío** – infidel   **el conocabeza** – conehead
el ateo – atheist   **la losa** – stone, slab

Fuente: Este informe, que se titula "El bolo español", se emitió por la emisora Radio Araucano en junio de 2005.

🔊 6.2.2

> **Voz en el informe**
> Don José Solteromayor: Locutor del programa

1. ¿Cómo se diferencian el boliche y el bolo?
   A. El boliche se juega con bolas de madera.
   B. El bolo se juega al aire libre.
   C. El boliche utiliza un bolo redondo.
   D. El bolo requiere una pista de madera pulida.

2. Según una teoría, ¿para qué se inventó el bolo?
   A. Para convertir a los ateos.
   B. Para fastidiar a los conocabezas.
   C. Para atraer a los pecadores a la misa.
   D. Para entretener a unos frailes solitarios.

3. ¿Qué era el bolo para la Iglesia medieval?
   A. Un entretenimiento laico.
   B. Una lección moral.
   C. Una competencia entre parroquias.
   D. Una celebración religiosa.

4. ¿Cómo llegó una forma del bolo a la Península Ibérica?
   A. Por unos peregrinos que iban a Santiago de Compostela.
   B. Por unos mochileros alemanes.
   C. Por unos bolicheros.
   D. Por unos monjes aburridos.

5. ¿Cuál es uno de los objetos del bolo celta?
   A. Turnar a los jugadores.
   B. Tirar los bolos fuera de la losa.
   C. Formar ligas en Sudamérica.
   D. Jugar varias modalidades durante un torneo.

6. ¿Cuál es la diferencia entre un bolo y una bola?
   A. Un bolo es un cono de madera.
   B. Una bola es un cono de madera.
   C. Un bolo es una pelota de madera.
   D. Una bola es una pelota de madera.

7. ¿En qué formación se plantan los bolos en el campo de tierra?
   A. En coro.
   B. En diamante.
   C. En cuadro.
   D. En línea.

ACTIVIDAD III. Lecturas

Instrucciones: Lee con cuidado el pasaje siguiente. El pasaje va seguido de varias preguntas u oraciones incompletas. Elige la MEJOR respuesta o terminación, de acuerdo con el pasaje. Tienes 10 minutos para leer el pasaje y contestar las preguntas.

UNO

VOCABULARIO DE LA ACTIVIDAD

elogiar – to praise   **abrumador/a** – overwhelming   **el cazatalentos** – talent scout
el hallazgo – discovery   **desempeñarse** – to pay back   **encerrar** – to lock up

Fuente: Artículo "El último jonrón de un gigante" de Víctor Baldazón en People en español, octubre de 1999.

El último jonrón de un gigante

El inmortal pelotero boricua Orlando Cepeda ingresa al Salón de la Fama y regresa a su tierra tras una larga odisea.

El 18 de mayo, dos meses antes de su exaltación al Salón de la Fama del Béisbol, en Cooperstown, Nueva York, el puertorriqueño Orlando Cepeda, de 61 años, hizo la acostumbrada visita a la institución. Toda la tarde anduvo de una sala a la otra, de la mano del curador Ted Spencer. Había visto la estatua de su amigo y compatriota Roberto Clemente, con el uniforme número 21 de los Piratas de Píttsburgh, y la placa con la efigie de su antiguo compañero de los Gigantes de San Francisco, Juan Marichal, entre otros. En un teatro del museo, vio un documental sobre su carrera deportiva y observó, incrédulo, cómo los envejecidos peloteros Stan Musial y Ted Williams elogiaban su capacidad de liderazgo y sus habilidades como bateador.

"¿Williams y Musial hablando de mí?", murmuró Cepeda. "Increíble! ¡Ellos son mis ídolos!"

Sin embargo, de todo lo que vio, nada lo impresionó más que un feliz hallazgo en la sala dedicada a jugadores afroamericanos. Allí encontró la fotografía del equipo que Rafael Leónidas Trujillo, dictador de República Dominicana, patrocinó en 1937. Cepeda nombró a cada uno de los jugadores, con el emblema C. TRUJILLO sobre el pecho del uniforme. En la última fila, el segundo de derecha a izquierda era Perucho Cepeda, conocido como el Babe Ruth de Puerto Rico, uno de los peloteros más grandes de su época, una leyenda en todo el Caribe hasta su muerte en 1955, a los 49 años, debido a la desnutrición causada por la malaria. "Es asombroso", dijo Cepeda. "No sabía que mi padre estaba allí, en esa fotografía, como esperándome. ¡Qué sorpresa!"

Poco antes de morir, cuando Orlando dejaba Puerto Rico hacia los campamentos de las Ligas Menores, en Salem Virginia, Perucho le dijo: "Algún día serás mejor que yo, Orlando". El joven de 17 años contestó: "No digas eso, papá. Yo no puedo ser mejor que tú". [#1]

En verdad, su padre hubiera estado orgulloso de su carrera deportiva. Pero no de mucho más. Casi desde el día que se retiró, en 1974, Cepeda cayó en un remolino de problemas personales. Su ingreso al Salón de la Fama, decidido en marzo por el Comité de Veteranos, no era algo que él podía esperar. Le sobraban méritos beisboleros. Su promedio de bateo era de .297, 379 jonrones y 1.365 carreras impulsadas; había sido el Novato del Año de la Liga Nacional, en 1958; el Jugador Más Valioso de 1967; y siete veces fue incluido en los juegos Todos Estrellas. Hace apenas cinco años, cuando los Escritores de Béisbol de Estados Unidos lo rechazaron por 15ta y última vez (le faltaron siete votos) era el único jugador elegible con un promedio de .295 o más y más de 300 jonrones que no estaba en el panteón del béisbol.

No, no eran las estadísticas. El 12 de diciembre de 1975, Cepeda fue arrestado en el Aeropuerto Internacional de San Juan luego de recoger dos paquetes de Colombia que contenían marihuana, según las autoridades. "Cometí un gran error", dice. "Falta de juicio. Malas amistades. Estupidez".

Los 24 años siguientes fueron una odisea. Nada hubiera podido prepararlo para enfrentar las consecuencias de su arresto. Había sido un héroe nacional una figura aún mayor que su padre. "Cuando juegas béisbol, tienes un nombre y dinero y te sientes que eres a prueba de balas", dice Cepeda. "Te olvidas de quién eres. Especialmente, en un país latino, te hacen sentir como si fueras un dios". A los 38 años, su vida estaba totalmente descontrolada. Sus abogados se comieron sus ahorros, y perdió el dinero y el terreno. Con excepción de su esposa y unos pocos amigos, no le quedaba nadie. El 26 de junio de 1978 lo sentenciaron a cinco años de cárcel. "Al pensar en eso", dice, "lo mejor que me pudo pasar fue ir a prisión". **#2**

Tras cumplir 10 meses de su sentencia, Cepeda ganó su libertad condicional el 15 de abril de 1979. Pero las cosas no eran más fáciles fuera de la cárcel. Anduvo de aquí para allá durante cinco años.

En 1986, Laurease Hyman, entonces editor de <u>Giants Magazine</u> lo visitó en Los Angeles para escribir un artículo. Luego, movió conexiones para que Cepeda asistiera a uno de los juegos de los Gigantes en el estadio Candlestick, en San Francisco. **#3** La recepción fue abrumadora. Fue así que el número 30 regresó. Comenzó a desempeñarse como cazatalentos para el equipo, a la vez que ayudaba a desarrollar las habilidades de jugadores jóvenes. Poco a poco se convirtió en embajador de buena voluntad de los Gigantes. Cuando visita vecindarios boricuas, como los de norte de Filadelfia y el Bronx, lleva un mensaje: "No hay excusas, sólo oportunidades. Sean alguien. Marquen la diferencia".

Eso es precisamente lo que Cepeda ha hecho en los últimos 12 años. Para él, su momento culminante llegó en marzo, cuando el Salón de la Fama le abrió sus puertas. **#4** "Yo no estaba listo para entrar antes", dice. Cuando se dirigía a la conferencia de prensa, el dueño de los Gigantes le dijo: "Nadie más llevará el número 30, Orlando. Está retirado". Dos semanas después, el gobierno de Puerto Rico lo agasajó con un multitudinario desfile que atravesó la ciudad desde el aeropuerto - donde había comenzado su desgracia - hasta el Viejo San Juan.

En Cooperstown, después de recorrer las salas, Cepeda habló del orgullo que sentía por tener un lugar en el Salón. "Recibir el reconocimiento que todo jugador de pelota busca. Para mí, esto es cerrar el círculo".

Sin duda, en más de un sentido.

1. ¿Qué elogio recibió Orlando Cepeda de otros famosos beisbolistas?
   A. De ser gran fildeador.
   B. De ser gran ladrón de bases.
   C. De ser gran pitcher abridor.
   D. De ser gran líder de otros.

2. ¿Cómo reaccionó Cepeda al encontrar a su padre en una fotografía?
   A. Sintió mucha pena.
   B. Se puso de mal humor.
   C. Estuvo orgulloso.
   D. Evitó mirarla.

3. ¿Por qué no ingresó al Salón de la Fama en 1975 después de jubilarse?
   A. Porque no tenía muy buenas estadísticas.
   B. Porque tenía insuficiente número de jonrones.
   C. Porque lo arrestaron.
   D. Porque ocurrió algo injusto.

4. Según Cepeda, cuando se juega al béisbol, se cree…
   A. compasivo.
   B. todopoderoso.
   C. estúpido.
   D. comprensible.

5. Al salir de la cárcel, Cepeda…
   A. volvió a las Ligas Mayores.
   B. tuvo que divorciarse.
   C. se puso de dieta de ahorros.
   D. empezó varios años sin destino fijo.

6. ¿Cómo felicitaron a Cepeda al ingresar en el Salón de la Fama?
   A. Le dieron una rueda de prensa.
   B. Le retiraron su camiseta de béisbol.
   C. Le ofrecieron un puesto en el gobierno puertorriqueño.
   D. Le cerraron el círculo de su vida.

7. ¿Dónde se pondría la oración **"Fue cuando por fin pudo dejar atrás su pasado y empezar de nuevo."**?
   A. #1
   B. #2
   C. #3
   D. #4

8. ¿Qué ha sido "la Odisea" de Orlando Cepeda?
   A. Su largo viaje hacia una vida valiosa.
   B. La forma en que Cepeda entiende su carrera en béisbol.
   C. El continuo amor y afecto de su familia.
   D. Un buen nombre de pila para su primera hija.

DOS

VOCABULARIO DE LA ACTIVIDAD

el plantel – training establishment
convivir – to coexist

la riña – brawl

Fuente: Artículo "Generando otras potencias. Fútbol y género. Caso Club Boca Juniors" de Carmen Salinas en <u>Revista</u> <u>Digital</u> de efdeportes.com.

Generando otras potencias. Fútbol y género. Caso Club Boca Juniors

El fútbol, pasión de multitudes, fue siempre visto como un deporte eminentemente masculino. Actualmente ha cambiado, pues hay grandes equipos que cuentan con un plantel femenino de fútbol. **#1**

El Club Atlético Boca Juniors fue fundado en 1905 y recién en 1990 comenzó a contar con un equipo femenino de fútbol, que depende del Departamento de Fútbol Amateur. En Argentina el fútbol femenino no se ha profesionalizado aún. Por lo cual se infiere que como institución es legítimo, pero no es reconocido como tal. En otras palabras, es reconocido tácitamente.

En estos últimos años, las mujeres han ganado un terreno en el mundo del fútbol que años atrás hubiese parecido imposible. Boca Juniors actualmente lleva ganados cinco campeonatos invictas, en un deporte considerado eminentemente masculino, generando un proceso que las conduce a hacer una opción deportiva, en donde valores que tradicionalmente se asocian al carácter masculino, como agresividad, espíritu de competición y confianza en sí mismos, hacen que funcionen en un esquema de lógica del deporte que requiere triunfar. Donde el sufrimiento como fuente de compensación va unido a una concepción de la vida, según la cual, sólo se alcanza lo deseado a través del sacrificio y la lucha. **#2**

El equipo femenino de fútbol de Boca Juniors está formado por 27 mujeres cuyas edades oscilan entre los 14 y los 35 años. Se advierte una clase especial de dinámica de grupo, con una tensión interna propia, una estructura que es experimentada como inmensamente emocionante y placentera, e implica intercambios como compartir, convivir y confrontarse. Estas mujeres quieren ante todo ser reconocidas como deportistas, porque no sólo han logrado superar los obstáculos de acceso al mismo, sino también se observa en ellas una constancia y atención al tratarse de un juego que una multitud de espectadores, seguidores, admiradores, amigos y familiares, sigue con creciente emoción. La cual es producida no sólo por la lucha en el campo de juego, lo logra la habilidad que despliegan las jugadoras, al ofrecer al público una demostración de disciplina deportiva para un mayor enriquecimiento de la percepción. **#3**

Las jugadoras de fútbol han sido y continúan siendo escasa y malamente descritas por la sociedad; los partidos no son televisados, no son transmitidos por la radio, sólo a veces ocupan un pequeño espacio en los diarios, aún los especializados en deportes; y es esa invisibilidad la dificultad para encontrar o construir pensamientos que no estén sujetados por la metodología que regulan otros deportes.

Producen sus propias políticas, donde la realidad es ser competitivas, porque el fútbol es un deporte que fue pensado, ejecutado y desarrollado por los hombres. Por eso no se detienen; poniendo especial énfasis en una gran exigencia física de gran intensidad.

El Club Boca Juniors tiene un régimen dedicado a evaluar, reconocer y orientar los ritmos y contenidos del entrenamiento de sus jugadoras. La selección y valoración de este entrenamiento permite comprender a cada atleta como individuo, lo cual forma parte de un proceso de desarrollar prácticas destinadas a desactivar prejuicios y estereotipos acerca de sus jugadoras. Además, estas prácticas promocionan modos de avanzar el desarrollo atlético de las atletas más allá de métodos convencionales. #4

Se observa que no pierden ni un poco de su feminidad. Eso se nota no sólo en el cuidado de su cuerpo, sino en lo que ellas creen o sienten respecto a sí mismas, en la belleza de los movimientos dentro del campo de juego, con su plasticidad y su sutilidad coreográfica, en la gracia y seguridad con que cada una se mueve.

1. ¿Qué cambios ha habido últimamente en el fútbol?
   A. Los Boca Juniors han ganado varios torneos.
   B. Han formado ligas profesionales para mujeres.
   C. Hay mujeres que juegan a nivel nacional.
   D. Las jugadoras son más agresivas.

2. ¿Qué éxitos han logrado las Boca Juniors?
   A. Hasta el momento nadie las ha ganado.
   B. Han podido superar la fama de los Boca Juniors.
   C. Han triunfado en más de cinco campeonatos.
   D. Han sobrevivido su sufrimiento.

3. ¿Qué caracteriza el equipo femenino?
   A. Rivalidades y riñas belicosas.
   B. Mujeres y jóvenes profesionales.
   C. Confrontaciones colegiales.
   D. Un sentido de destino merecido.

4. ¿Qué les falta a las Bocas Juniors?
   A. Instalaciones establecidas.
   B. Canchas para sus partidos.
   C. Emoción y motivación.
   D. Mayor publicidad.

5. ¿Cómo intentan combatir los prejuicios contra las Boca Juniors?
   A. Por una serie de conferencias y lecturas públicas.
   B. Por la publicación de un código de comportamiento.
   C. Por el inicio de ciertas prácticas para educar al público.
   D. Por la promoción de publicidad deportiva.

6. ¿Dónde se pondría lógicamente la oración **"Por consiguiente, tienen que sufrir la tensión entre lo que una es intrínsicamente y lo que es como producto cultural."**?
   A. #1
   B. #2
   C. #3
   D. #4

7. De este artículo se puede deducir que...
   A. el público no sigue equipos femeninos muy a menudo.
   B. ahora hay menos prejuicio contra la participación de mujeres en el fútbol.
   C. las jugadoras no pueden ser agresivas y seguras de sí mismas.
   D. en los deportes no hay otra opción que el fútbol para las mujeres.

ACTIVIDAD IV. Vocabulario y Verbos

Instrucciones: Lee el pasaje siguiente. Luego escribe en la línea a continuación de cada número la forma de la palabra entre paréntesis que se necesita para completar el pasaje de manera lógica y correcta. Para recibir crédito, tienes que escribir y acentuar la palabra correctamente. Es posible que haga falta más de una palabra. En todo caso debes usar una forma de la palabra entre paréntesis. Es posible que la palabra sugerida no requiera cambio alguno. Escribe la palabra en la línea aún cuando **no** sea necesario ningún cambio. Tienes 10 minutos para leer el pasaje y escribir tus respuestas.

UNO

VOCABULARIO DE LA ACTIVIDAD

platicar – to chat, to talk
la certeza – certainty

el osogato – bearcat
chillón/a – shrill

Fuente: Artículo "La noche de las Panteras" en <u>La crónica vialadera</u>, julio del 2005.

El otro día estaba __(1)__ con mi mejor amiga Liliana. Nosotras __(2)__ recordando algunos momentos inolvidables de nuestros años jugando básquet en el Club Atlético. __(3)__ cuatro años que estábamos en el mismo equipo y nuestras rivales más feroces __(4)__ las Panteras, un grupo de sinvergüenzas de Cali. En nuestro último año de cole __(5)__ un encuentro inolvidable. La capitana de las Panteras era una chica pequeña que __(6)__ el ritmo y la jugada de todo su equipo. Nos __(7)__ con la certeza de __(8)__ jugadas autoritarias.

El último partido contra ellas __(9)__ una de esas noches tormentosas de marzo. __(10)__ las Panteras a la cancha del gimnasio gruñendo como si __(11)__ animalitos y riéndose como si nosotras no les __(12)__. Nosotras, las pobres jugadoras de las Osogatos, temíamos que las Panteras __(13)__ a ganar otra vez. Además, el pretencioso técnico de las Panteras encarnaba la convicción de que nuestro equipo no __(14)__ estar en la misma cancha con ellas. Era un hombre presumido de increíble barriga con voz fuerte y __(15)__ que siempre nos asustaba a todas nosotras.

1. _____ (platicar)

2. _____ (estar)

3. _____ (Hacer)

4. _____ (ser)

5. _____ (tener)

6. _____ (controlar)

7. _____ (asustar)

8. _____ (su)

9. _____ (suceder)

10. _____ (Llegar)

11. _____ (ser)

12. _____ (importar)

13. _____ (ir)

14. _____ (merecer)

15. _____ (chillón)

DOS

VOCABULARIO DE LA ACTIVIDAD

el silbato – whistle   **empatado/a** – tied   **irrumpir** – to burst into
el sabelotodo – know-it-all   **la pata** – paw

Fuente: Artículo "La noche de las Panteras" en <u>La crónica vialadera</u>, julio del 2005.

Estaba muy nerviosa cuando el árbitro __(1)__ con su silbato que esa famosa batalla había empezado. Los períodos __(2)__ rápidamente. Los dos equipos __(3)__ de ventaja constantemente y esa Pantera sinvergüenza guiaba a su equipo __(4)__ más de mil veces mientras dirigía a las demás. En los últimos segundos los equipos quedaban __(5)__. El reloj __(6)__ que quedaban sólo dos segundos cuando de golpe la Pantera sabelotodo le __(7)__ el balón de las manos a una de sus compañeras y saltó por el aire, y __(8)__ el balón…¡PERO en el cesto nuestro!

Nosotras __(9)__ en gritos de alegría. Nuestra más __(10)__ rival nos aseguró el triunfo y la humillante derrota de las Panteras. El entrenador barrigón __(11)__ y sus Panteras __(12)__ a llorar. ¡La pequeña Pantera había metido más que la pata! Nunca __(13)__ a olvidar ese momento.

1. _____ (indicar)

2. _____ (pasar)

3. _____ (cambiar)

4. _____ (intervenir)

5. _____ (empatado)

6. _____ (decir)

7. _____ (quitar)

8. _____ (encestar)

9. _____ (irrumpir)

10. _____ (temido)

11. _____ (desmayarse)

12. _____ (ponerse)

13. _____ (ir)

ACTIVIDAD V. Vocabulario

Instrucciones: Para cada uno de los pasajes siguientes, primero lee el pasaje y entonces escribe en la línea a continuación de cada número una palabra apropiada para completar el pasaje de manera lógica y correcta. Para recibir crédito, tienes que escribir y acentuar la palabra correctamente. Debes escribir UNA SOLA palabra en cada línea. Tienes 10 minutos para leer los pasajes y escribir tus respuestas.

UNO
VOCABULARIO DE LA ACTIVIDAD

menospreciar – to despise
derrotado/a – defeated

el atacante – attacker
rumbo a – bound for

Fuente: Artículo de <u>El</u> <u>Tiempo</u>, 7 julio de 2005.

Técnico de Colombia, Reinaldo Rueda, dice que a Panamá no se __(1)__ puede menospreciar (1ª Parte)

El seleccionador cafetero __(2)__ dio mérito suficiente este jueves al conjunto canalero, que venció __(3)__ Colombia 1-0 el miércoles en la Copa Oro.

"No se puede menospreciar a Panamá, ellos jugaron muy bien, sobre todo en el segundo tiempo cuando supieron concretar, algo que __(4)__ faltó a Colombia en la primera mitad", según declaró el técnico cafetero, que agregó, "No creo que __(5)__ habido sorpresa, Panamá jugó muy bien, sobre __(6)__ en el segundo tiempo".

El equipo colombiano __(7)__ derrotado el miércoles 1-0 __(8)__ su similar panameño en la primera jornada del Grupo A del torneo copero, que tiene su sede eliminatoria en Miami.

Un gol del atacante Luís Tejada al minuto 71, tras un efectivo pase del volante Julio Medina III, selló la suerte de los colombianos. Aunque algunos consideran que el alumno __(9)__ ganó al maestro, Ruede advirtió antes de comenzar el torneo que había __(10)__ tener cuidado __(11)__ Panamá, pues varios de sus jugadores participan en la liga colombiana de primera división.

"Creo que no concretamos en el primer tiempo, que fue nuestro mejor momento. __(12)__ eso, para el próximo encuentro el sábado (Honduras) debemos aprovechar cualquier oportunidad", añadió Rueda, quien toma __(13)__ mucha seriedad la Copa de Oro 2005 con vistas a los tres partidos que le quedan en las eliminatorias sudamericanas rumbo __(14)__ Mundial de Alemania 2006.

1. _____

2. _____

3. _____

4. _____

5. _____

6. _____

7. _____

8. _____

9. _____

10. _____

11. _____

12. _____

13. _____

14. _____

DOS
VOCABULARIO DE LA ACTIVIDAD

el elenco – company   **otorgar** – to grant   **el cupo** – share

Fuente: Artículo de <u>El</u> <u>Tiempo</u>, 7 julio de 2005.

Técnico de Colombia, Reinaldo Rueda, dice que a Panamá no se __(1)__ puede menospreciar (2ª Parte)

El elenco cafetero marcha quinto en el premundial con 20 puntos, __(2)__ igual que Chile, que ocupa el sexto __(3)__ por diferencia de goles. Los cuatro primeros en ese clasificatorio regional son Argentina, que ya selló pasaporte para Alemania, Brasil, Ecuador y Paraguay. La zona otorga cuatro cupos directos para el Mundial y una plaza __(4)__ discutir en repechaje con un equipo __(5)__ Oceanía.

__(6)__ su parte, Panamá __(7)__ último en el hexagonal final de la Concacaf rumbo __(8)__ Alemania-2006 con dos puntos. El hexagonal eliminatorio de la Concacaf __(9)__ liderado por México.

Con la derrota ante los canaleros, Colombia __(10)__ en una posición incómoda en el Grupo A de la Copa de Oro 2005, que sorpresivamente lidera Panamá __(11)__ tres puntos, seguido __(12)__ Honduras y Trinidad y Tobago, que empataron la víspera 1-1 y tienen una unidad.

"Ahora debemos olvidar __(13)__ ocurrido en la cancha frente a Panamá y concentrarnos __(14)__ los dos próximos rivales, pues con victorias sobre ambos ya estaríamos en __(15)__ siguiente fase", concluyó Rueda.

1. _____
2. _____
3. _____
4. _____
5. _____
6. _____
7. _____
8. _____
9. _____
10. _____
11. _____
12. _____
13. _____
14. _____
15. _____

ACTIVIDAD VI. Ensayos Cortos

UNO

Instrucciones: Para la siguiente pregunta, escribirás una carta. Tienes 10 minutos para leer la pregunta y escribir tu respuesta.

Escribe una carta de admiración a una figura deportista de gran fama.

* Expresa tu admiración por sus hazañas.
* Explica lo que admiras en esta persona.
* Habla de las influencias que esta persona ha tenido en tu vida o en la de otros.

DOS

Instrucciones: Para la siguiente pregunta, escribirás una anotación en tu diario. Tienes 10 minutos para leer la pregunta y escribir tu respuesta.

Acabas de ver un grupo de niños jugando en un parque y te hace recordar la alegría de los juegos que experimentabas cuando eras niño/a. Escribe en tu diario sobre un momento de tu infancia cuando sentías la alegría y la energía inocente de jugar con otros niños.

ACTIVIDAD VII. Ensayo basado en varias fuentes

VOCABULARIO DE LA ACTIVIDAD

el hincha – fan	**bastar** – to be enough	**la jornada** – work day
la muestra – sample	**perfilarse** – to take shape	

La pasión y el entusiasmo por los deportes son de doble filo. La conducta de los hinchas de fútbol sirve de ejemplo. Imagínate que tienes que escribir un discurso para leer ante un grupo de fanáticos deportistas sobre cómo puede un hincha expresar mejor y bien su pasión y entusiasmo.

Fuente Impresa Nº 1

Fuente: "Fútbol... pasión de multitudes", de Robert Sierra , especial para MLSnet.com, 08 VI 2005.

Por supuesto que la frase no es nuestra. La hemos venido escuchando desde que nacimos y, aunque parezca mentira, tiene absoluta y total vigencia. El fútbol sigue siendo el deporte más importante del mundo, sin lugar a ninguna discusión, le pese a quien le pese. Para muestra bastaría con observar los números que deja como saldo un Campeonato del Mundo, en donde sí están representados todos los continentes y sus respectivos países, tras una larga disputa de eliminatorias, en algunos casos demasiado extensa, podríamos decir.

En las últimas semanas, la fiebre de este deporte vuelve a pegar fuerte y en todas partes de América y de Europa no existe otro tema de discusión. El difícil camino hacia la próxima cita mundialista, Alemania 2006, acapara la atención y se vive con una expectativa muy particular, la posible clasificación o eliminación de sus respectivas selecciones.

En América del Sur, cuyos países no sólo ven al fútbol como el deporte "rey", sino que es parte misma de la idiosincrasia de la mayoría de sus habitantes, el hecho de disputarse tal o cual encuentro es motivo de interrupción general de las actividades públicas, a fin de permitir que todos sus habitantes puedan disfrutar de la gran fiesta popular. En muchos casos, el Gobierno ha intervenido para ordenar la difusión de las imágenes por televisión abierta, quitando así del medio el negocio a los canales de cable, que generalmente desean acaparar los eventos más importantes.

Nos interesa traer nuevamente a la primera plana la absoluta y total vigencia del interés de los aficionados. Si a toda esa intensa actividad internacional, le sumamos una Copa Libertadores de América que sigue siendo la mayor atracción del continente a nivel de clubes y que se perfila como para pensar que un equipo mexicano puede ser el Campeón por primera vez en la historia una Copa Oro de selecciones que se viene con más interés que nunca, debemos estar de acuerdo que nos esperan estupendas jornadas para los amantes de este deporte.

VOCABULARIO DE LA ACTIVIDAD

el abucheo – booing   **botar** – to throw away

Fuente Impresa N° 2

Fuente: "Penoso regreso de la Azul" de <u>La</u> <u>Prensa</u> de El Salvador.

"Mejor mándenlos a Iraq", exclamó uno de los presentes en el Aeropuerto Internacional El Salvador a la llegada de la selección nacional de fútbol.

Con insultos, abucheos y alguno que otro gesto obsceno, los jugadores de la Azul fueron recibidos por los pocos familiares y taxistas que cerca de las 2:00 de la tarde esperaban a que salieran los viajeros.

A pesar de que el vuelo en el que viajaban los seleccionados procedentes de Panamá llegó a la 1:20 de la tarde, los jugadores, a excepción de Santos Cabrera que salió escuchando música y subió rápidamente al autobús, no salieron hasta 30 minutos después, luego de que todos recogieran sus maletas.

El grupo caminó apresuradamente hacia el autobús, en donde se refugió de los insultos y las preguntas.

En su camino, Víctor Velásquez botó el micrófono de uno de los periodistas televisivos que intentaba abordarlo. El aparato se rompió.

Sólo Emiliano Pedrozo accedió a contestar algunas preguntas.

"Me siento como un boxeador. Pienso que uno viene hablando del partido, preparándolo y entra al cuadrilátero y te pegan un sólo golpe y ya no te levantas", afirmó.

"Yo creo que así nos pasó, nos pegaron muy rápido y no tuvimos reacción anímica como para cambiar esto. Lo demás fue sólo un trámite, pero también pesó mucho el no haber tenido un fogueo serio", añadió Pedrozo, quien jugaba por primera vez con la selección.

Por su parte, el seleccionador, Armando Contreras Palma, dijo que al equipo le faltó preparación.

"No tuvimos el tiempo suficiente de preparación, los jugadores estaban muy saturados de fútbol de acuerdo al torneo y verlos ocho días antes era un riesgo como siempre lo habíamos previsto", declaró.

Contreras dijo que se debe replantear el futuro de la selección, para lo cual este día se reunirá con la junta directiva de la FESFUT.

VOCABULARIO DE LA ACTIVIDAD

anulado/a – cancelled

Fuente N° 3 Auditiva

Fuente: Programa de RadioAcir "Nota de calor: México vs. Estados Unidos".

🔊 6.7

Voces en el informe
Locutor: Anfitrión del programa
Aficionados varios

ACTIVIDAD VIII. Conversaciones dirigidas

6.8.1 6.8.1 **UNO**

> ***Instrucciones:*** Ahora participarás en una conversación simulada. Primero, tendrás 30 segundos para leer el bosquejo de la conversación. Entonces, escucharás una explicación de la situación y tendrás 60 segundos para leer de nuevo el bosquejo. Después empezará la conversación, siguiendo el bosquejo. Siempre que te toque, tendrás 20 segundos para responder; una señal te indicará cuándo debes empezar y terminar de hablar. Debes participar en la conversación de la manera más completa y apropiada posible.

Imagina que entras en la cafetería de tu colegio y un amigo te saluda. Tiene un problema: jugar tenis o béisbol para el colegio.

La conversación

[Las líneas en gris reflejan lo que escucharás en la grabación.]

El amigo:	• Te habla. **[Tono]**
Tú:	• Lo saludas y respondes.
El amigo:	• Empieza una conversación y te pide unos consejos. **[Tono]**
Tú:	• Reaccionas y le pides más información.
El amigo:	• Te responde. **[Tono]**
Tú:	• Respondes y le das un consejo.
El amigo:	• Te contesta y sigue la conversación. **[Tono]**
Tú:	• Lo contradices dándole otras ideas.
El amigo:	• Continúa con sus preocupaciones. **[Tono]**
Tú:	• Le contestas y le das tus últimos consejos y te despides de él, dándole cualquier excusa para terminar la conversación.
El amigo:	• Termina la conversación.

> ***Instrucciones:*** Ahora participarás en una conversación telefónica simulada. Primero, tendrás 30 segundos para leer el bosquejo de la conversación. Entonces, escucharás un mensaje y tendrás 60 segundos para leer de nuevo el bosquejo. Después empezará la llamada telefónica, siguiendo el bosquejo. Siempre que te toque, tendrás 20 segundos para responder; una señal te indicará cuándo debes empezar y terminar de hablar. Debes participar en la conversación de la manera más completa y apropiada posible.

Imagina que recibes un mensaje en tu contestadora, dándote una oportunidad de hablar con un verdadero héroe de deportes.

a) El mensaje

Voz anónima:	• Te deja un mensaje.

b) La conversación

[Las líneas en gris reflejan lo que escucharás en la grabación.]

Voz anónima:	• Te saluda. **[Tono]**
Tú:	• Dile a la persona que contesta qué quieres y por qué has llamado.

Voz anónima:	• Te contesta y te interroga. **[Tono]**
Tú:	• Contesta.

Voz anónima: Voz del héroe:	• Te contesta. • Te habla. **[Tono]**
Tú:	• Contéstale.

Voz del héroe:	• Te da un poco de información más. **[Tono]**
Tú:	• Reacciona a la información. • Contesta la pregunta y explica por qué.

Voz del héroe:	• Continúa la conversación. **[Tono]**
Tú:	• Contesta y explica por qué. • Despídete de él.

Voz del héroe:	• Se despide. [Cuelga el teléfono.]

ACTIVIDAD IX. Presentaciones orales

Instrucciones: La pregunta siguiente se basa en el artículo impreso y el informe de la radio. Primero, tendrás 5 minutos para leer el artículo impreso. Después, escucharás el informe de la radio; debes tomar apuntes mientras escuches. Entonces, tendrás 2 minutos para preparar tu respuesta y 2 minutos para grabar tu respuesta.

UNO

VOCABULARIO DE LA ACTIVIDAD

disparado/a – fired up   **flaquear** – to weaken   **el tramo** – stretch
arrodillarse – to kneel down   **la subida** – ascent   **el desnivel** – unevenness

Imagina que quieres dar una presentación durante una reunión de tu colegio. Quieres que tu colegio patrocine unas Olimpiadas Especiales que van a tener lugar en tu pueblo con la donación de tiempo y dinero de los estudiantes y los profesores.

Texto impreso

Fuente: Páginas Verdes, Lic. Ximena Ramírez González (euram@euram.com.ni).

Hace algunos años, en las olimpiadas para minusválidos de Seattle, también llamadas "Paraolimpiadas", nueve participantes, todos con deficiencia mental o física, se alinearon para la salida de la carrera de los cien metros planos.

A la señal, todos partieron, no exactamente disparados, pero con deseos de dar lo mejor de sí, terminar la carrera y ganar el premio. Todos, excepto un muchacho, que tropezó en el piso, cayó y rodando comenzó a llorar. Los otros ocho escucharon el llanto, disminuyeron el paso y miraron hacia atrás. Vieron al muchacho en el suelo, se detuvieron y regresaron... ¡Todos!

Una de las muchachas, con Síndrome de Down, se arrodilló, le dio un beso al muchacho y le dijo: "Listo, ahora va a sanar". Y todos los nueve competidores entrelazaron los brazos y caminaron juntos hasta la línea de llegada.

El estadio entero se puso de pie y no había un solo par de ojos secos.

Los aplausos duraron largos minutos, las personas que estaban allí aquel día repiten esa historia hasta hoy. ¿Por qué? Porque en el fondo, todos sabemos que lo que importa en esta vida, más que sólo ganar, es ayudar a los demás para vencer, aunque ello signifique disminuir el paso y cambiar el rumbo.

"Ojalá que nosotros también seamos capaces de disminuir el paso o cambiar el rumbo para ayudar a alguien, que en cierto momento de su vida tropezó y necesita ayuda para continuar".

Informe de la radio

Fuente: Programa especial "Juegos Olímpicos en Trefuentes" de "Nuestro Rincón del Mundo" emitido por Radio Araucano, febrero, 2004.

◀⟩) 6.9.1

Voces en el informe
Consuelo Villalago: Locutora y anfitriona del programa
Daniel Huerta: Corresponsal en Trefuentes
Armando Molinero: Atleta paraolímpico
Julieta Molinero: Hermana de Armando

DOS

VOCABULARIO DE LA ACTIVIDAD

despojado/a – deprived   **la tozudez** – stubbornness   **el elogio** – praise
el tesón – tenacity   **intachable** – irreproachable

Imaginas que tienes que dar una presentación a un grupo de atletas. Utilizando el ejemplo de María Luisa Calle, desarrolla el tema de la importancia de la perseverancia en los deportes.

Texto impreso

Fuente: "María Luisa Calle: la perseverancia vence lo que la dicha no alcanza", artículo de <u>Primera Página</u> del 23 de noviembre de 2005.

En un emotivo homenaje en el que fue entregado un incentivo económico de 21.480.000 pesos, le fue devuelta la medalla de bronce que obtuvo el 25 de agosto de 2004 en los Olímpicos de Atenas. Una prueba antidoping halló el estimulante prohibido, Heptaminol, que es utilizado como tónico cardíaco y es usado como dóping para fortalecer la contracción cardíaca y por tanto el rendimiento de los deportistas.

En un homenaje realizado esta noche en la Casa de Nariño fue restituida la medalla de bronce que obtuvo durante el campeonato de pista de los Juegos Olímpicos de Atenas 2004 la ciclista colombiana María Luisa Calle.

La pedalista había sido despojada del tercer lugar y de la medalla que había obtenido en la prueba por puntos durante el campeonato de pista de los Juegos Olímpicos de Atenas, por dar positivo en la prueba de dóping.

Posteriormente la Unión Ciclística Internacional la declaró inocente de todos los cargos, pero sólo un año y dos meses después de que la deportista y su abogado iniciaron el proceso de apelación para lograr la devolución del premio, el Tribunal de Arbitramiento, máximo ente de resolución de disputas deportivas legales del mundo, determinó la completa inocencia de la deportista colombiana y el reintegro de su medalla.

Lleva 12 años de vida ciclística. Ha corrido por la Liga Antioquia, el Club Ciclo Moncada y la Federación Colombiana de Ciclismo. Su modalidad es la pista en la prueba de persecución individual y la prueba por puntos.

María Luisa comentó brevemente lo que sufrió durante tantos meses de espera de un veredicto final: "Es muy triste lo que pasé, sufrí mucho, pasar de la gloria a la tristeza me hizo sentir muy mal. Ha sido una larga espera, tuve que asistir a dos audiencias y siempre salía sin saber qué iba a pasar, pero bueno ya todo se acabó y la medalla está aquí", comentó la deportista.

"Los colombianos estamos inmensamente agradecidos con María Luisa. La admiramos, la presentamos como un ejemplo de tesón en la defensa de la dignidad", concluyó el Presidente de la República.

Informe de la radio

Fuente: Entrevista con María Luisa Calle emitida por Radio Caracol el 16 de diciembre de 2005.

🔊 6.9.2

Voces en el informe

César: Locutor
Jaime: Locutor
María Luisa Calle: Pedalista

¡PONERLO EN PRÁCTICA!

I. Nombra el deporte o los deportes a los cuales pertenecen los siguientes dibujos.

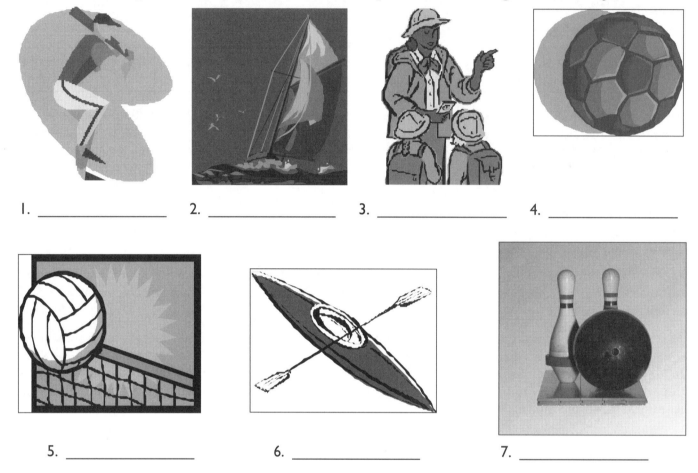

1. _____ 2. _____ 3. _____ 4. _____

5. _____ 6. _____ 7. _____

II. Para esta actividad tendrás que acudir al internet o a otra fuente de consulta. Contesta las siguientes preguntas sobre los deportes en países de habla española.

1. En Chile, ¿qué deporte se hace en el pueblo de Farellones?
   _____

2. En la Argentina, ¿qué deporte se hace en San Martín de los Andes que aprovecha las maravillas de su paisaje?
   _____

3. ¿Qué campeonato se jugó en México en el año 1986? ¿Cómo se llamaba el famoso estadio donde tuvo lugar?
   _____

4. ¿Qué deporte practicó Miguel Indurain? ¿De qué país era?
   _____

5. ¿Para qué equipo jugó Diego Maradona? ¿De dónde es este equipo?

_____

6. ¿Qué posición jugaba Pelé?

_____

7 Haz una lista de las destrezas atléticas de Gabriela Sabatini.

_____

III. Llena la siguiente tabla con las respuestas correctas.

DEPORTISTA	ACCIÓN	EQUIPO	DONDE	DEPORTE
1. Seve Ballesteros	_____	pelotas	en campos de	_____
2. Juan Manuel Fangio	manejaba	_____	en _____	de carrera.
3. Manu Ginóbili	_____	un balón	en el cesto de	_____
4. El Kid Gavilán	_____	con dos guantes	en _____	de boxeo.

IV. Selección y comentario.

1. El Afelsa Los Compadres siempre ha querido (darse cuenta de/realizar) su sueño de

_____

2. (Actualmente/en realidad) el mejor equipo mundial de fútbol hoy en día es

_____

Blandos brazos blande Brando,
Brando blandos brazos blande,
blandos brazos blande Brando.

Están jugando al fútbol el equipo de los Elefantes contra el equipo de los Gusanos. A diez minutos del final van ganando los Elefantes por 50-0. De repente anuncian un cambio para el equipo de los Gusanos y sale el ciempiés. Cuando quedan cinco minutos para el final, el ciempiés empieza a meter un gol tras otro y al final del partido quedan 50-75. El capitán de los Elefantes se le acerca al capitán de los gusanos y le pregunta, "¡Qué maravilla de jugador!" "¿Por qué no lo habían sacado antes?" "Es que estaba terminando de atarse las botas."

CAPÍTULO VII

LA EDUCACIÓN

Las leyes protegiendo los derechos civiles de los minusválidos **entraron en vigencia** hace unas décadas y todavía **están en vigencia.** Estas leyes **tienen vigencia** por fuerza jurídica y moral.

Los estudiantes que **han salido bien** en sus últimos exámenes, **van a aprobar** sus cursos. Sin embargo, **van a suspender** los que **han salido mal**.

Durante la clase de historia, yo **me preguntaba** por qué el profesor siempre **me hacía preguntas** muy difíciles. Una vez me **preguntó** si yo dormía y no supe qué contestarle—sí o no.

?

JUEGOS DE PALABRAS

Los profesores de **la facultad** de Derecho son los más sabios del país.

Los libros que se encuentran en la **biblioteca** no fueron comprados en una **librería.**

Siempre **he sostenido** la idea que los que **mantienen** a sus familias con dignidad y humildad pueden **soportar** los más terribles altibajos de la vida.

En realidad es **un hecho** que **los datos** del caso se contradicen.

Los estudiantes leen **lecturas** pero escuchan **conferencias** dadas por **conferenciantes.**

LA EDUCACIÓN

Lo que bien se aprende, nunca se pierde.

EL BUEN ESTUDIANTE

asiste a todas sus clases
saca buenos apuntes
es apto y atento
toma riesgos intelectuales
se comporta bien
desarrolla la memoria
tiene buena motivación
obedece la crítica del profesor
se gradúa en el colegio
da respuestas apropiadas y bien pensadas
es intelectual y curioso

EL BUEN PROFESOR

enseña con entusiasmo
es exigente y compasivo
da pruebas y exámenes
repasa el material esencial
borra la pizarra
corrige el trabajo de los estudiantes

LAS PERSONAS
académico/a
alumno/a
aprendiz (m, f)
bibliotecario/a
compañero/a
director/a
maestro/a
principiante (m, f)
profesor/a
profesorado
rector/a

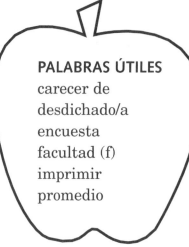

PALABRAS ÚTILES
carecer de
desdichado/a
encuesta
facultad (f)
imprimir
promedio

LAS ASIGNATURAS
biología
cálculo
ciencias
computación (informática)
filosofía
francés
idioma (m)/lengua
inglés
literatura
matemáticas
química

LOS ESTUDIANTES MALOS
fastidian al profesor
se mofan de las palabras del profesor
se comportan con picardía
participan con torpeza
son traviesos

LOS TÍTULOS
el bachillerato
la licenciatura
la maestría
el doctorado

EL INTELECTO
analizar teorías
aprender varias materias
comunicar a través de ordenadores
corregir ideas anticuadas
dar informes
definir a fondo
descubrir nuevos métodos
especializarse en idiomas extranjeros
expresar pensamientos con precisión
sintetizar varias fuentes

MULTI—DEFINICIONES

comprender ⟶ entender
comprender ⟶ incluir

desafío ⟶ intelectual
desafío ⟶ con las armas

grado ⟶ temperatura
grado ⟶ nivel académico

notas ⟶ calificación (f)
notas ⟶ apuntes (m)

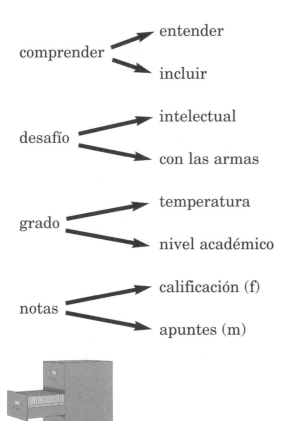

SINÓNIMOS
lengua/idioma (m)
asignatura/materia
notas/apuntes (m)
ordenador/computadora
aguantar/soportar
comportarse/portarse

LA EDUCACIÓN

ACTIVIDAD I. Audios cortos

Instrucciones: Ahora vas a escuchar una selección auditiva. Después de la selección se te harán varias preguntas sobre lo que acabas de escuchar. Para cada pregunta elige la MEJOR respuesta de las cuatro opciones escritas en tu libreta de examen y rellena el óvalo correspondiente en la hoja de respuestas.

UNO

VOCABULARIO DE LA ACTIVIDAD

promulgado/a – proclaimed, made public

en vigencia – in force

aprobar – to pass

someterse – to take

empeorarse – to get worse

el apuro – hurry

el disparate – silly thing

Fuente: Programa de la emisora Radio Araucano "Las reformas del sistema educativo español", emitido en 2001.

◀))) 7.1.1

Voces en el informe
Luciana Martorell: Presentadora
Carlos Soma: Comentarista

Número 1.
- A. En los países de la Comunidad Económica Europea.
- B. En España.
- C. En México.
- D. En Latinoamérica.

Número 2.
- A. No les importarán.
- B. Se mudarán a otro país de la Comunidad Económica Europea.
- C. Habrá un debate.
- D. Se escribirá a la LOGSE.

Número 3.
- A. El estudiante tiene que tomar exámenes nacionales antes de asistir a la universidad.
- B. Los profesores necesitan saber modificar las varias etapas del sistema educativo.
- C. El estudiante puede entrar directamente al mundo profesional.
- D. El estudiante lleva menos materias a la vez.

Número 4.
- A. El sistema se empeorará.
- B. El sistema será el mejor de toda Europa.
- C. Tendrán que esperar por lo menos 10 años para verlo.
- D. El sistema será igual a los otros de Europa.

Número 5.
- A. Debe decidir en qué facultad quiere ingresar.
- B. Debe decidir en qué universidad quiere ingresar.
- C. Debe decidir cuáles son las mejores universidades.
- D. Debe decidir en qué campo académico quiere especializarse.

Número 6.
- A. Pedir la solicitud en la universidad que le interesa más.
- B. Recibir cierta nota aceptable en unos exámenes nacionales.
- C. Encontrar a alguien que le escriba una buena carta de recomendación.
- D. Presentar un promedio adecuado en todas sus materias.

Número 7.
- A. Requieren el mínimo esfuerzo.
- B. Son minúsculas.
- C. Los estudiantes están muy preocupados cuando las toman.
- D. Los estudiantes sueltan una serie de disparates cuando las toman.

DOS

VOCABULARIO DE LA ACTIVIDAD

impulsar – to drive forward   **el logro** – achievement   **la capacitación** – training
la alfabetización – literacy   **la modalidad** – form, type

Fuente: Programa de Radio Naciones Unidas "Alfabetización de los niños", emitido en 2005.

◀))) 7.1.2

Voces en el informe
Presentador: Anfitrión del programa
Carlos Deker Molina: Comentarista
Gerardo Roloff: Entrevistado

Número 1.
- A. Las personas de la UNICEF.
- B. Los bolivianos.
- C. Los quechuas.
- D. Los aymará.

Número 2.
- A. El papel de los niños.
- B. La alfabetización de las madres.
- C. La comunidad.
- D. Las modalidades directas e indirectas.

Número 3.
- A. A menos de tres años.
- B. A entre los tres y seis años.
- C. Cuando asisten a la escuela primaria.
- D. Después de cumplir 15 años.

Número 4.
- A. Tiene tanta importancia como la comunidad.
- B. Tiene menos importancia que los maestros.
- C. Sólo algunos miembros tienen importancia.
- D. Importa mucho.

Número 5.
- A. Te quedarías en casa con los niños.
- B. No trabajarías.
- C. Sólo hablarías quechua.
- D. Sólo hablarías castellano.

Número 6.
- A. Trabajar con los centros infantiles.
- B. Enseñar castellano a todos.
- C. Presentar información contra la alfabetización.
- D. Hacer su trabajo independientemente.

ACTIVIDAD II. Audios extendidos

Instrucciones: Ahora escucharás una selección auditiva. Se te permite tomar apuntes en el espacio en blanco de esta hoja y la siguiente. Estos apuntes no serán calificados. Al final de la selección contestarás una serie de preguntas sobre lo que acabas de escuchar. Basándote en la información de la selección, elige la MEJOR respuesta a cada pregunta de las cuatro opciones impresas.

UNO

VOCABULARIO DE LA ACTIVIDAD

la maestría – masters degree
el eje – axle
avergonzado/a – embarrassed

contratado/a – contracted
la supervivencia – survival
el docente – teacher

Fuente: Este informe, que se titula, "Docencia universitaria, nueva esclavitud" del programa "Nuestro Rincón del Mundo", se emitió por la emisora Radio Araucano en agosto de 2005 con el apoyo de www.foroeducativo.org.

◀)) 7.2.1

Voces en el informe
María del Pilar Tello: Presentadora
Eugenia Cornejo: Entrevistada

1. Según el informe, las autoridades...
   A. van a resolver el problema enseguida.
   B. no tienen ganas de mejorar la situación.
   C. van a crear un sistema privado.
   D. tienen mucha paciencia.

2. La entrevistada parece muy...
   A. fastidiada.
   B. paciente.
   C. avergonzada.
   D. perezosa.

3. El problema principal de los docentes de las universidades públicas es...
   A. la falta de dinero.
   B. el interés de los estudiantes.
   C. la condición de las aulas.
   D. el sistema de evaluar a los estudiantes.

4. ¿Por qué es la educación pública importante en la globalización?
   A. Es una prioridad en los países que les importa la idea.
   B. Es un riesgo que no se debe tomar.
   C. Porque hay menos sistemas públicos en el mundo.
   D. Porque hay más diversidad en las escuelas públicas.

5. Otro título apropiado puede ser...
   A. "Docentes al margen de la sociedad"
   B. "Con paciencia vendrán las mejoras"
   C. "Los con dinero"
   D. "La importancia de la organización"

6. En conjunto, ¿cuál es la opinión de la entrevistada?
   A. Los maestros merecen los sueldos que reciben.
   B. Los docentes no estudian tanto como las otras profesiones.
   C. Los profesores se esfuerzan toda la vida.
   D. El tema no es muy emocionante.

DOS

VOCABULARIO DE LA ACTIVIDAD

rendir – to yield
la tasa – measure

el retorno – return
el goce – enjoyment

imprescindible – essential
medir – to measure

Fuente: Programa de Radios Naciones Unidas, "Educación, proceso de toda la vida", emitido el 12 de abril, 2005.

🔊 7.2.2

Voces en el informe
Presentadora: Anfitriona del programa
Martín Openheim: Entrevistado

1. El propósito de este informe es…
   A. criticar unas filosofías pedagógicas.
   B. examinar cómo han cambiado las metas educativas.
   C. comunicar unas observaciones sobre la educación moderna.
   D. escuchar las teorías pedagógicas de Martín Oppenheim.

2. Según Martín Oppenheim, el proceso educativo actual…
   A. equilibra los deseos inmediatos con demandas para el futuro.
   B. contradice ciertos valores sociales de la actualidad.
   C. afirma la importancia de una educación valiosa.
   D. ignora normas clásicas y tradicionales.

3. Según Martín Oppenheim, ¿qué debe ser una educación moderna?
   A. Un mecanismo de ascenso social.
   B. Un largo proceso de placeres reprimidos.
   C. Una valiosa experiencia actual.
   D. Un sistema educativo de evaluación continua.

4. La venida del Internet…
   A. es muy importante para el aprendizaje.
   B. no ha cambiado nada en el currículo moderno.
   C. ha creado un desafío para la educación moderna.
   D. va a perder su importancia en el proceso educativo.

5. ¿Qué falacia ve Martín Oppenheim en el proceso evaluativo?
   A. Se evalúan sólo resultados en idiomas y matemáticas.
   B. El criterio de evaluación se basa en círculos y triángulos viciosos.
   C. El criterio de evaluación es la comparación con niños de otros países.
   D. Se evalúa sólo lo que se puede medir a gran escala.

6. Otro título para este informe puede ser…
   A. "Lo peor del sistema educativo"
   B. "La educación: un proceso que no se mide fácilmente"
   C. "Cómo elegir el mejor currículo universitario"
   D. "La educación: desarrollo de conocimientos"

7. Una pregunta nunca contestada en este informe es…
   A. ¿Cómo se puede cambiar las actitudes culturales hacia la educación?
   B. ¿En qué sentido debe ir la educación moderna?
   C. ¿Cómo puede tener éxito el estudiante moderno?
   D. ¿Por qué tiene tanta importancia el consumo material en la educación?

ACTIVIDAD III. Lecturas

Instrucciones: Lee con cuidado el pasaje siguiente. El pasaje va seguido de varias preguntas u oraciones incompletas. Elige la MEJOR respuesta o terminación, de acuerdo con el pasaje. Tienes 10 minutos para leer el pasaje y contestar las preguntas.

UNO

VOCABULARIO DE LA ACTIVIDAD

enrarecer – to make scarce, to rarefy
la postrimería – end
restringir – to restrict
el rechazo – rejection
la abulia – lack of willpower
el enajenamiento – alienation

la pestaña – eyelash
erudito/a – scholarly
hurtar – to rob
el cloro – chlorine
pueril – childish
la gradería – seats in a lecture hall

el estrépito – crash, racket
rebuznar – to bray
el asombro – fright
aprobado/a – passed
soler – to usually (be)
mofarse – to mock
gallardo/a – elegant

Fuente: El árbol de la ciencia, Pío Baroja, reproducido con el permiso de Alianza Editorial, 1992.

Los estudiantes

En esta época era todavía Madrid una de las pocas ciudades que conservaba espíritu romántico. Todos los pueblos tienen, sin duda, una serie de fórmulas prácticas para la vida a consecuencia de la raza, de la historia, del ambiente físico y moral. Tales fórmulas, tal especial manera de ver, constituye un pragmatismo útil, simplificador, sintetizador. El pragmatismo nacional cumple su misión mientras deja paso libre a la realidad; pero si se cierra este paso, entonces la normalidad de un pueblo se altera, la atmósfera se enrarece, las ideas y los hechos toman perspectivas falsas. En un ambiente de ficciones, residuo del pragmatismo viejo y sin renovación, vivía el Madrid de hace años.

Otras ciudades españolas se habían dado alguna cuenta de la necesidad de transformarse y cambiar; Madrid seguía inmóvil, sin curiosidad, sin deseo de cambio.

El estudiante madrileño, sobre todo el venido de provincias, llegaba a la corte con un espíritu donjuanesco, con la idea de divertirse, jugar, perseguir a las mujeres; pensando, como decía el profesor de Química con su solemnidad habitual, quemarse pronto en un ambiente demasiado oxigenado.

Menos el sentido religioso, del que muchos carecían y no les preocupaba gran cosa la religión, los estudiantes de las postrimerías del siglo XIX venían a la corte con el espíritu de un estudiante del siglo XVII, con la ilusión de imitar, dentro de lo posible, a don Juan Tenorio y de vivir

llevando a sangre y fuego amores y desafíos.

El estudiante culto, aunque quisiera ver las cosas dentro de la realidad e intentara adquirir una idea clara de su país y del papel que representaba en el mundo, no podía. La acción de la cultura europea en España era realmente restringida y localizada a cuestiones técnicas; los periódicos daban una idea incompleta de todo; la tendencia general era hacer creer que lo grande de España podía ser pequeño fuera de ella, y al contrario, por una especie de mala fe internacional.

1. El rechazo del "pragmatismo nacional" por Madrid ha producido...
   A. un ambiente de realidad práctica.
   B. una perspectiva engañosa de la realidad.
   C. un sentido innovador pero romántico.
   D. una atmósfera útil y normal.

2. "Madrid seguía inmóvil, sin curiosidad, sin deseo de cambio", describe bien...
   A. la ambigüedad de la capital.
   B. la abulia de la capital.
   C. la hipocresía de la capital.
   D. el enajenamiento de la capital.

3. ¿Qué es "un espíritu donjuanesco"?
   A. Un deseo de quemar las pestañas todas las noches.
   B. Un deseo de pasar la noche con otros compañeros.
   C. Un deseo de estar de juerga.
   D. Un deseo de desafiar las ilusiones del siglo XVII.

4. ¿Por qué no podía enterarse el estudiante erudito del papel de España en el mundo?
   A. Los periódicos españoles sólo hablaban de asuntos técnicos.
   B. Los profesores no decían más que la influencia de España era pequeña.
   C. Los europeos mentían sobre la influencia de España en el mundo.
   D. La prensa madrileña no daba una idea clara de la situación.

5. El tono de este trozo es bastante…
   A. humilde.
   B. placentero.
   C. agrio.
   D. fiel.

Los estudiantes (Continuación)

Aquel ambiente de inmovilidad, de falsedad, se reflejaba en las cátedras. Andrés Hurtado pudo comprobarlo al comenzar a estudiar Medicina. Los profesores del año preparatorio eran viejísimos; había algunos que llevaban cerca de cincuenta años explicando.

Sin duda no los jubilaban por sus influencias y por esa simpatía y respeto que ha habido siempre en España por lo inútil.

Sobre todo aquella clase de química de la antigua capilla de Instituto de San Isidro era escandalosa. El viejo profesor recordaba las conferencias del Instituto de Francia, de célebres químicos, y creía, sin duda, que explicando la obtención del nitrógeno y del cloro estaba haciendo un descubrimiento, y le gustaba que le aplaudieran. Satisfacía su pueril vanidad dejando los experimentos aparatosos para la conclusión de la clase, con el fin de retirarse entre aplausos como un prestidigitador.

Los estudiantes le aplaudían, riendo a carcajadas. A veces, en medio de la clase a alguno de los alumnos se le ocurría marcharse, se levantaba y se iba. Al bajar por la escalera de la gradería los pasos del fugitivo producían gran estrépito, y los demás muchachos, sentados, llevaban el compás golpeando con los pies y con los bastones.

En la clase se hablaba, se fumaba, se leían novelas, nadie seguía la explicación; alguno llegó a presentarse con una corneta, y cuando el profesor se disponía a echar en un vaso de agua un trozo de potasio, dio dos toques de atención; otro metió un perro vagabundo, y fue un problema echarlo.

Había estudiantes descarados que llegaban a las mayores insolencias: gritaban, rebuznaban, interrumpían al profesor. Una de las gracias de estos estudiantes era la de dar un nombre falso cuando se lo preguntaban.
- Usted - decía el profesor, señalándole con el dedo, mientras le temblaba la rodilla por la cólera - ¿cómo se llama usted?
- ¿Quién? ¿Yo?
- Sí, señor; ¡usted, usted! ¿Cómo se llama usted? - añadía el profesor, mirando la lista.
- Salvador Sánchez.
- Arias Frascuelo - decía alguno entendido con él.
- Me llamo Salvador Sánchez; no sé a quién le importará que me llame así, y si hay alguno que le importe, que lo diga - replicaba el estudiante, mirando al sitio de donde había salido la voz y haciéndose el incomodado. - ¡Vaya usted a paseo! - replicaba otro.
- ¡Eh! ¡Eh! ¡Fuera! ¡Al corral! - gritaban varias voces.
- Bueno, bueno. Está bien. Váyase usted - decía el profesor temiendo las consecuencias de estos altercados.

El muchacho se marchaba, y a los pocos días volvía a repetir la gracia dando como suyo el nombre de algún político célebre o de algún torero.

Andrés Hurtado, los primeros días de clase, no salía de su asombro. Todo aquello era demasiado absurdo. El hubiese querido encontrar una disciplina fuerte y al mismo tiempo afectuosa, y se encontraba con una clase grotesca, en que los alumnos se burlaban del profesor. Su preparación para la ciencia no podía ser más desdichada.

6. El apellido Hurtado es muy apto porque Andrés ha sido...
   A. aprobado en química.
   B. desilusionado en sus estudios.
   C. engañado por el profesor.
   D. robado de una educación buena.

7. ¿Cómo era el comportamiento de los estudiantes?
   A. Los estudiantes se mofaban del sistema.
   B. Los estudiantes solían verificar sus nombres con respeto.
   C. Los estudiantes estaban bien educados.
   D. Los estudiantes querían causarle una buena impresión al profesor.

8. ¿Cómo se caracterizaba la actitud de Andrés hacia su educación?
   A. Era de indiferencia.
   B. Era de desilusión.
   C. Era de resignación.
   D. Era de aburrimiento.

9. Andrés descubrió que la enseñanza contenía...
   A. sus exponentes incompetentes.
   B. sus catedráticos gallardos.
   C. sus métodos innovadores.
   D. sus interacciones profundas.

10. El narrador alude a . . . por parte de Andrés.
   A. un escepticismo
   B. una añoranza
   C. una estimación
   D. un optimismo

DOS

VOCABULARIO DE LA ACTIVIDAD

rezagado/a – stragglar
el rendimiento – yield, performance

presupuestario/a – budgetary
eficaz – efficient
velar – to watch over

el proveedor – supplier
alegar – to claim

Fuente: "Familias podrán acceder a tutorías", Educación, Washington/EFE, El Diario/La prensa, 4 de julio, 2005.

Familias podrán acceder a tutorías

Un mayor número de familias, especialmente de las minorías y las de bajos ingresos económicos, podrán tener acceso a tutorías de alta calidad, según las nuevas guías del Departamento de Educación. [1]

Las nuevas guías publicadas este mes, dejan claro el papel de los estados y distritos escolares en la implementación de la ayuda adicional a los estudiantes rezagados.

Educación urge a los estados a asegurarse de que empresas privadas y otros grupos que proveen tutorías bajo la ley "Que Ningún Niño Quede Atrás" no incurran en prácticas empresariales injustas. [2]

Según la ley de reforma educativa, las familias estadounidenses no sólo pueden retirar a sus hijos de escuelas con bajo rendimiento y solicitar traslado a centros exitosos, sino que también tienen el derecho a recibir ayuda educativa suplementaria.

Las escuelas que durante tres años consecutivos no logren mostrar un "progreso anual adecuado" (AYP por sus siglas en inglés) del desempeño académico de su población estudiantil están obligadas a ofrecer tutorías gratis a los estudiantes pobres. [3]

Los resultados negativos obtenidos en los exámenes para conocer el progreso anual de las escuelas públicas en EE.UU. han derivado en la concesión, a miles de estudiantes, del derecho a cambiar de centro escolar a fin de poder recibir una educación de mejor calidad.

Sin embargo, problemas de espacio y limitaciones presupuestarias impiden la implementación eficaz de este beneficio, lo que afecta a jóvenes en prácticamente todos los 50 estados de EE.UU.

Estas deficiencias han obligando a los distritos escolares a garantizar aún más los servicios de tutores para esos alumnos.

Para pagar por el coste de tutores, según la ley, los distritos deben utilizar una porción del dinero que reciben del programa federal Título I, que sirve mayormente a los grupos pobres y a las minorías, especialmente a los estudiantes hispanos.

Las nuevas guías de Educación explican cómo los estados y distritos escolares deben implementar los "servicios suplementarios educacionales". **#4**

Además, las guías establecen que los estados tienen la obligación de velar por la integridad y efectividad de los proveedores de dichos servicios suplementarios.

Algunos estados y distritos escolares alegaban que no sabían exactamente cuál era su papel y obligación legal de facilitar tutores a estudiantes rezagados en los estudios, lo cual obligó la publicación de las guías.

1. ¿A qué lugar se refiere esta lectura?
   A. A los cincuenta estados de Norteamérica.
   B. A las ciudades grandes estadounidenses.
   C. A sólo un país hispano.
   D. A los países latinoamericanos.

2. ¿Cómo se explica mejor lo que promulga la nueva ley?
   A. Los estudiantes tienen que pagarles a los colegios privados.
   B. Los estudiantes tienen derecho a una educación buena.
   C. Sólo los pobres pueden recibir asistencia.
   D. No es obligatorio darles a los niños una educación de mejor calidad.

3. Si las escuelas no demuestran progreso académico,…
   A. no hay consecuencia alguna.
   B. los estudiantes tienen el derecho a cambiar de colegio.
   C. los padres tienen que pagar el costo del servicio de tutor.
   D. tienen sólo un año para mejorarlo.

4. ¿Qué ha impedido la implementación de esta política educativa?
   A. Un acceso de estudiantes minoritarios.
   B. Una falta de voluntad gubernamental.
   C. La ignorancia general de las nuevas guías educativas.
   D. Una falta de espacio y fondos para las escuelas locales.

5. Para pagar por el coste de ayuda suplementaria,…
   A. la familia tiene que obtener un préstamo.
   B. los padres deben mirar las páginas amarillas.
   C. hay fondos del gobierno.
   D. no hay muchas opciones.

6. Según algunos distritos escolares,…
   A. no entendían los derechos de las familias.
   B. las publicaciones son útiles.
   C. no existe ninguna deficiencia en el sistema.
   D. no publicarán los nombres de los tutores.

7. Se puede insertar **"Los estados están obligados a asegurar que los proveedores de las tutorías no incurran en anuncios engañosos…"** en posición…
   A. #1
   B. #2
   C. #3
   D. #4

ACTIVIDAD IV. Vocabulario y Verbos

Instrucciones: Lee el pasaje siguiente. Luego escribe en la línea a continuación de cada número la forma de la palabra entre paréntesis que se necesita para completar el pasaje de manera lógica y correcta. Para recibir crédito, tienes que escribir y acentuar la palabra correctamente. Es posible que haga falta más de una palabra. En todo caso debes usar una forma de la palabra entre paréntesis. Es posible que la palabra sugerida no requiera cambio alguno. Escribe la palabra en la línea aún cuando <u>no</u> sea necesario ningún cambio. Tienes 10 minutos para leer el pasaje y escribir tus respuestas.

UNO

VOCABULARIO DE LA ACTIVIDAD

comportarse – to behave

Fuente: "Aprender es como un juego para los niños", <u>Más</u>, marzo, 1992.

Cuando yo era un bebé, el mundo era una __(1)__ universidad y las clases nunca __(2)__. Cuando me __(3)__ a los cinco años, había __(4)__ en gran parte mi actitud y mi modo de __(5)__ durante la adolescencia. __(6)__ importantes experiencias de cómo __(7)__ y actuar ante la sociedad, como __(8)__, vestirme y cuidarme; y cómo comunicar __(9)__ pensamientos y deseos.

1. _____(grande)
2. _____(terminar)
3. _____(graduar)
4. _____(definir)
5. _____(comportarse)
6. _____(Tener)
7. _____(sobrevivir)
8. _____(alimentarse)
9. _____(mi)

DOS

VOCABULARIO DE LA ACTIVIDAD

crecer – to grow
travieso/a – mischievous

el decano – dean
obedecer – to obey

Fuente: "Aprender es como un juego para los niños", <u>Más</u>, marzo, 1992.

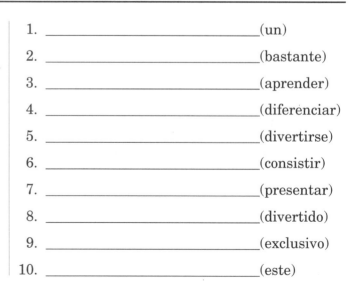

Crecer y madurar son __(1)__ tareas __(2)__ complicadas para __(3)__ en tan poco tiempo. Por suerte, los bebés no __(4)__ entre "aprender" y "__(5)__". Así que el secreto de todo este proceso __(6)__ en __(7)__ cada tarea como un __(8)__ juego. Y los padres serán los protagonistas __(9)__ de __(10)__ interesante enseñanza.

1. _____(un)
2. _____(bastante)
3. _____(aprender)
4. _____(diferenciar)
5. _____(divertirse)
6. _____(consistir)
7. _____(presentar)
8. _____(divertido)
9. _____(exclusivo)
10. _____(este)

Fuente: "La escuela", Editorial Vialado, 2005.

Los compañeros de colegio describen a este chico como si __(1)__ muy mal educado. El estudiante travieso siguió __(2)__ a todos, especialmente a la profesora. Ella pensaba en las nuevas normas que exigían que todos los estudiantes siempre __(3)__ a los profesores. En este momento, no tenía otro recurso sino __(4)__ al decano. __(5)__ a marcar el número para __(6)__le lo que __(7)__ pasando en su aula. Le pidió que__(8)__ inmediatamente para aliviar __(9)__ situación horrible.

1. _____(ser)

2. _____(molestar)

3. _____(obedecer)

4. _____(llamar)

5. _____(Empezar)

6. _____(decir)

7. _____(estar)

8. _____(venir)

9. _____(este)

ACTIVIDAD V. Vocabulario

Instrucciones: Para cada uno de los pasajes siguientes, primero lee el pasaje y entonces escribe en la línea a continuación de cada número una palabra apropiada para completar el pasaje de manera lógica y correcta. Para recibir crédito, tienes que escribir y acentuar la palabra correctamente. Debes escribir UNA SOLA palabra en cada línea. Tienes 10 minutos para leer los pasajes y escribir tus respuestas.

UNO

VOCABULARIO DE LA ACTIVIDAD

el jaque mate – check mate   **el peón** – pawn   **el desafío** – challenge
el alfil – bishop   **el aprieto** – tight spot, squeeze

Fuente: "¡Jaque mate¡", La familia de la ciudad, mayo, 1997.

Cada semana Rickey, de once años, es rey por algunas horas. También puede ser alfil, caballo, o peón. Rickey puede ser todas estas cosas porque juega __(1)__ ajedrez. Rickey aprendió __(2)__ jugarlo __(3)__ el programa nacional "El Ajedrez para los Colegios" cuando estaba en el tercer grado. Ahora está en sexto grado y todavía __(4)__ encanta jugar. Eso es porque el ajedrez es más __(5)__ un juego. El ajedrez es como un ejercicio para la mente y Rickey juega con picardía.

El ajedrez ha cambiado a Rickey. Todo el mundo ha notado una diferencia en él desde __(6)__ empezó a jugar el juego. Está más atento y disciplinado en la escuela. Ha ayudado a Rickey a evitar estar en un aprieto. En vez __(7)__ verlo castigado en mi oficina, ahora lo veo leyendo libros.

1. _____

2. _____

3. _____

4. _____

5. _____

6. _____

7. _____

Aun la madre de Rickey ha notado cómo el ajedrez lo ha ayudado. Dice, Estoy contenta que mi hijo esté en este programa. Sus notas en matemáticas y lectura han subido y se está portando __(8)__ una forma más responsable en casa. El ajedrez representa un desafío, pero también ofrece recompensa. El juego __(9)__ ha cambiado la vida__(10)__ Rickey.

8. _____

9. _____

10. _____

DOS

VOCABULARIO DE LA ACTIVIDAD

el archivo – file
el almacenamiento – storage

el escondite – hiding place
el escondrijo – hiding place

Fuente: "Diez lecciones elementales para el tratamiento de imágenes digitales", El País, julio, 1999.

Archivo	Edición	Imagen	Capa	Selección	Filtro
Nuevo					
Abrir					
Cerrar					
Guardar					
Guardar como					
Importar					
Exportar					
Automatizar					
Ajustar página					
Imprimir					
Preferencias					

Ahí arriba

Ya hemos tenido ocasión de ver que se considera Internet un espacio físico (y en ocasiones, además, liquido). Pero, respecto __(11)__ usuario, ¿dónde está? ¿Tal vez por todas partes? En absoluto.

11. _____

DOWNLOAD

Por más curioso que pueda resultar, parece que la metáfora dominante es que Internet está situada arriba, y esto es así aunque el servidor al que se accede esté en el piso de abajo. En consecuencia, cuando alguien coge algo de la red para ponerlo __(12)__ su ordenador, se __(13)__ baja: "Tardo mucho en bajar el correo".

12. _____

13. _____

La expresión es un calco del término inglés *download*, que tiene también ese componente especial (*down* significa *abajo*). *Downloading* se traduce como bajada.

DESCARGAR

También hay quien traduce *download* como descargar. "He *descargado* todo el correo esta mañana". Corresponde a una traducción más exacta. *Bajada y descarga* compiten en español, aunque el segundo parece más formal.

COPIAR

Otra traducción que __(14)__ usa para *download* es copiar. En este caso __(15)__ que se refleja es el hecho de que el ordenador del usuario efectivamente copia los archivos (de texto, de imágenes o sonidos). Para ello usa una zona de almacenamiento temporal que se llama caché. En el siglo XIX la lengua inglesa tomó prestada __(16)__ francés *cacher* (esconder) la palabra cache, con el significado de *escondite, escondrijo*. Un típico caché (que los ingleses pronuncian "cash") es el lugar __(17)__ se oculta un tesoro... En informática, la expresión *cache memory* indicó inicialmente una zona de memoria que suministraba datos ya utilizados a la CPU (o unidad central de procesamiento). Era una memoria muy rápida, y su uso evitaba tener __(18)__ extraer datos de la memoria central. El nombre probablemente venía de que su uso pasaba inadvertido para la gente (que no tenía __(19)__ saber que los datos podían venir de esta memoria intermedia).

14. _____

15. _____

16. _____

17. _____

18. _____

19. _____

ACTIVIDAD VI. Ensayos Cortos

UNO

> ***Instrucciones:*** Para la siguiente pregunta, escribirás en tu diario. Tienes 10 minutos para leer la pregunta y escribir tu respuesta.

Es tu primer día de clases en la universidad. Ha sido un día muy complicado. Te perdiste, no tuviste suficiente tiempo para comer y te sientes un poco frustrado. Escribe en tu diario. Debes incluir:

* Una explicación de lo que pasó.
* Como te sientes sin amigos y familia.
* Lo que vas a hacer mañana para mejorar tus días.
* Lo que esperas.

DOS

> ***Instrucciones:*** Para la siguiente pregunta, escribirás una carta. Tienes 10 minutos para leer la pregunta y escribir tu respuesta.

Imagina que eres presidente del país y quieres que tu hija asista a un colegio privado sin preocuparse por la seguridad y la privacidad. Escríbele una recomendación al decano para que pueda iniciar las medidas apropiadas. Debes incluir:

* Por qué te sientes nervioso/a.
* Algunas sugerencias.
* Tus agradecimientos.
* Una despedida cordial.

TRES

> ***Instrucciones:*** Para la siguiente pregunta, escribirás un mensaje. Tienes 10 minutos para leer la pregunta y escribir tu respuesta.

Sabes que tu mejor amigo necesita ayuda. Hay un programa social para cambiar las formas de conducta que pueden acarrear problemas personales. Escríbele un mensaje anónimo al director del programa. Debes incluir:

* El nombre del amigo y algunos datos personales.
* El problema que tiene.
* Qué quieres que haga el director para ayudar a tu amigo.

ACTIVIDAD VII. Ensayo basado en varias fuentes

"No hay sordera para la propia voz." (José Narosky) Hace años que se ha aceptado la importancia de la misma educación para niñas y niños. Sin embargo, no hay acuerdo general acerca de cómo deben educarse mejor todos los niños. La educación no sólo empieza el primer día de clases, sino mucho antes. Citando ejemplos y comentarios de las tres fuentes, escribe sobre cómo, en tu opinión, deben educarse mejor todos los niños. Debes incluir si es mejor para los niños ir a un colegio mixto o a una escuela del mismo sexo.

VOCABULARIO DE LA ACTIVIDAD

la sordera – deafness
perjudicial – harmful

el radioescucha – listener
el matiz – shade of meaning

traicionar – to betray

Fuente Impresa Nº 1

Fuente: Enredate.org con UNICEF, "Letras para las niñas - La educación de las niñas beneficia a todos".

Los beneficios de una educación de calidad no se quedan en las niñas solamente; está comprobado que tienen un mayor alcance. Las niñas educadas tienen mayores oportunidades y opciones de vida. Tienen más voz en los asuntos familiares y de la comunidad y es más probable que participen en la toma de decisiones en el ámbito político, social y económico. También tienen más habilidades y recursos para protegerse contra el VIH/SIDA y para movilizarse contra las prácticas perjudiciales para su salud.

Es más probable que las niñas educadas, si son madres, envíen a todos sus hijos e hijas al colegio. Además, suelen tener hijos e hijas más sanos y tienen embarazos más saludables, reduciéndose así la mortalidad materna. También tienen mayores oportunidades en el futuro de conseguir un trabajo y contribuir a la economía formal. Esto beneficia a los ingresos individuales y de los hogares, y ayuda a estimular el crecimiento económico.

Además, la atención a las niñas también beneficia a los niños varones, ya que la educación de las niñas ayuda a asegurar igualdad entre niños y niñas al hacer visibles actitudes y comportamientos que mantienen las disparidades y la discriminación. Todo ello contribuye a asegurar sociedades más justas, igualitarias, no-violentas y centradas en las personas. Todos y todas finalmente nos vemos beneficiados.

Fuente Impresa Nº 2

Fuente: De Foro de Educación Diferenciada (*www*.diferenciada.org), "Preguntas y respuestas; ¿Es legal educar diferenciadamente a niñas y niños?", 2005.

Sí, por supuesto. El artículo 26,3 de la Declaración de los Derechos Humanos dice: "Los padres tendrán derecho preferente a escoger el tipo de educación que habrá de darse a sus hijos". Este derecho sitúa de entrada el marco en el que nos movemos, que es el de las libertades fundamentales.

El artículo 27.1 de la Constitución española dice: "...Se reconoce la libertad de enseñanza." En el artículo 14 se lee: "Los españoles son iguales ante la ley, sin que pueda prevalecer discriminación alguna por razón de nacimiento, raza, sexo, religión, opinión o cualquier otra condición o circunstancia personal o social." Por otro lado, según el artículo 10.2 de la Constitución, "las normas relativas a los derechos fundamentales, – es el caso de la LODE – se interpretarán de conformidad con la Declaración Universal de Derechos Humanos y los tratados y acuerdos internacionales sobre las mismas materias ratificados por España", como es el caso de la Convención de la UNESCO relativa a la lucha contra la discriminación.

Fuente Nº 3 Auditiva

Fuente: Programa de la emisora Mundo Radio "Asombrosos matices del idioma", emitido 2005.

🔊 7.7

| **Voces en el informe** |
| Doña Bárbara |
| Don Juan |
| Locutora |

ACTIVIDAD VIII. Conversaciones dirigidas

UNO

> ***Instrucciones:*** Ahora participarás en una conversación telefónica simulada. Primero, tendrás 30 segundos para leer el bosquejo de la conversación. Luego, escucharás una explicación de la situación y tendrás 60 segundos para leer de nuevo el bosquejo. Después empezará la llamada telefónica, siguiendo el bosquejo. Siempre que te toque, tendrás 20 segundos para responder; una señal te indicará cuándo debes empezar y terminar de hablar. Debes participar en la conversación de la manera más completa y apropiada posible.

Imagina que has solicitado la entrada a la universidad y llamas a tu mejor amiga para hablarle de cómo anda el proceso. Ella es de un país hispano y no entiende el sistema universitario de los Estados Unidos.

La conversación

[Las líneas en gris reflejan lo que escucharás en la grabación.]

Marisol:	❋ El teléfono suena y contesta ella. **[Tono]**
Tú:	❋ Salúdala. ❋ Explica por qué llamas.
Marisol:	❋ Continúa la conversación. **[Tono]**
Tú:	❋ Explica la diferencia entre los dos. ❋ Dile cuál de las opciones de solicitud has decidido ejercer y por qué.
Marisol:	❋ Continúa la conversación. **[Tono]**
Tú:	❋ Contesta sus preguntas.
Marisol:	❋ Continúa la conversación. **[Tono]**
Tú:	❋ Dale la información que quiere Marisol. ❋ Dile que quieres reunirte con ella. Dale indicaciones para llegar al sitio dónde estás.
Marisol:	❋ Continúa la conversación. **[Tono]**
Tú:	❋ Dile tu número. ❋ Explícale por qué NO puedes quedarte más de 15 minutos. ❋ Despídete.

DOS

Imagina que has llamado a tu profesor favorito para pedirle una carta de recomendación para un programa de verano.

La conversación

[Las líneas en gris reflejan lo que escucharás en la grabación.]

Don Juan:	• Suena el teléfono. • Contesta. **[Tono]**
Tú:	• Dile quién eres y en qué clase estás. • Dile por qué llamas.
Don Juan:	• Continúa la conversación. **[Tono]**
Tú:	• Dale más información sobre quién eres. • Dile algo más sobre la clase.
Don Juan:	• Continúa la conversación. **[Tono]**
Tú:	• Contesta las preguntas con tres detalles por lo menos.
Don Juan:	• Continúa la conversación. **[Tono]**
Tú:	• Dile algo nuevo para identificarte que no has mencionado antes. • Expresa algunas dudas que tienes ahora sobre quién es él.
Don Juan:	• Continúa la conversación. **[Tono]**
Tú:	• Expresa tu sorpresa. • Despídete de él.

ACTIVIDAD IX. Presentaciones orales

Instrucciones: La pregunta siguiente se basa en el artículo impreso y el informe de la radio. Primero, tendrás 5 minutos para leer el artículo impreso. Después, escucharás el informe de la radio; debes tomar apuntes mientras escuches. Entonces, tendrás 2 minutos para preparar tu respuesta y 2 minutos para grabar tu respuesta.

UNO

Imagina que tienes que dar una presentación acerca de la entrevista de solicitud para la universidad. El tema es 'Cómo descubrir la inteligencia del entrevistado'. Compara las dos fuentes siguientes y da un ejemplo personal.

VOCABULARIO DE LA ACTIVIDAD

reprimido/a – repressed
el lazo – bond
la cumbre – height
el genio – genius

la esfera – sphere, circle
incertidumbre – uncertainty
clave – key

venidero/a – coming, future
laboral – labor, technical
surgir – to come out

Texto impreso

Fuente: Este fragmento es del artículo "La mente que cambió al mundo", publicado en <u>Selecciones</u>, julio, 2005.

A los dos años y medio de edad, el pequeño Albert Einstein aún no pronunciaba una sola palabra. Cuando finalmente habló, todo lo decía dos veces. No sabía cómo actuar frente a otros niños, al grado de que sus compañeros de juegos lo llamaban "el hermano aburrido". De manera que la mayor parte del tiempo jugaba solo. Le gustaban en especial los juguetes mecánicos. Se dice que cuando nació su hermana Maja, le dijo a su made: "Es linda, pero ¿dónde tiene las ruedas?"

Contra la creencia popular, Einstein no fue un mal estudiante. Obtuvo buenas calificaciones en casi todas las materias. Sin embargo, odiaba la disciplina de la escuela y a menudo tenía fricciones con los profesores. "Tu sola presencia me quita autoridad en el aula", le dijo un maestro en una ocasión. Al cumplir los quince años se sentía tan reprimido que abandonó la escuela definitivamente.

Muchos han tratado de explicar el carácter contradictorio de Albert Einstein. Quizá la mejor teoría hasta ahora sea la del psicólogo Howard Gardner: "Al renunciar a los lazos personales, Einstein buscaba la libertad de comprometerse incondicionalmente con el mundo entero". Y fue esta vida solitaria la que lo llevó a la cumbre de su genio.

Informe de la radio

Fuente: Adaptado del informe "Inteligencia emocional", en la página web monografía.com, 2005.

🔊 7.9.1

Voces en el informe
Flavia Martorell: Presentadora
Carlos González: Comentarista

DOS

Estás compitiendo en un debate escolar del estado. Imagina que tienes que dar tu opinión sobre un problema hoy en la educación – el del aprendizaje. Dale al público tu mejor discurso después de leer y escuchar las siguientes fuentes en las cuales basas tu defensa. Cita apropiadamente estos dos puntos de vista acerca del tema de los problemas del aprendizaje.

VOCABULARIO DE LA ACTIVIDAD

el fracaso – disaster
portarse – to behave
a pesar de – in spite of

quieto/a – still
agravarse – to worsen

arremangar – to roll up your sleeves, figure out
el trastorno – disorder

Fuente impresa

Fuente: Este fragmento está adaptado del informe, "Los niños con problemas del aprendizaje", publicado en la página web, aacap.org.

Los padres se preocupan mucho cuando su hijo tiene problemas del aprendizaje en la escuela. Hay muchas razones para el fracaso escolar, pero entre las más comunes se encuentra específicamente la de los problemas del aprendizaje. Los niños con problemas del aprendizaje suelen tener un nivel normal de inteligencia. Ellos tratan arduamente de seguir las instrucciones, de concentrarse y de portarse bien, en la escuela y en la casa. Sin embargo, a pesar de sus esfuerzos, él/ella tiene mucha dificultad dominando las tareas de la escuela y se atrasa. Los problemas del aprendizaje afectan a 1 de cada 10 niños de edad escolar.

Existe la creencia de que los problemas del aprendizaje son causados por alguna dificultad con el sistema nervioso que afecta la recepción, el procesamiento o la comunicación de la información. También puede ser común en familias. Algunos niños con problemas del aprendizaje son también hiperactivos, no se pueden estar quietos, se distraen con facilidad y tienen una capacidad de atención corta.

Los siquiatras de niños y adolescentes indican que los problemas del aprendizaje se pueden tratar. Si no se detectan y no se les da tratamiento a tiempo, sus efectos pueden ir aumentando y agravándose como una bola de nieve al rodar. Por ejemplo, un niño que no aprende a sumar en la escuela primaria no podrá entender el álgebra en la escuela secundaria. El niño, al esforzarse tanto por aprender, se frustra más y más y desarrolla problemas emocionales, tales como una baja autoestima ante tantos fracasos. Algunos niños con problemas de aprendizaje se portan mal en la escuela porque prefieren que los crean "malos" a que los crean "estúpidos".

Algunas señales más frecuentes que indican la presencia de un problema del aprendizaje:

- Tiene dificultad entendiendo y siguiendo instrucciones.
- Tiene dificultad recordando lo que alguien le acaba de decir.
- No domina las destrezas básicas de lectura, deletreo, escritura y/o matemáticas, por lo que fracasa en el trabajo escolar.
- Tiene dificultad distinguiendo entre la derecha y la izquierda, tiene dificultad identificando las palabras o una tendencia a escribir las letras, palabras o números al revés.
- Le falta coordinación al caminar, hacer deportes o llevar a cabo actividades sencillas, tales como sostener un lápiz o amarrarse el cabete del zapato.
- Fácilmente se le pierden o extravían sus asignaciones, libros de la escuela y otros artículos.
- No puede entender el concepto del tiempo, se confunde con "ayer", "hoy" y "mañana".

Informe de la radio

Fuente: Este fragmento ha sido adaptado del informe, "Proliferación de los psicofármacos en las escuelas", publicado en la página web, freedommag.org/Spanish; Alfonso Pastora – Comisión Ciudadana de Derechos Humanos, España.

🔊 7.9.2

| **Voces en el informe** |
| Isabel Conrad: Presentadora |
| José Ubicas: Comentarista |

¡PONERLO EN PRÁCTICA!

1. HAZ UNA LISTA DE AL MENOS 5 COSAS, EMPEZANDO LA LISTA CON:

A. Yo no soporto a nadie en mi colegio que

    a. _____

    b. _____

    c. _____

    d. _____

    e. _____

B. Como buen alumno siempre he pretendido mantener

    a. _____

    b. _____

    c. _____

    d. _____

    e. _____

C. Si tuviera que describirme, diría que yo soy

    a. _____

    b. _____

    c. _____

    d. _____

    e. _____

D. Mis datos personales son:

| |
| Apellido _____ |
| Nombre _____ |
| Nacimiento: Fecha _____ Lugar _____ |
| Estatus matrimonial: _ Soltero/a _ Casado/a _ Divorciado/a |

| |
| Número de hermanos: |
| Dirección: |

2. EMPLEANDO ESTE DIAGRAMA "VEN", ESCRIBE UNA LISTA DE CARACTERÍSTICAS QUE DISTINGUEN CADA ACTIVIDAD Y LAS QUE TIENEN EN COMÚN.

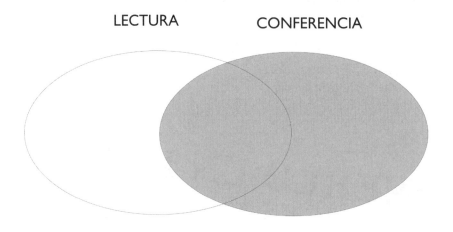

LECTURA   CONFERENCIA

3. EN PAREJAS TÚRNENSE PONIENDO CADA VERBO EN SU CATEGORÍA CON UNAS POCAS PALABRAS DE EXPLICACIÓN. POR EJEMPLO: TÚ DICES: "LOS ESTUDIANTES TRAVIESOS SE RÍEN DE LAS LECCIONES" Y TU PAREJA DICE "PERO LOS PROFESORES COMPASIVOS SE RÍEN DE LOS CHISTES INTELECTUALES".

se mofan	corrigen	dan
borran	sostienen	se especializan
toman riesgos	aprueban	se comportan
sacan	analizan	fastidian

MODELO: Los estudiantes traviesos _____ pero los profesores compasivos_____

4. PALABRA FUERA DE SU LUGAR: INDICA LA PALABRA QUE NO PERTENECE Y LUEGO ESCRIBE UNA ORACIÓN LÓGICA CON LAS PALABRAS QUE NO PERTENECEN EN EL ORDEN DADO.

      a. el rector/el aprendiz/el principiante/el novato

      b. soporta/tolera/aguanta/apoya

      d. de enfrentamiento/por reto/a fondo/con desafío

      c. los idiomas/el lenguaje/una lengua/el habla

      d. que incluye verdades morales/falta de sabiduría/carece de errores/necesita agudeza

5. DA UN BREVE INFORME ORAL SOBRE TU COLEGIO INTENTANDO INSERTAR TANTAS DE LAS SIGUIENTES PALABRAS COMO SEA POSIBLE. AL ESCUCHAR LAS PALABRAS TUS COMPAÑEROS TIENEN QUE LEVANTAR LA MANO Y DECIR UNA ORACIÓN CONTRARIA. DEBES INCLUIR:

exigente	entusiasmo	torpeza
apto	desdichado/a	desafío
asiste	imprimir	

CAPÍTULO VIII

EL COMERCIO

¡¡¡¡¡¡¡¡¡¡¡¡¡ MODISMOS !!!!!!!!!!!!!!

Los inversionistas siempre **corren el riesgo** de perder su dinero y encontrarse de la mañana a la noche **en bancarrota.**

Durante ciertas temporadas, la mercancía de esta tienda **está de rebajas** con descuentos impresionantes **del 50 por ciento** o más.

Esta semana se han **puesto a la venta** varios muebles, no **de venta menor** sino **de venta mayor** y por eso **el precio de venta** refleja un deseo de venderlo todo cuanto antes. También se venden los electrodomésticos **a doce plazos.**

JUEGOS DE PALABRAS **?**

En **la plaza** mayor de mi pueblo hay treinta **plazas** para coches y **a corto plazo** habrá más.

Mi padre **está jubilado** y cree con **júbilo** que su **jubilación** fue el momento más **jubiloso** de su vida.

Mi tío parece ser tacaño pero **en el fondo** es muy generoso. Dio un millón de pesetas para fundar **el fondo** que sostiene la biblioteca local.

EL COMERCIO

Siembra buenas obras y recogerás frutos de sobra.

LOS PROFESIONALES
abogado/a
agente de viajes (m, f)
consejero/a
diplomático/a
negociador/a
pediatra (m, f)
periodista (m, f)
profesor/a
recepcionista (m, f)
secretario/a
traductor/a

LOS FINANCIEROS
accionista (m, f)
agente de bienes raíces (m, f)
agente de seguros (m, f)
director/a
productor/a

LOS TRABAJADORES
camarero/a
carpintero/a
electricista (m, f)
jardinero/a
molinero/a
plomero/a

LOS PATRONES
dirección administrativa (f)
gerente (m, f)
jefe/fa
vice presidente (m, f)
presidente (m, f)

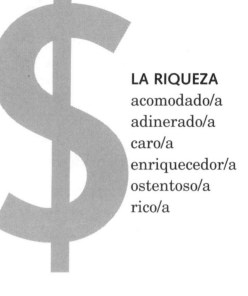

LA RIQUEZA
acomodado/a
adinerado/a
caro/a
enriquecedor/a
ostentoso/a
rico/a

LAS FINANZAS
acciones (f)
ascender
banco
bolsa
capital (m)
cambio
cliente (m, f)
cobrar
comprar
contratar
invertir
dinero
ganar
gastar
hipoteca
impuestos
negocios
precio
propiedad (f)
realizar una ganancia
rentabilizar

LOS SINDICATOS
desempleo
empleado/a
empleo
estar en huelga
jornada
producción (f)
rango
sueldo

LAS EMPRESAS
compañía
contratos
fabricación (f)
fábrica
oficina
personal (m)
presupuesto
producto
recursos
sucursal (f)
taller (m)

LA CONTABILIDAD VITAL

inversiones (f)	+	suerte (f)	=	ganancia
salud (f)	+	amor	=	riqueza
celo	+	entrenamiento	=	ascenso
pereza	+	retraso	=	despido
talento	x	esfuerzo	=	éxito
esperanza	–	labor (f)	=	ensueño

ACTIVIDAD I. Audios cortos

Instrucciones: Ahora vas a escuchar una selección auditiva. Después de la selección se te harán varias preguntas sobre lo que acabas de escuchar. Para cada pregunta elige la MEJOR respuesta de las cuatro opciones escritas en tu libreta de examen y rellena el óvalo correspondiente en la hoja de respuestas.

UNO

VOCABULARIO DE LA ACTIVIDAD

la cátedra – teaching chair
taciturno/a – quiet
el chantaje – blackmail
discursar – to speak
el lazo – bond

desempeñar – to fulfill, to carry out
el (la) delator/a – informer
callado/a – quiet
prolijo/a – meticulous

tenaz – tenacious
destacarse – to stand out
el soplón – informer, squealer

Fuente: Programa #235 de "La vida perra", radionovela de Radio Araucano, marzo de 1999.

🔊 8.1.1

| **Voz del programa** |
| Don Cabildo, Profesor de la Facultad de Comercio Internacional, Universidad Ladovía |

Número 1.
A. De presentación.
B. De crédito.
C. De recomendación.
D. De aviso.

Número 2.
A. De Medicina.
B. De Ciencias Económicas.
C. De Derecho.
D. De Filosofía y Letras.

Número 3.
A. Extrovertido.
B. Simpático.
C. Callado.
D. No fiable.

Número 4.
A. Que es un buen investigador y escritor.
B. Que es un prolijo estudiante de arte renacentista.
C. Que es tenaz pero flojo.
D. Que es dotado en asuntos históricos y artísticos.

Número 5.
A. Posee un buen sentido del humor.
B. Prefiere pocos amigos íntimos.
C. Se muestra compasivo y realista.
D. Tiene don de gentes.

Número 6.
A. El candidato no sabe nada de los negocios internacionales.
B. El candidato sería un peligroso soplón.
C. El candidato no ha sido buen alumno.
D. La carta condena al candidato con escasos elogios.

DOS

VOCABULARIO DE LA ACTIVIDAD

el velorio – wake   **el martillo** – hammer   **torcer** – to twist
el genio – genius   **las tenazas** – pliers   **serrar** – to saw
el rango – standing, rank   **el alambre** – wire   **la muñeca** – doll
el destornillador – screwdriver

Fuente: Este informe, que se titula "La inauguración", se emitió por la emisora Radio Araucano en junio de 2005.

◀)) 8.1.2

Voces en el informe
El orador: Oficial de la compañía
Varios miembros importantes de la compañía

Número 1.
- A. A los miembros de su familia.
- B. Al presidente del país y sus partidarios.
- C. A la viuda de uno de sus colegas.
- D. A unos accionistas y socios de la compañía.

Número 2.
- A. El funeral del anterior presidente del país.
- B. El cambio de jefatura de una empresa.
- C. La jubilación del presidente actual de la compañía.
- D. El cumpleaños de un genio de la electrónica.

Número 3.
- A. Alguien que conoce al nuevo jefe hace muchos años.
- B. Un antiguo funcionario de la compañía.
- C. El vicepresidente del país.
- D. Un pariente del anterior presidente.

Número 4.
- A. Didáctico.
- B. Macabro.
- C. Serio.
- D. Satírico.

Número 5.
- A. Cuando barría los corredores de la fábrica.
- B. Cuando estudiaba en la universidad.
- C. Cuando empezó a trabajar para la compañía.
- D. Cuando convirtió un rifle de juguete en un radio.

Número 6.
- A. En juguetes electrónicos.
- B. En armas automáticas.
- C. En muñecas de plástico.
- D. En herramientas para la electrónica.

ACTIVIDAD II. Audios extendidos

Instrucciones: Ahora escucharás una selección auditiva. Se te permite tomar apuntes en el espacio en blanco de esta hoja y la siguiente. Estos apuntes no serán calificados. Al final de la selección contestarás una serie de preguntas sobre lo que acabas de escuchar. Basándote en la información de la selección, elige la MEJOR respuesta a cada pregunta de las cuatro opciones impresas.

UNO

VOCABULARIO DE LA ACTIVIDAD

el producto pirata – knock-off, imitation

el castigo – punishment

el lujo – luxury

la etiqueta – label

la emisora – broadcasting station

arrepentirse – to change one's mind

la burbuja – bubble

Fuente: Programa "Piratería en Tepito" emitido por GrupoAcir.

🔊 8.2.1

Voces en el informe
Locutor: Anfitrión del programa.
Varias voces de hombres y mujeres, vendedores y clientes.

1. ¿Qué es Tepito?
   A. Un pueblo mexicano.
   B. Un distrito comercial.
   C. Un barrio mexicano.
   D. Un centro de almacenes lujosos.

2. ¿De qué lleva fama Tepito?
   A. De productos de lujo.
   B. De marcas internacionales.
   C. De precios altos.
   D. De artículos falsificados.

3. ¿Qué se vende en Tepito?
   A. Toda clase de ropa y accesorios.
   B. Toda clase de ropa y vinos.
   C. El esnobismo.
   D. Etiquetas y logotipos originales.

4. ¿Qué se hace para evitar problemas legales?
   A. Se envían los productos por correo comercial.
   B. Se hacen cambios imperceptibles de letras y números.
   C. Se cambia un poco el color del producto.
   D. Se corre rápido en su Deisel.

5. ¿Qué son Diesels?
   A. Piratas.
   B. Aromas.
   C. Pantalones.
   D. Camionetas.

6. ¿Qué es el Chanel #5?
   A. Una emisora televisiva.
   B. Unas direcciones comerciales.
   C. Un perfume caro.
   D. Una actriz de los años 50.

7. Según algunos clientes, ¿por qué compran imitaciones?
   A. Están muy de moda.
   B. Son igualitas a las originales.
   C. Son baratas.
   D. Son ilegales.

8. ¿Cómo se recibe su merecido por comprar productos piratas?
   A. Poco a poco se arrepienta uno.
   B. Poco a poco se encuentra algo mejor.
   C. Poco a poco se convierten en burbujas.
   D. Poco a poco se deshacen.

DOS

VOCABULARIO DE LA ACTIVIDAD

apostar – to bet
tengue – unstable
la patineta – scooter

la indumentaria – garments, clothing
inaguantable – unbearable

Fuente: Programa de radio "Juguetes para niños" emitido por GrupoAcir.

◀))) 8.2.2

Voces en el informe
Laura Sánchez: Locutora de Radio Acir
Alberto González Hernández: Director General de la Industria Básica
Arturo Hernández: Padre

1. ¿En qué consiste la globalización mexicana?
   A. En competir con productos extranjeros.
   B. En vender artesanías locales en otros países.
   C. En comprar juguetes internacionales.
   D. En producir juguetes baratos.

2. ¿Cómo se distinguen las empresas locales?
   A. No requieren mucha inversión.
   B. Son notables por la innovación.
   C. Son más productivas que las extranjeras.
   D. Carecen de riesgo financiero.

3. ¿Por qué ha podido mantener su popularidad la Barbie?
   A. Porque se ha mantenido al tanto de la moda actual.
   B. Porque ha seguido siendo una muñeca barata y bonita.
   C. Porque la Barbie siempre ha tenido su Ken.
   D. Porque ha venido acompañada de todo tipo de indumentaria.

4. ¿De qué depende el costo de estos juguetes?
   A. De los materiales con que se producen.
   B. De los accesorios que los acompañan.
   C. De la pasión de los niños por los juguetes.
   D. De los mercados internacionales.

5. ¿Qué juguetes ya no compran tanto los caballeros pequeños?
   A. Las Brats.
   B. Carros de ficción.
   C. Los Action Men.
   D. Maquillajes.

6. ¿Qué le regaló un padre a su hijo una vez?
   A. Un muñeco Max Steel.
   B. Unas sillas de montar.
   C. Una casa con bañera.
   D. Un auto electrónico.

7. ¿Qué se puede concluir de este informe?
   A. Que los padres están dispuestos a mimar a sus hijos.
   B. Que los juguetes actuales salen a precios inaguantables.
   C. Que la Barbie es todavía el juguete más popular del mundo.
   D. Que la globalización mexicana es resultado de influencia estadounidense.

ACTIVIDAD III. Lecturas

Instrucciones: Lee con cuidado el pasaje siguiente. El pasaje va seguido de varias preguntas u oraciones incompletas. Elige la MEJOR respuesta o terminación, de acuerdo con el pasaje. Tienes 10 minutos para leer el pasaje y contestar las preguntas.

UNO

VOCABULARIO DE LA ACTIVIDAD

tendido/a – spread out
el cedro – cedar
chispeando – sparkling
mero/a – pure, mere

el despliegue – display, unfolding
el mástil – stem
el traste – fret of guitar
en ciernes – in the making

pulido/a – polished
el estuche – case
languidecer – to languish
el rótulo – sign

Fuente: "Donde nacen los sonidos" de Caleb Bach, <u>Américas</u>, Vol. 45, N°. 1, 1993.

Donde nacen los sonidos

Una visita al taller de Yacopi comienza con un recorrido en auto desde el centro de Buenos Aires hacia el norte, bordeando la costa del río de la Plata, a través de barrios acomodados, como Palermo, Núñez, Olivos y San Isidro, hasta llegar al suburbio de San Fernando. La casa cómoda pero no ostentosa del maestro no se distingue por cartel alguno y, en realidad, no ofrece el más ligero indicio de los tesoros que encierra. Inclusive al recorrer el largo pasillo que lleva hasta el fondo de la propiedad, se perciben escasas pistas: troncos cortados horizontalmente y tendidos a secar, el aroma de cedro recién cortado que flota en el aire, el distante gemido del equipo de energía que brota de lo que finalmente se revela como el taller. **#1**

Yacopi recibe a los visitantes en la puerta con los ojos chispeando en una sonrisa y su voz rebosa jovialidad cuando exclama: "¡Aquí hacemos instrumentos musicales, no muebles!". La advertencia se justifica porque el lugar parece una fábrica de armarios y solamente a lo largo de un recorrido de las instalaciones va descubriéndose gradualmente la identidad del producto que de allí sale. **#2**

Mucho de lo que en el futuro serán guitarras es un mero despliegue de partes, vale decir cuellos, mástiles con trastes, tapas de caja y otros elementos que componen el cuerpo del instrumento, en distintas etapas de formación y terminación. Otros instrumentos en ciernes van cobrando forma en matrices y pronto serán encolados y envueltos en bandas de goma cortadas de cámaras usadas, para mantener las partes en su lugar mientras el adhesivo se asienta. **#3**

Los instrumentos casi terminados no están a la vista, sino que reposan en una cámara especial de secado en cuyo interior se mantiene una temperatura constante que combate la humedad excesiva, típica de las riberas del río de la Plata. Una vez que los instrumentos han sido cuidadosamente pulidos y terminados con lustre a muñeca (consistente en la aplicación manual de una mezcla de laca y alcohol con un paño) son probados rigurosamente, desde los registros bajos a los agudos, y luego guardados en sus respectivos estuches de cuero, listos para ser despachados. Las guitarras no languidecen mucho tiempo en el taller, porque el maestro tiene una larga lista de clientes que aguardan ansiosamente su limitada producción. **#4**

1. ¿Dónde está situado el taller de Yacopi?
   A. En las riberas del río de la Plata.
   B. En el centro de Buenos Aires.
   C. Fuera del centro de la capital.
   D. En las pampas argentinas.

2. Al llegar, ¿cuáles son los primeros indicios de que se visita un taller?
   A. Un rótulo que anuncia el motivo de la fábrica.
   B. Las exclamaciones de Yacopi al llegar el visitante.
   C. Los troncos y el olor a madera.
   D. Los suburbios acomodados donde está situado.

3. Al entrar en el taller, ¿cómo se encuentran las guitarras?
   A. En todas partes listas para vender.
   B. En varias etapas de fabricación.
   C. De toda clase y de toda calidad.
   D. En mal estado listas para ser reparadas.

4. ¿Qué tipo de taller tiene Yacopi?
   A. Es un taller de muebles muy finos y caros.
   B. Es una fábrica de antigüedades.
   C. Es una tienda de varios tipos de instrumentos musicales.
   D. Es un lugar donde se produce artesanía para vender.

5. ¿Por qué es necesario guardar los instrumentos casi terminados en una cámara de secado?
   A. Por la humedad natural del cedro usado.
   B. Para preservar mejor la condición frágil de las cuerdas.

C. Para impresionar a los clientes.
D. Por la excesiva humedad de esta área de la Argentina.

6. ¿Cual es el último paso en la producción de una guitarra?
   A. La pulen para atraer a los clientes.
   B. Se seca en un cuarto especial.
   C. Se toca con mucho cuidado para probar la calidad del sonido.
   D. La ponen en un cuarto especial a secar.

7. ¿Dónde se puede insertar mejor la siguiente oración: **"El cliente se tranquiliza dándose cuenta que está en manos de un fiable maestro bonachón."**?
   A. #1
   B. #2
   C. #3
   D. #4

DOS

VOCABULARIO DE LA ACTIVIDAD

de bruces – flat on one's face
la matriz – headquarters
malogrado/a – unfortunate
asumir – to assume, to take on

rentabilizar – to make profitable
reanudar – to renew
la jornada – working day

el paro – unemployment
acudir – to come
la entidad – firm
el respaldo – backing

Fuente: "Ser positiva y vitalista me permitió afrontar el paro", Luís Sánchez Bardón, <u>Dunia</u>, diciembre, 1997.

"Ser positiva y vitalista me permitió afrontar el paro": Una ejecutiva que pasó por las colas del INEM

Un día te das de bruces con él. Sin comerlo ni beberlo, casi a traición. Como a otras mujeres de su generación y en pleno proceso de cambio económico y social, a Inés María Valle le llegó también ese período de descanso obligatorio del que a veces ya no se vuelve a levantar cabeza. Fue hace unos años y en plena crisis económica. Más duro aún.

¿Cómo te quedaste en paro?

Me gustaría aclarar que se tiende a llamar erróneamente paro a un período que, por el contrario, implica una intensa actividad, ya que encontrar empleo es un trabajo en sí mismo. Por eso, prefiero llamarlo desempleo. Y la causa fue que la matriz de la empresa multinacional en la que trabajaba entonces como directora de Recursos Humanos decidió liquidar la actividad de su filial en España. [1]

¿Cuál fue tu primera reacción?

Esa situación fue para todos mis compañeros y para mí misma doblemente frustrante, porque no sólo nos quedábamos sin trabajo, sino que además el proyecto que nuestro equipo, muy integrado y motivado, había iniciado pocos años antes con mucha ilusión quedaba malogrado. [2]

Sin embargo, la empresa nos ofreció indemnizaciones y otras medidas sociales con las que paliar los efectos negativos de la situación, lo que, sin duda, fue de gran ayuda. [3] La ansiedad que generan dichas situaciones fue mitigada no sólo por las indemnizaciones recibidas, sino también por la ayuda que nos prestó una firma de recolocación que contrató la empresa. Esas compañías están especializadas en orientar y apoyar a las personas en la búsqueda de un nuevo trabajo.

Entonces, después vino la calma.

Es indudable que los efectos del desempleo no son iguales para todo el mundo, ya que la personalidad de cada uno y sus circunstancias sociales, familiares y económicas tienen una influencia decisiva en cómo soportar esta situación y en cómo salir de ella. Para mí resultó una experiencia enriquecedora, pues, por un lado, me permitió frenar la inercia que el trabajo te va imponiendo día a día y, por otro, reflexionar sobre tus limitaciones y fortalezas y sobre otros muchos aspectos profesionales.

Según tu experiencia, ¿qué hay que hacer para no perder los nervios?

En primer lugar, creo que una actitud positiva y vitalista y un pensamiento constructivo son los elementos clave para superar cualquier posible contratiempo. En segundo lugar, asumir cuanto antes y sin ningún complejo la situación. Informé en seguida a mis familiares y allegados del asunto y de los planes con los que iba a afrontar la nueva situación. **#4**

¿Cuáles fueron tus planes inmediatos?

Primero, traté por todos los medios de rentabilizar al máximo ese período de mi vida, de forma que invertí en mi propia formación, potenciando algunos puntos de mi curriculum, como los idiomas. Después, reanudé la relación con viejos conocidos y amigos, generando así una red de contactos sociales y profesionales que siempre resultan valiosos en la situación de búsqueda de empleo. Y durante los meses en los que me dediqué a buscar empleo aproveché también para reforzar la relación con mi hijo, que entonces tenía ocho años, y los dos disfrutamos de cosas sencillas y cotidianas que, por coincidir con la jornada laboral, no se pueden compartir normalmente con los pequeños.

Sea cual sea el motivo por el que se pierde un trabajo o se tarda en encontrarlo, la persona que se sabe eficaz y preparada debe mantener esa imagen de sí misma en esas circunstancias, y trazarse un plan de acción bien estructurado que le conduzca a la búsqueda ordenada de un nuevo trabajo. Lo que quiero decir es que encontrar trabajo es un trabajo en sí mismo.

1. ¿Cómo caracteriza la ejecutiva el paro?
   A. Un período cuando se relaja mucho.
   B. Una etapa sin amparo.
   C. Una fase para reanudar las amistades.
   D. Un vocablo sin sentido.

2. Según este artículo el paro…
   A. es peor para la mujer.
   B. no tiene nada que ver con los ingresos de la familia.
   C. afecta a todas las personas igualmente.
   D. es de mucha actividad.

3. ¿Qué no hizo esta ejecutiva?
   A. Tiró la toalla.
   B. Se aprovechó de la oportunidad.
   C. Estudió otras lenguas.
   D. Evitó lo negativo.

4. ¿Qué le ofreció su antigua compañía?
   A. Un soborno rentable.
   B. Un poco de piedad compasiva.
   C. Compensación por despido.
   D. Ayuda en mudarse a otro sitio.

5. ¿Por qué no se angustió demasiado ella?
   A. Era una mujer muy rica.
   B. Acudió a las entidades que ofrecían servicios.
   C. Sólo tuvo que mudarse a otra sucursal.
   D. Consideró su despido como una ruptura molestosa.

6. ¿Por qué consideró su desempleo un período enriquecedor?
   A. Pudo encontrar el tiempo para llevar cuentas.
   B. Pudo pasar más tiempo con sus socios.
   C. Pudo extender su jornada laboral.
   D. Pudo reírse y comprender chistes que no comprendió antes.

7. ¿Dónde mejor se inserte la oración: **"Me abrieron el corazón y me encontré con más respaldo que nunca."**?
   A. #1
   B. #2
   C. #3
   D. #4

ACTIVIDAD IV. Vocabulario y Verbos

UNO

VOCABULARIO DE LA ACTIVIDAD

enlazar – to tie together, connect   **agregar** – to add, to incorporate

Fuente: "Construirán gasoducto", <u>La</u> <u>Hora</u>, Guatemala de la Asunción, viernes, noviembre de 2005.

Los presidentes de Venezuela, Hugo Chávez, y de Colombia, Álvaro Uribe, __(1)__ este jueves pasado la construcción de un gasoducto binacional a partir del __(2)__ semestre de 2006, tras celebrar una reunión en __(3)__ ciudad del noroeste de Venezuela.

Ahora con el gasoducto se __(4)__ enlazar el Complejo de Refinador Paraguaná (CRP), en el oeste de Venezuela, con la localidad Punta Ballenas en la península colombiana de La Guajira, tal como recoge una Declaración Conjunta __(5)__ por los dos presidentes.

"Ya __(6)__ esta decisión política, aprovechemos __(7)__ meses para que lo más temprano posible en 2006, nosotros __(8)__ la construcción del gasoducto. Me atrevo incluso a invitarte a que nosotros __(9)__ la primera piedra", dijo Chávez a Uribe en una rueda de prensa.

Uribe, por su parte, __(10)__ que el gasoducto forma "parte de la integración energética de nuestra Sudamérica y de nosotros con Centroamérica y el Plan Panamá-Puebla. Vamos a seguir __(11)__, como lo ha __(12)__ el presidente Hugo Chávez, en todos estos circuitos de integración de energía", agregó.

Chávez dijo que este gasoducto será un __(13)__ paso en la interconexión gasífera de los países andinos. Con la firma del acuerdo, el presidente colombiano manifestó que Venezuela podrá construir el gasoducto "entre los sitios de producción que defina hasta el Pacífico colombiano para facilitar sus exportaciones desde un puerto colombiano a todo el Pacífico", con miras al mercado asiático.

1. _____ (acordar)

2. _____ (segundo)

3. _____ (este)

4. _____ (prever)

5. _____ (suscribir)

6. _____ (hacer)

7. _____ (este)

8. _____ (comenzar)

9. _____ (poner)

10. _____ (manifestar)

11. _____ (trabajar)

12. _____ (decir)

13. _____ (primero)

"Este proyecto __(14)__ en Colombia unas estaciones que agreguen valor, que __(15)__ el combustible", precisó.

Los presidentes dijeron __(16)__ analizado __(17)__ temas de la agenda bilateral junto a funcionarios de ambos países. Entre ellos __(18)__ la discusión de proyectos bilaterales para desarrollar la energía eólica. "Conjuntamente debemos hacer un __(19)__ esfuerzo para el desarrollo de los bio-combustibles, con menos urgencia en Venezuela por su riqueza en hidrocarburos y con __(20)__ más urgencia en Colombia", agregó.

14. _____ (tener)

15. _____ (mejorar)

16. _____ (haber)

17. _____ (otro)

18. _____ (figurar)

19. _____ (grande)

20. _____ (muchísimo)

DOS

VOCABULARIO DE LA ACTIVIDAD

recaudar – to collect   **las cuotas a largo plazo** – installment payments   **bondadoso/a** – kind, good

Fuente: Adaptado de "El verdadero valor de la banca comunal", Patricia B. Nelly, <u>Américas</u>, Nov/Dic, 1996.

__(1)__ una mano financiera es __(2)__ de los principios más básicos del banco local. El banco como entidad __(3)__ es responsable por las deudas de sus miembros, y un incumplimiento debe ser __(4)__ por la cuenta interna, o __(5)__, por los ahorros comunales del grupo. Pero cuando una mujer no puede pagar __(6)__ préstamos por lo que el grupo considera una buena razón, otros miembros __(7)__ y pagan de su propio dinero, o ayudan a su amiga a recaudar el dinero para pagar. Sin embargo, si se sospecha falta de cooperación, la mano generosa que se dio __(8)__ convertirse en castigo. Por ejemplo, hace apenas un año un grupo de banqueras le __(9)__ la cama a una prestataria que no __(10)__ su deuda. Las banqueras convinieron un plan de pagos a cuotas a largo plazo que __(11)__ a la mujer sin cama, y acordaron devolverle la cama cuando __(12)__ satisfecho el préstamo.

1. _____ (Ofrecer)

2. _____ (uno)

3. _____ (bondadoso)

4. _____ (cubrir)

5. _____ (ser)

6. _____ (su)

7. _____ (contribuir)

8. _____ (poder)

9. _____ (confiscar)

10. _____ (pagar)

11. _____ (satisfacer)

12. _____ (ser)

ACTIVIDAD V. Vocabulario

UNO

VOCABULARIO DE LA ACTIVIDAD

la brecha – breach, opening

Fuente: "Crisis económica, de mal en peor", Fernando Iriondo, Grupo EIG de Comunicación– Cambio16, N° 1.636, abril del 2003.

"Crisis económica, de mal en __(1)__"

El problema añadido de esta crisis es __(2)__ para hacer frente __(3)__ la misma __(4)__ desde Estados Unidos como desde Europa __(5)__ necesitan actuaciones político-económicas coordinadas __(6)__ no tirar cada uno __(7)__ su lado. En este sentido la guerra __(8)__ hecho un flaco favor a la crisis creando tal brecha __(9)__ Estados Unidos y gran parte de Europa que difícilmente pueda mantenerse __(10)__ clima de coordinación necesario, __(11)__ cual hace prever que __(12)__ uno puede hacer lo que quiera para luchar __(13)__ la crisis haciendo más larga ésta.

1. _____
2. _____
3. _____
4. _____
5. _____
6. _____
7. _____
8. _____
9. _____
10. _____
11. _____
12. _____
13. _____

DOS

VOCABULARIO DE LA ACTIVIDAD

el cierre – closing, shutdown   **la tasa** – rate   **escalofriantemente** – chillingly   **leve** – light

Fuente: "Pese a tasas bajas, sector asegurador con saldo positivo", <u>El Financiero</u>, Guayaquil, Ecuador, noviembre del 2005.

__(1)__ cierre del 2004, el mercado del seguro concluye con un __(2)__ positivo. Las primas generales y de vida son de aproximadamente US $491 millones, de __(3)__ cuales 50 pertenecen a seguros de vida, esto, pese __(4)__ las tasas escalofriantemente bajas que existen en el mercado, asegura el gerente general de Seguros Cóndor, Augusto Salame. En __(5)__ palabras, mientras no existan inversiones en el Ecuador y, __(6)__ ende, negocios que asegurar, los grandes clientes estarán rotando entre las mejores compañías de seguros. Tasas bajas que están promoviendo las compañías de __(7)__ que prefieren ganarse el negocio, copar el mercado, pero que en determinado momento tendrán __(8)__ cerrar sus puertas, ya que no podrán responder a las necesidades del cliente en sus indemnizaciones justas, __(9)__ que corresponden a la realidad. Quieren hacerse dueños del mercado con grandes primas que, __(10)__ obstante, eventualmente se revertirán en grandes pérdidas, añade. Señala además que al finalizar el 2004 no aumentó la participación de consumo de seguros __(11)__ cápita en el mercado: versión que no comparte __(12)__ su totalidad el presidente ejecutivo del Sur América, Ender Guerrero, pues considera que el crecimiento de la participación fue muy leve, menos __(13)__ 5%. Es decir, seguimos __(14)__ los países de menor prima per cápita de la región.

1. _____
2. _____
3. _____
4. _____
5. _____
6. _____
7. _____
8. _____
9. _____
10. _____
11. _____
12. _____
13. _____
14. _____

ACTIVIDAD VI. Ensayos Cortos

UNO

Instrucciones: Para la siguiente pregunta, escribirás una tarjeta postal. Tienes 10 minutos para leer la pregunta y escribir tu respuesta.

Imagina que estás en un pueblecito de Guatemala. Acabas de visitar un mercado al aire libre y compraste unos huaraches. Escribe una tarjeta postal a un amigo/a. Saluda a tu amigo/a y:

* saluda apropiadamente a tu amigo/a.
* cuenta el proceso de regatear para los huaraches.
* describe cómo te sentías y por qué.
* despídete apropiadamente de tu amigo/a.

DOS

Instrucciones: Para la siguiente pregunta, escribirás una anotación en tu diario. Tienes 10 minutos para leer la pregunta y escribir tu respuesta.

Imagina que acabas de recibir confirmación de un puesto de trabajo que has solicitado para las vacaciones.

* Describe tu reacción al recibir la confirmación.
* Escribe lo que vas a hacer con el sueldo y por qué.
* Discute si el trabajo tendrá un impacto a largo plazo en tu vida.

ACTIVIDAD VII. Ensayo basado en varias fuentes

Comenta por qué crees que el debate acerca de la globalización económica tiene o no tiene importancia para el futuro de los países latinoamericanos.

Fuente Impresa Nº 1

VOCABULARIO DE LA ACTIVIDAD

el flujo – flow   **el alcance** – reach   **el arancel** – tariff

Fuente: "Los defensores de la globalización" adaptado de un artículo en <u>Vistazos Hispanos</u>, diciembre de 2005.

Diez razones **a favor de** la globalización...

1. plantea la oportunidad de mejorar las condiciones del libre acceso a los mercados mundiales para países en vías de desarrollo.

2. crea nuevas oportunidades para nuevas alianzas y pactos empresariales entre países latinoamericanos.

3. crea un incremento del comercio mundial de bienes y servicios.

4. crea un aumento del flujo de capitales debido a la reducción de aranceles y otros estorbos a la libre circulación de capitales.

5. empuja a los gobiernos a promocionar la educación de su población para poder aumentar sus capacidades y destrezas, para mejor competir a nivel internacional.

6. ha producido un crecimiento en el comercio mundial de mercancías, su producción, su volumen y su exportación, según estadísticas de entre los años 1948 y 2005.

7. ha incrementado los flujos de inversión extranjera directamente en otros países.

8. les ofrece oportunidades a las culturas nacionales para su internacionalización y su desarrollo.

9. ofrece la oportunidad de ampliar la libertad del individuo.

10. estimula los avances tecnológicos de información y comunicación poniéndolos al alcance de un número creciente de individuos.

Fuente Impresa Nº 2

VOCABULARIO DE LA ACTIVIDAD

premiar – to reward

Fuente: "Los detractores de la globalización" fragmento de un artículo en <u>Vistazos Hispanos</u>, enero de 2006.

Diez razones **en contra de** la globalización: La globalización...

1. beneficia bien a pocos a la vez que excluye o margina a una gran mayoría de la población mundial.

2. promociona el desarrollo de empresas internacionales que controlan la economía de la producción pero no garantizan la protección de los trabajadores.

3. permite que el poder de las empresas multinacionales dificulten que los gobiernos nacionales tomen parte activa y dirijan los asuntos sociales, el desarrollo de servicios sociales y su mantenimiento.

4. influye en la vida de todos y agrava problemas económicos, culturales, políticos y éticos.

5. contribuye a la desigualdad de acceso a bienes, servicios y capitales.

6. contribuye a la marginalidad de los pueblos más pobres por no tener recursos de interés para los países más avanzados.

7. permite que las empresas pequeñas se vean amenazadas por los competidores internacionales.

8. asegura la pérdida de ventajas competitivas de los países en desarrollo más avanzados en el sector de mano de obra porque la elevación de sueldos les erosiona las ventajas de costos.

9. esconde el hecho de que las estadísticas no favorecen igualmente a todos los países.

10. busca y premia la homogeneidad.

Fuente Nº 3 Auditiva

vinculado/a – linked
ineludible – inescapable

dañino/a – harmful
nocivo/a – harmful

el oyente – listener

Fuente: "La globalización: ¿Tema redondo o plano?" de <u>Un vistazo especial</u> patrocinado por Radio Araucano en junio de 2005.

◀⁾⁾ 8.7

Voces en el informe

Donaldo Mayolandia: Locutor del programa
Julio Aqueridez: De Mercaderes Argentinos Representativos
Roberto Cherade: Del Instituto Sarmiento de Latinoamérica

ACTIVIDAD VIII. Conversaciones dirigidas

UNO

Instrucciones: Ahora participarás en una conversación telefónica simulada. Primero, tendrás 30 segundos para leer el bosquejo de la conversación. Entonces, escucharás un mensaje y tendrás 60 segundos para leer de nuevo el bosquejo. Después empezará la llamada telefónica, siguiendo el bosquejo. Siempre que te toque, tendrás 20 segundos para responder; una señal te indicará cuándo debes empezar y terminar de hablar. Debes participar en la conversación de la manera más completa y apropiada posible.

Imagina que has solicitado un trabajo para el verano en una compañía de inversiones y que un día recibes un mensaje de ellos.

a) El mensaje

Laura Mauricio:	• Deja el mensaje.

b) La conversación

[Las líneas en gris reflejan lo que escucharás en la grabación.] **[Tono]**

Tú:	• La llamas al número dado.
	• Estás teniendo un ataque de ansiedad.
	• Repites dos veces en voz alta el número de teléfono de la empresa mientras suena el teléfono.
	• Te calmas hablándote en voz alta mientras suena el teléfono.

Laura Mauricio:	• Contesta el teléfono. **[Tono]**

Tú:	• Salúdala.
	• Dile por qué la has llamado.
	• Explícale qué trabajo has solicitado.

Laura Mauricio:	• Te habla del puesto.
	• Te hace unas preguntas. **[Tono]**

Tú:	• Responde.
	• Dale toda la información que pide.

Laura Mauricio:	• Sigue con la entrevista.
	• Te hace otras preguntas. **[Tono]**

Tú:	• Responde.
	• Cuéntale una anécdota apropiada.

Laura Mauricio:	• Continúa la entrevista. **[Tono]**

Tú:	• Responde.
	• Confirma los planes.
	• Despídete.

Laura Mauricio:	• Se despide.
	• Cuelga el teléfono.

> ***Instrucciones:*** Ahora participarás en una conversación telefónica simulada. Primero, tendrás 30 segundos para leer el bosquejo de la conversación. Entonces, escucharás un mensaje y tendrás 60 segundos para leer de nuevo el bosquejo. Después empezará la llamada telefónica, siguiendo el bosquejo. Siempre que te toque, tendrás 20 segundos para responder; una señal te indicará cuándo debes empezar y terminar de hablar. Debes participar en la conversación de la manera más completa y apropiada posible.

Imagina que recibes un mensaje de tu compañía de crédito porque ha habido un cargo sospechoso acreditado a tu tarjeta.

a) El mensaje

Voz anónima:	• Deja el mensaje.

b) La conversación.

[Las líneas en gris reflejan lo que escucharás en la grabación.]

Voz anónima:	• El teléfono suena. • Contesta el teléfono. **[Tono]**
Tú:	• Salúdala. • Explica por qué has llamado. • Expresa tu preocupación por los cargos.
Voz anónima:	• Responde y te explica lo ocurrido. **[Tono]**
Tú:	• Dale tu reacción negativa. • Protesta los cargos. • Dale una explicación y excusas.
Voz anónima:	• Te responde pero no te cree. **[Tono]**
Tú:	• Dale excusas sobre la semana pasada. • Explica por qué es imposible que compraras tales cosas.
Voz anónima:	• Se niega a retirar los cargos. • Tiene una propuesta. **[Tono]**
Tú:	• Protesta. • Hazle otra propuesta. • Defiende la nueva propuesta.
Voz anónima:	• Continúa la conversación. **[Tono]**
Tú:	• Resígnate a la oferta. • Despídete.
Voz anónima:	• Se despide. • Cuelga el teléfono.

ACTIVIDAD IX. Presentaciones orales

UNO

Por un lado hay instituciones internacionales que se preocupan por el crecimiento de la exportación de bienes y servicios culturales y por otro hay grupos que se oponen a la libre exportación de estos bienes y servicios. Imagina que tienes que dar una presentación formal a tu clase de español sobre la importancia de productos culturales. Compara los dos puntos de vista y luego sugiere una solución.

Informe impreso
VOCABULARIO DE LA ACTIVIDAD

como tal – as such	**aportar** – to reach	**el promedio** – average

Fuente: Adaptado de "La Cultura en los tratados de libre comercio y el ALCA": Diez respuestas sencillas sobre diez asuntos complejos" de Germán Rey, CONVENIO ANDRÉS BELLO.

Parecería que la cultura está tan alejada del comercio como la poesía de los bancos. Sin embargo, desde hace años, viene siendo parte muy importante de acuerdos, tratados, convenciones y otras formas de las relaciones económicas internacionales.

Entre las industrias culturales se pueden mencionar las editoriales, la televisión, la radio y los medios impresos, como por ejemplo, periódicos y revistas, el cine, la industria fonográfica, las artesanías y las nuevas tecnologías.

En otras palabras: buena parte de las decisiones importantes sobre la cultura en el mundo de hoy se juega en los escenarios de las definiciones internacionales de libre comercio.

Para algunos, los productos culturales son meras mercancías y forman parte de las llamadas industrias del entretenimiento; por lo tanto, deben ser consideradas como tales y en lo posible de debe liberalizar al máximo la circulación de sus productos.

Para otros, los productos culturales son mucho más que mercancías. Tienen un valor agregado fundamental: intervienen activamente en la formación y el desarrollo de las identidades sociales y culturales, son claves en la promoción de la diversidad cultural y la interculturalidad, promueven la participación social, están articuladas a los procesos de desarrollo, generan cohesión social y son, hoy en día, uno de los lugares de formación de la ciudadanía. Por todo ello, no pueden ser considerados simplemente como mercancías que se intercambian en los mercados, sino como creaciones con un significado social y cultural muy importante.

…las industrias culturales son claves en el fortalecimiento de la identidad cultural, la promoción de la diversidad cultural y la interculturalidad y la contribución a la participación social y la formación ciudadana. Por eso, cada vez más los estados y las organizaciones de la sociedad buscan promover iniciativas que aporten a la diversidad y no a la homogenización, al diálogo entre culturas y no al predominio de algunas de ellas.

La presencia de grandes compañías multinacionales en la cultura no siempre facilita el desarrollo de la diversidad cultural y la circulación de bienes culturales más allá de sus objetivos económicos.

Hay que ser conscientes, por una parte, de que los estados no entran en igualdad de condiciones a las negociaciones en materia cultural. Es decir, existen claras asimetrías en la negociación; por otra parte, los países participan en las negociaciones, con unas realidades específicas que también les dan un sentido a las orientaciones de las negociaciones.

El total de la población de los países americanos es de 826 millones de habitantes de los cuales el 62% está en los países latinoamericanos. El 79,6% del PIB del continente se produce en Estados Unidos...

En los países del MERCOSUR el promedio de la participación en el PIB está alrededor del 4,5 % y en los países de la región andina y Chile alrededor del 2,5%. En algunos países como Argentina, Uruguay, Colombia y Venezuela, las participaciones en el PIB han presentado tasas de crecimiento negativas como consecuencia de las crisis económicas de los últimos años.

Informe de la radio

VOCABULARIO DE LA ACTIVIDAD

la cifra – figure **la toma** – assumption

Fuente: "América Latina: Rica producción cultural, pobre comercialización" Radio Naciones Unidas, 20 de diciembre del 2005.

📢 8.9.1

Voces en el informe
Locutora: Presentadora del programa
José Lobo: Corresponsal
Diaomo Alonso: Especialista del Fondo de las Naciones Unidas para la Educación, la Ciencia y la Cultura

DOS

Imagina que tienes que dar una presentación para aprobar en tu clase de español AP. El artículo impreso describe la vida del empresario venezolano Gustavo Cisneros; el informe de la radio describe la vida de Carlos Slim Helú, un empresario mexicano. Compara las experiencias y puntos de vista de estos dos grandes hombres de negocios.

Fuente Impresa

VOCABULARIO DE LA ACTIVIDAD

otorgar – to grant **anodino/a** – insignificant
premiado/a – award winning, successful **el bullicio** – bustle, hubbub
el logro – achievement

Fuente: "Gustavo Cisneros, el adelantado" de Carlos Fuentes. Con permiso de Analítica Consulting 1996, febrero de 2004.

La Editorial Planeta coloca en el mercado la biografía autorizada del empresario venezolano Gustavo Cisneros. A continuación, el prólogo del libro.

La biografía de Gustavo Cisneros que ahora sale a la luz es, por principio de cuentas, una historia dinástica que se inicia con el padre, se complementa con los hermanos y se prolonga con los hijos. Es la historia de una juventud enérgica que sabe aprovechar las ventajas que su heredad le otorga para continuar creciendo con agilidad y destreza, sin dormirse jamás en los laureles de lo adquirido.

Es una historia de riesgos premiados. También, de errores admitidos. Es una historia de oportunos cambios de velocidad. Del negocio del consumo perecedero, Cisneros pasa al negocio de las comunicaciones. De la generación de flujo de caja, a la generación de valor. Y siempre, antes del siguiente paso, la consolidación interna. La saga empresarial de Cisneros —digna de ser descrita por un Balzac o un Dreiser, si no por los Fuggar renacentistas— posee, como toda vida y vida, sobre todo, de acción, luces y sombras, derrotas y victorias, detalladamente descritas en este libro.

Pero por debajo —o por encima— de la saga Cisneros, hay ciertas constantes que explican mejor que cualquier anécdota los valores, personales, empresariales y colectivos, la vida de Gustavo Cisneros. Su estrategia vertical: Cada empresa potencia la otra. La distribución se integra, verticalmente también, con el contenido. La temprana identificación de oportunidades. La oportuna corrección de errores. Tolerar los errores de buena fe. Abrirse a la opinión disidente dentro de la empresa. Recompensar la iniciativa personal. Insistir en la labor de equipo.

Son estas las bases éticas y operativas que explican el éxito de Gustavo Cisneros. Asume riesgos, pero antes consolida logros. A veces, se lanza de noche a la piscina sin saber si tiene agua. Busca sin cesar el equilibrio financiero y operativo. Es decir: propone un modelo de organización empresarial democrática que se extiende del centro a la periferia, por darle a esta un altísimo grado de autonomía.

En su tareas culturales, Gustavo Cisneros ha encontrado a una aliada magnífica en su esposa, Patricia Phelps: el Mozarteum que lleva e impulsa la cultura musical entre los jóvenes venezolanos, el rescate de objetos etnográficos y la colección de cientos de miles de fotografías del sur de Venezuela. Patricia Phelps entiende la cultura como gestación continúa y asume la responsabilidad de reunir las obras de cultura —popular y singular— que al cabo le pertenecen a la comunidad.

Ganarle la batalla a la tentación autoritaria es deber de la ciudadanía democrática de la América Latina. Gustavo Cisneros se ubica en el centro democrático y sufre por ello los ataques, calumnias y demás balística del sótano chavista. Ante las políticas divisionistas de Chávez, Cisneros se sitúa, no es un centro anodino, sino es un centro de compromisos. Peligroso centro, peligroso para el autoritarismo demagógico, pues, Cisneros representa la capacidad de organización de la cual carece el gobierno autoritario. Representa el balance social contra el desequilibrio divisivo. Representa la creación de fuentes de trabajo y de riqueza frente al bullicio estéril y la dilapidación de recursos.

Fuente auditiva

VOCABULARIO DE LA ACTIVIDAD

la clave – key	tambaleante – unestable	subrayar – emphasize

Fuente: Programa de la emisora Radio Araucano "Un vistazo al mundo" de Carlos Slim Helú, con el apoyo de Terra.com.mx y Revista Vértigo (José Antonio Caporal), de diciembre de 2005.

📢 8.9.2

Voz en el informe
Dr. José Solteromayor: Comentarista para Radio Araucano

¡PONERLO EN PRÁCTICA!

I. Haz una comparación entre los varios tipos de ingresos en cada cuarto del año 2005 y decide cuál ha sido el mejor.

LOS INGRESOS DE MI FAMILIA

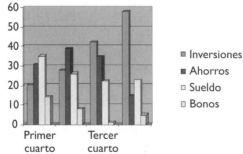

II. Empareja los términos en las tres columnas.

REBAJAS	LA MEDICINA	CANTIDAD DE PAGO
EL RIESGO	EL DESCUENTO	EL PORCENTAJE
JUBILARSE	LA CUOTA	NO GASTA
TACAÑO/A	RETIRARSE	EL CAPITAL
ACOMODADO/A	EL PELIGRO	LA PÓLIZA
LA PEREZA	EL DESPIDO	UN BUEN NIVEL DE VIDA
LAS INVERSIONES	LA TORPEZA	SE AVENTURA
LOS SEGUROS	LAS ACCIONES	YA NO TRABAJA
LA EXPULSIÓN	ADINERADO/A	SIN GANAS
EL PLAZO	MEZQUINO/A	PERDER EL TRABAJO

III. Juan tiene treinta pesos y quiere comprar comida para el almuerzo y quedarse con veinte pesos para comprarse una camiseta y un peso para llegar a casa en colectivo. Debe prepararse un pequeño presupuesto. Pero necesita tu ayuda. ¿Cuántas naranjas, manzanas, leche, fresas, y queso de cabra puede comprar?

Naranjas	2 pesos por 3	
Manzanas	3 pesos por 6	
Fresas	2 pesos por kilo	
Queso de cabra	4 pesos por kilo	
Leche	3 pesos por litro	
Colectivo	1 peso	
Camiseta	20 pesos	

IV. Identificaciones

A. Identifica qué tipo de ingreso financiero es.

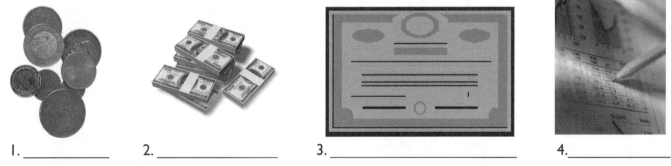

1. _____ 2. _____ 3. _____ 4. _____

B. Identifica los siguientes gastos de la casa.

1. _____ 2. _____ 3. _____

C. Identifica los siguientes asuntos laborales.

1. _____ 2. _____ 3. _____ 4. _____

D. Identifica las profesiones.

1. _____ 2. _____ 3. _____ 4. _____

5. _____ 6. _____ 7. _____ 8. _____

9. _____ 10. _____ 11. _____ 12. _____

CAPÍTULO IX

EL PRÓJIMO

¡¡¡¡¡¡¡¡¡¡¡¡ MODISMOS !!!!!!!!!!!!

Aunque de niña Melibea *se parecía mucho a* Melisa, ahora *me parece* que las dos no *se parecen* mucho. Desgraciadamente *perecieron* el año pasado en un terremoto.

La semana pasada mi cuñada *dio a luz a* una linda nena y soy su tío. Mi esposa *parió* un lindo nene. El *parto* resultó muy bien para madre e hijo.

Como *tienes la culpa del* deterioro de nuestra relación, siempre te voy a *echar la culpa.* Nunca voy a *pagar las culpas* tuyas.

?

JUEGOS DE PALABRAS

Cuando *el esposo* abusa de *la esposa* la policía le pone *esposas.*

Toda la familia es *familiar* con otros *familiares.*

Prefiero *un abrazo* en lugar de pelear *brazo a brazo*.

El romántico capitán murió en un *duelo* y su joven esposa pasó dos años *de duelo* antes de salir de su casa.

PARIENTES

los abuelos
los bisabuelos
los tatarabuelos
los hermanos
los hijos
la madrastra
la madre
el matrimonio
los novios
la nuera
el padrastro
el padre
los primos
los suegros
el yerno

MUESTRAS DE AMOR

abrazar
tomarle afecto
amar
declararle el amor
amoroso/a
besar
beso

darle cariño
ser cariñoso/a con
casarse con
tener compasión por
enamorarse de
llevar una alianza

MUESTRAS DE RESPETO

admirar
alabanza
alabar
apreciar
declararle homenaje (m)

LA AMISTAD

aceptar
aconsejar
ayudar
colaborar

compartir
comprender
gozar de la intimidad (f)
perdonar

ponerse de acuerdo
ser cordial con
tener amigos entrañables

LAS CELEBRACIONES
aniversario
cóctel (m)
cumpleaños (m)
día de santo (m)

PALABRAS ÚTILES
arraigarse
arreciar
arrepentirse de
atreverse a
conllevar
malvado/a
propio/a

EL ESTADO DE ÁNIMO

cansarse
confundirse
estar interesado/a
estar mareado/a
estar molesto/a
estar melancólico/a
resistir la modorra
tener estrés

COMPASIVO/A
fiel
flexible
humilde
piadoso/a
sensible
tolerante

SEGURO/A
competente
decisivo/a
independiente
motivado/a
valiente

INTROVERTIDO/A
apacible
conforme
dependiente
desordenado/a
intenso/a
serio/a

PERSONALIDADES

MIMADO/A
engañoso/a
feroz
frívolo/a
manipulador/a
perezoso/a
gruñón/ona
terco/a
vanidoso/a

MISÁNTROPO/A
chismoso/a
desagradable
descreído/a
insoportable
rígido/a
severo/a

ENTRE ENEMIGOS

conflictos
desacuerdos
disgustos
disputas
dominar
engaño
insultos
luchas
menospreciar
peleas
rivalidad (f)

PALABRAS FAMILIARES

la calma	calmarse	estar calmado/a
la confusión	confundirse	estar confundido/a
el contentamiento	contentarse	estar contento/a
la depresión	deprimirse	estar deprimido/a
la desesperación	desesperarse	estar desesperado/a
el disgusto	disgustarse	estar disgustado/a
el enojo	enojarse	estar enojado/a
la preocupación	preocuparse	estar preocupado/a
la tranquilidad	tranquilizarse	estar tranquilo/a
la tristeza	entristecerse	estar triste
la vergüenza	avergonzarse	estar avergonzado/a

ACTIVIDAD I. Audios cortos

LOS NIÑOS

Instrucciones: Ahora vas a escuchar una selección auditiva. Después de la selección se te harán varias preguntas sobre lo que acabas de escuchar. Para cada pregunta elige la MEJOR respuesta de las cuatro opciones escritas en tu libreta de examen y rellena el óvalo correspondiente en la hoja de respuestas.

UNO

VOCABULARIO DE LA ACTIVIDAD

hacer una mueca – to make a face at

pellizcar – to pinch

la muñeca – doll

harto/a – fed up

alcanzar – to reach

enfrentarse a – to face, to confront

rogar – to beg

aminorar – to reduce, to decrease

la alianza – alliance

Fuente: Este informe, que se titula "La rivalidad", se emitió por la emisora Radio Araucano en junio de 2005.

📢 9.1.1

Voces en el informe
Doctora Anselmo: Presentadora
Teresa Brotes de Roscos: La mujer que escribió la carta

Número 1.
- A. Una carta agradeciéndole su ayuda.
- B. Una carta pidiendo ayuda.
- C. Una carta escrita por una hermana disgustada.
- D. Una carta escrita por una madre asustada.

Número 2.
- A. Porque son una manera de aliviarse del estrés.
- B. Porque son básicos en la madurez del niño.
- C. Porque son una manifestación de la ley del más fuerte.
- D. Porque son un modo de expresar la superioridad del niño mayor.

Número 3.
- A. Cuando nace un hermanito.
- B. Cuando los hijos entran en la preadolescencia.
- C. Cuando los padres indican una preferencia por uno de los niños.
- D. Cuando los padres intentan resolver sus problemas matrimoniales.

Número 4.
- A. Hablan la misma lengua.
- B. Exigen la estricta obediencia entre los hijos.
- C. Esperan una alianza estrecha entre los miembros de la familia.
- D. Pueden marginar fácilmente a la oveja negra de la familia.

Número 5.
- A. Pedir ayuda a los abuelos que viven con la familia.
- B. Decirle al hijo mayor que no es necesario ser perfecto.
- C. Separarlos y hacerles contar a diez lentamente.
- D. Darles a los niños obligaciones según su edad y personalidad.

Número 6.
- A. No hay opción alguna.
- B. La familia puede hablar con un psicólogo.
- C. Los padres tienen que separarse.
- D. Los niños se enfrentarán los problemas solos.

DOS

VOCABULARIO DE LA ACTIVIDAD

el saltito – hop, skip
la víbora – snake

el payaso – clown
el puente – bridge

pellizcarse – to pinch

Fuente: "Juegos de la niñez", programa para niños de la emisora Radio Araucano en mayo de 2000.

9.1.2

Voces en el informe
Capitán Canguro: Presentador
Señor Rogelio: Comentarista
Belén y Joselito: Los niños

Número 1.
A. Un payaso.
B. Una víbora.
C. Un musicógrafo.
D. Un cantante.

Número 2.
A. Autóctono.
B. Tradicional.
C. Cortesano.
D. Cotidiano.

Número 3.
A. Activamente.
B. En silencio.
C. Tambaleándose.
D. Con mucho respeto.

Número 4.
A. Deben levantarse.
B. Deben caerse al suelo.
C. Deben bajar las manos.
D. Deben saltar.

Número 5.
A. Para los pre-escolares.
B. Para los adolescentes.
C. Para los jovencitos.
D. Para los mayores.

ACTIVIDAD II. Audios extendidos

Instrucciones: Ahora escucharás una selección auditiva. Se te permite tomar apuntes en el espacio en blanco de esta hoja y la siguiente. Estos apuntes no serán calificados. Al final de la selección contestarás una serie de preguntas sobre lo que acabas de escuchar. Basándote en la información de la selección, elige la MEJOR respuesta a cada pregunta de las cuatro opciones impresas.

UNO

VOCABULARIO DE LA ACTIVIDAD

el mellizo – twin
el trillizo – triplet
el cuatrillizo – quadruplet
poner hincapié en – to emphasize

la semilla – seed
desempeñar papeles– to play roles
entrañable – close
la alabanza – praise

el desacuerdo – disagreement
inquieto/a – restless
terco/a – stubborn
la riña – fight
menudo/a – small

Fuente: Este informe, que se titula "Multi-nacimientos", se emitió por la emisora Radio Araucano en junio de 2005.

🔊 9.2.1

Voces en el informe

Pilar Roncal: Locutora
Martín: Entrevistado

1. ¿Cómo entendía el hombre antiguo la relación entre gemelos?
   A. Creía que uno era el complemento del otro.
   B. Creía que eran completamente idénticos.
   C. Creía que era inevitable que uno matara al otro.
   D. Creía que siempre estarían juntos.

2. ¿Cuál es la diferencia biológica entre mellizos y gemelos?
   A. No hay diferencia biológica.
   B. Los gemelos vienen de semillas idénticas.
   C. Los mellizos nacen de semillas distintas.
   D. Los gemelos tienen padres menudos.

3. ¿Por qué se han investigado a gemelos?
   A. Para ver si los hermanos idénticos tienen los mismos intereses.
   B. Para comprobar la tesis que gemelos idénticos son diferentes.
   C. Para mejor entender la relación entre las influencias de ambiente y herencia.
   D. Para mejorar las relaciones entre los miembros de cualquier pareja.

4. ¿Cuáles son los dos factores más importantes en el desarrollo de la personalidad de los gemelos?
   A. El amor y la intimidad con los padres.
   B. Los intereses y las oportunidades de la familia.
   C. El reconocimiento y el respeto de los padres.

   D. La identificación con los padres y la competencia.

5. ¿Por qué evitan los gemelos disgustos y conflictos?
   A. Porque quieren desarrollar su propia identidad.
   B. Porque aman a sus padres.
   C. Porque uno quiere dominar al otro.
   D. Porque desean mantener una relación entrañable e íntima.

6. Martín y Enrique son…
   A. primos.
   B. niños.
   C. mellizos.
   D. gemelos.

7. ¿En qué se diferencian Martín y Enrique?
   A. Martín es más terco.
   B. Martín es más trabajador.
   C. Martín es más emotivo.
   D. Martín es más introvertido.

8. ¿Cuando Martín y Enrique están entre sus amigos, ¿cómo se comportan?
   A. Como cualquier par de amigos íntimos.
   B. Como si fueran la misma persona.
   C. De modos extrovertidos pero distintos.
   D. Como si estuvieran en casa a solas.

DOS

VOCABULARIO DE LA ACTIVIDAD

el CEPAL – Centro Económico para América Latina
involucrado/a – involved

la tutela – guardianship
en la medida en que – in so far as

la escolaridad – schooling

Fuente: "Los hombres toman más en serio la paternidad", programa emitido por Radio Naciones Unidas en diciembre del 2005.

🔊 9.2.2

Voces en el informe
Locutora: Anfitriona del programa
Rocío Franco: Corresponsal
Manuel Ortega Hegg: Director del Centro de Análisis Sociocultural de la Universidad Centroamericana de Managua

1. ¿Qué ha revelado el informe sobre la paternidad?
   A. Que hay menos machismo.
   B. Que hay más centroamericanos que aceptan la paternidad.
   C. Que hay un crecimiento económico debido a la paternidad.
   D. Que hay más interés en la paternidad.

2. ¿Cuáles son algunos cambios de actitud hacia la paternidad?
   A. Los padres disciplinan con menos frecuencia a sus hijos.
   B. Los padres les prestan una atención más cariñosa a sus hijos.
   C. Los padres proporcionan más seguridad para los hijos.
   D. Los padres les dan más autoridad a los hijos.

3. Tradicionalmente el papel del hombre en la familia ha sido...
   A. sobornar a su pareja.
   B. mantener orden en la familia.
   C. acompañar a los hijos.
   D. formar el intelecto de los hijos.

4. ¿Qué ha debilitado el papel de proveedor del padre?
   A. Una mentalidad muy tradicional hacia el trabajo.
   B. El número de años que los padres tienen que trabajar.
   C. La falta de empleo estable.
   D. Los factores culturales que impiden la educación.

5. ¿Qué juega un papel principal en las actitudes hacia la paternidad?
   A. La relación entre padre e hijo.
   B. La clase económica del padre.
   C. La relación entre padre y madre.
   D. El nivel de educación del padre.

6. El mejoramiento de la mentalidad hacia la paternidad...
   A. ha resultado en mayor intimidad familiar en los países latinoamericanos.
   B. permitirá que los países latinoamericanos confronten sus problemas socioeconómicos.
   C. ha frenado el incremento de desempleo.
   D. ha producido menos divorcios en Centroamérica.

7. ¿A qué conclusión llega el informe?
   A. La paternidad tradicional perpetúa la ignorancia.
   B. La pobreza genera actitudes machistas.
   C. La investigación ha revelado un reto importante para Centroamérica.
   D. La educación es la fuerza primordial para salir de la miseria.

ACTIVIDAD III. Lecturas

TODAS LAS EDADES

Instrucciones: Lee con cuidado el pasaje siguiente. El pasaje va seguido de varias preguntas u oraciones incompletas. Elige la MEJOR respuesta o terminación, de acuerdo con el pasaje. Tienes 10 minutos para leer el pasaje y contestar las preguntas.

UNO

VOCABULARIO DE LA ACTIVIDAD

holgado/a – comfortable
el ramo – subdivision
la deuda – debt
eminente – outstanding

la modorra – lethargy
engolfado/a – to become absorbed
el ejército – army

discordante – disagreeing
agradecer – to thank

Fuente: Misericordia, Benito Pérez Galdós.

Misericordia

El vértigo de Paquita Juárez fue un estado crónico desde que la casaron, muy joven, con D. Antonio María Zapata, que le doblaba la edad, intendente de ejército, excelente persona, de holgada posición por su casa, como la novia, que también poseía bienes raíces de mucha cuenta. Sirvió Zapata en el ejército de Africa, y pasó a la Dirección del ramo. Establecido el matrimonio en Madrid, le faltó tiempo a la señora para poner su casa en un pie de vida frívola que pronto salió de todo límite de prudencia, y no tardaron en aparecer los atrasos, las irregularidades, las deudas. Hombre ordenadísimo era Zapata pero de tal modo le dominaba su esposa, que hasta le hizo perder sus cualidades eminentes; y el que tan bien supo administrar los caudales del ejército, veía perderse los suyos, olvidado del arte para conservarlos. Tan notorio fue ya el desorden, que Zapata, aterrado, viendo venir el trueno gordo, hubo de vencer la modorra en que su cara mitad le tenía, y se puso a hacer números y a querer establecer método y razón en el gobierno de su hacienda; pero cuando más engolfado estaba el hombre en su aritmética, cogió una pulmonía, y pasó a mejor vida, dejando a dos hijos de corta edad: Antoñito y Obdulia.

1. Doña Paquita sufría de un vértigo sin duda porque…
   A. le faltaba tiempo para llevar una vida superficial.
   B. le tenía miedo a su marido.
   C. tenía muchas deudas.
   D. la casaron sus padres con un viejo.

2. Don Antonio fue administrador de…
   A. bienes raíces de importancia.
   B. su casa matrimonial.
   C. una empresa madrileña.
   D. provisiones para el ejército.

3. La vida frívola de doña Paquita produjo…
   A. un vértigo crónico en su marido.
   B. truenos sociales.
   C. problemas financieros.
   D. mucha popularidad entre sus amigos.

4. A Zapata se le olvidó el arte de conservar el dinero porque…
   A. era muy viejo.
   B. permitió que su esposa lo dominara.
   C. era un hombre desordenado.
   D. se asustó y no pudo recordar su aritmética.

5. Uno puede describir a esta pareja como una pareja…
   A. desorganizada.
   B. ideal.
   C. irrealista.
   D. discordante.

6. Cuando por fin decidió poner orden a su casa…
   A. se murió.
   B. pudo controlar los gastos.
   C. su esposa se lo agradeció.
   D. dejó desheredados a sus dos hijos.

DOS
VOCABULARIO DE LA ACTIVIDAD

el relato – story
a ojo de buen cubero – with an accurate eye
la chicharra – cicada
limar – to file

el parto – delivery
para colmo de desdichas – to top it all
el duelo – grief
la partera – midwife

el ungüento – ointment
tachar – to accuse of
feroz – fierce, raging
endemoniado/a – possessed
la curandera – witchdoctor

Fuente: La familia de Pascual Duarte, Camilo José Cela, Prentice-Hall, Inc., 1961.

La familia de Pascual Duarte

Era yo de bien corta edad cuando nació mi hermana Rosario. De aquel tiempo guardo un recuerdo confuso y vago y no sé hasta qué punto relataré fielmente lo sucedido; voy a intentarlo sin embargo, pensando que si bien mi relato pueda pecar de impreciso, siempre estará más cerca de la realidad que las figuraciones que, de imaginación y a ojo de buen cubero, pudiera usted hacerse.

Me acuerdo de que hacía calor la tarde en que nació Rosario; debía ser por julio o por agosto. El campo estaba en calma y agostado y las chicharras, con sus sierras, parecían querer limarle los huesos a la tierra; las gentes y las bestias estaban recogidas y el sol, allá en lo alto, como señor de todo, iluminándolo todo, quemándolo todo...**#1**

Los partos de mi madre fueron siempre muy duros y dolorosos; era medio machorra y algo seca y el dolor era en ella superior a sus fuerzas. Como la pobre nunca fue un modelo de virtudes ni de dignidades y como no sabía sufrir y callar, como yo, lo resolvía todo a gritos. Llevaba ya gritando varias horas cuando nació Rosario, porque para colmo de desdichas era de parto lento. **#2** Ya lo dice el refrán: mujer de parto lento y con bigote . . . (la segunda parte no la escribo en atención a la muy alta persona a quien estas líneas van dirigidas). **#3**

Asistía a mi madre una mujer del pueblo, la señora Engracia, la del cerro, especialista en duelos y partera, medio bruja y un tanto misteriosa, que había llevado consigo unas mixturas que aplicaba en el vientre de mi madre por aplacarle el dolor, pero como ésta, con ungüento o sin él, seguía dando gritos hasta más no poder, a la señora Engracia no se le ocurrió mejor cosa que tacharla de descreída y mala cristiana, y como en aquel momento los gritos de mi madre arreciaban como el vendaval, yo llegué a pensar si no sería cierto que estaba endemoniada. Mi duda poco duró, porque pronto quedó esclarecida. **#4**

1. ¿Qué actitud tiene el narrador hacia el nacimiento de su hermana?
   A. Le echa la culpa por haberle hecho sufrir a su madre.
   B. Ya no tiene una opinión fuerte de lo sucedido.
   C. Lo recuerda con confusión y duda.
   D. Desea que nunca hubiera ocurrido.

2. ¿A quién se dirige el narrador?
   A. A una persona de alto oficio.
   B. A un amigo suyo.
   C. A su hermana.
   D. A su madre.

3. El ruido que hacen las chicharras indica...
   A. el nacimiento de Rosario.
   B. la pobreza de la gente.
   C. el estado de ánimo del narrador.
   D. el calor feroz que hacía.

4. ¿Cómo habían sido siempre los partos de la madre?
   A. Endemoniados y misteriosos.
   B. Difíciles y de mucho dolor.
   C. Ruidosos y desagradables.
   D. Largos y confusos.

5. ¿Cómo era la madre del narrador?
   A. Una mala cristiana.
   B. Una mujer vanidosa y frívola.
   C. Una persona sin mucho orgullo.
   D. Un modelo de coraje y valentía.

6. ¿Qué papel tiene la señora Engracia en el pueblo?
   A. Es una especialista médica.
   B. Es una amiga de las madres embarazadas.
   C. Es una enfermera importante.
   D. Es curandera.

7. Se puede insertar **"La causa de las desusadas voces había sido mi nueva hermana."**, en posición...
   A. #1   C. #3
   B. #2   D. #4

ACTIVIDAD IV. Vocabulario y Verbos

UNO

VOCABULARIO DE LA ACTIVIDAD

la propina – allowance   **el dejo** – hint

Fuente: "Las propinas", <u>Más</u>, marzo, 1993.

Respecto a las propinas, los expertos aconsejan no condicionarlas al trabajo que __(1)__ los niños en la casa, para que ellos __(2)__ que trabajar es una responsabilidad __(3)__ y que la propina la __(4)__ por __(5)__ parte de la familia, aunque no __(6)__. Pero la mayoría de los padres __(7)__ que su hijo __(8)__ ganarse la propina. Es preferible enseñarles a hacer __(9)__ tareas estimulándolos con premios que no sean __(10)__, como por ejemplo llevándolos al cine, o permitiéndoles __(11)__ más tarde a la cama.

1. _____ (efectuar)
2. _____ (comprender)
3. _____ (familiar)
4. _____ (obtener)
5. _____ (ser)
6. _____ (ayudar)
7. _____ (creer)
8. _____ (deber)
9. _____ (su)
10. _____ (material)
11. _____ (irse)

Fuente: "La epidemia avanza entre los hispanos", Aliza Lifishitz, M.D., <u>Más</u>, abril, 1993.

"Me gustaría que la gente __(12)__ que porque tengo el virus no soy diferente de los demás," declara Roy Torres, un puertorriqueño de mirada __(13)__. "__(14)__ en Miami y soy residente en California desde la niñez. __(15)__ 34 años y muchas ganas de __(16)__. Me __(17)__ conocer a muchas personas y ayudar a otros. ¡__(18)__ tantas cosas que quisiera __(19)__ ! Me __(20)__ estudiar teatro y literatura, pero ahora no puedo. Me __(21)__ mucha actividad". Su voz tiene un dejo de melancolía.

12. _____ (saber)
13. _____ (intenso)
14. _____ (Nacer)
15. _____ (Tener)
16. _____ (vivir)
17. _____ (gustar)
18. _____ (Haber)
19. _____ (hacer)
20. _____ (encantar)
21. _____ (cansar)

DOS

VOCABULARIO DE LA ACTIVIDAD

ahorrar – to save
la ganancia – profit
el lujo – luxury

por encima – beyond
el presupuesto – budget

procurar – to make an effort to
la manutención – upkeep

Fuente: "El dinero importa, pero no lo es todo", Chiori Santiago, <u>Más</u>, marzo, 1993.

El dinero. ¡Cómo __(1)__ necesitamos! Y cuanto antes se __(2)__ a administrarlo, mejor. Hasta los niños más chicos pueden aprender a gastar __(3)__ dinero y a ahorrarlo. Si se acostumbran a hacerlo, les será más fácil administrar sus ganancias cuando __(4)__ mayores.

El nacimiento de un bebé es un buen momento para __(5)__ su filosofía personal del dinero. ¿Suele Ud. ir de compras para recompensarse __(6)__ artículos de lujo muy por encima de su presupuesto? ¿O cuenta tanto los centavos que no disfruta con lo que gana? ¿Se ciñe a un presupuesto de acuerdo a sus ingresos? Dicen que no hay mejor profesor que el ejemplo, así que si quiere servir de modelo a sus hijos __(7)__ empezar por organizar su economía.

__(8)__ __(9)__ serie de principios que hay que respetar. No utilice jamás el dinero como soborno o como sustituto del cariño o del tiempo que se les da a los niños. No les diga nunca, por ejemplo: "Si te portas bien, te compro un helado". Hay que ayudar a los niños a comprender que la buena conducta debe ser __(10)__ por el amor, no por el dinero o estará __(11)__ un manipulador en potencia.

Si es padre o madre soltera, procure que el dinero no __(12)__ en un motivo de batalla. No __(13)__ de regalos a sus hijos para "comprar" su afecto, y si está luchando por obtener manutención para ellos, no deje que los niños __(14)__ culpables por ello.

Puede preparar el futuro de un bebé abriéndole una cuenta de ahorros en el momento en que nace. Allí se __(15)__ acumular los cheques de regalo de los parientes, después de adquirir lo esencial para el cuidado del niño.

1. _____ (lo)
2. _____ (aprender)
3. _____ (su)
4. _____ (ser)
5. _____ (evaluar)
6. _____ (adquirir)
7. _____ (deber)
8. _____ (Existir)
9. _____ (un)
10. _____ (motivado)
11. _____ (crear)
12. _____ (convertirse)
13. _____ (cubrir)
14. _____ (sentirse)
15. _____ (poder)

ACTIVIDAD V. Vocabulario

Instrucciones: Para cada uno de los pasajes siguientes, primero lee el pasaje y entonces escribe en la línea a continuación de cada número una palabra apropiada para completar el pasaje de manera lógica y correcta. Para recibir crédito, tienes que escribir y acentuar la palabra correctamente. Debes escribir UNA SOLA palabra en cada línea. Tienes 10 minutos para leer los pasajes y escribir tus respuestas.

UNO
VOCABULARIO DE LA ACTIVIDAD

destacar – to point out   **perdurar** – to last   **arraigado/a** – deeply rooted
el villancico – carol   **matutino/a** – morning

Fuente: "Vida cotidiana: Recupera los ritos familiares", Marina Rius and M. Rossell, <u>Clara</u>, diciembre, 1997.

Los ritos familiares, que adquieren especial relevancia en las fiestas navideñas, tienen un indudable valor positivo para los niños, ya que destacan una fuerte carga emotiva. Es durante estas fiestas cuando las costumbres familiares alcanzan su máxima importancia. Desearse Feliz Navidad, hacerse regalos o cantar villancicos son usos que han perdurado __(1)__ el tiempo convirtiéndose __(2)__ auténticos ritos.

La vida está llena de ceremonias. Algunas son cotidianas y __(3)__ hacemos casi sin __(4)__ cuenta, como el beso de buenas noches, el saludo matutino, etc. Otras se manifiestan en ocasiones señaladas como la celebración de los quince años, en el plano religioso, como la primera comunión. Pero en todo caso los psicólogos coinciden __(5)__ que los ritos familiares tienen grandes beneficios. Uno de __(6)__ es que unen a la familia, ya que despiertan el sentido de pertenencia a una familia determinada. Ayudan __(7)__ crear un sentimiento de cohesión y solidaridad, incluso a pesar __(8)__ las disputas que puedan ocurrir. Por lo general los familiares dispersos geográficamente tratan __(9)__ reunirse una o dos veces al año para celebrar alguna fecha importante. Estas reuniones permiten comprobar que la familia aún existe.

Es importante evitar que los ritos sean completamente rígidos. Con el paso del tiempo, conviene ser flexible y modificarlos según la nueva realidad. La persistencia de ritos demasiado rígidos puede crear grandes conflictos familiares. La boda de un hijo, un divorcio, una nueva pareja para un padre o una madre divorciados, son cambios que pueden afectar tradiciones muy arraigadas. Es preciso, entonces, __(10)__ tolerante y adaptarlos __(11)__ la nueva estructura familiar.

1. _____

2. _____

3. _____

4. _____

5. _____

6. _____

7. _____

8. _____

9. _____

10. _____

11. _____

DOS
VOCABULARIO DE LA ACTIVIDAD

reemplazar – to replace
el ámbito – atmosphere

duradero/a – lasting
inculcar – to instill

Fuente: "Consejos para los padres de la madre de Michael Jordan", Elizabeth Chesla, <u>La Familia de la Ciudad</u>, abril y mayo, 1997.

La madre de Michael Jordan, Súper Estrella de básquetbol, __(12)__ escrito un libro llamado Family First. En __(13)__ la Sra. Jordan comparte muchas ideas útiles para los padres. Ella dice que sus siete "principios para los padres" forman la base __(14)__ una unión fuerte y amorosa __(15)__ padres __(16)__ hijos. __(17)__ son los dichos principales:

1. __(18)__ presente. No hay nada que reemplace el tiempo que los padres pasan con sus hijos. Forme parte de las actividades escolares y de __(19)__ que están afuera del ámbito del colegio.

2. Acepte los cambios. Sea flexible. Su papel como padre necesita cambiarse __(20)__ crecen sus hijos. Aprenda a darles __(21)__ ellos la dirección que necesitan.

3. Comuníque con tu pareja. Escuche a sus hijos. Escuche por sugerencias de lo __(22)__ está pasando en su vida. Busque indicios de las cosas que quizás no puedan decir en voz alta. Dígales a sus hijos que __(23)__ ama y muéstreselo con abrazos, besos, y sacrificios.

4. Déles a sus hijos regalos duraderos de carácter. Enseñe a sus hijos que se cuiden por sí __(24)__ y a los __(25)__. Inculque paciencia y coraje. Y recuerde, la mejor manera de educarlos es con su propio ejemplo.

12. _____

13. _____

14. _____

15. _____

16. _____

17. _____

18. _____

19. _____

20. _____

21. _____

22. _____

23. _____

24. _____

25. _____

ACTIVIDAD VI. Ensayos Cortos

UNO

Instrucciones: Para la siguiente pregunta, escribirás un email. Tienes 10 minutos para leer la pregunta y escribir tu respuesta.

Un amigo siempre hace o dice cosas que no te agradan. Escríbele un email y

* describe algunas de esas cosas que han sido molestias para ti.
* hazle dos sugerencias para resolver el problema.

DOS

Instrucciones: Para la siguiente pregunta, escribirás una entrada en tu diario. Tienes 10 minutos para leer la pregunta y escribir tu respuesta.

Ha sido un día horrible. No estás de acuerdo con las demandas que te han hecho algunos familiares. Escribe en tu diario y

* describe lo que tus familiares te han exigido que te ha fastidiado.
* explica por qué no vas a requerir que tus futuros hijos lo hagan y por qué.
* relata la mejor manera de llegar a un acuerdo con tus familiares.

ACTIVIDAD VII. Ensayo basado en varias fuentes

Instrucciones: La siguiente pregunta se basa en las Fuentes 1-3. Las fuentes comprenden material tanto impreso como auditivo. Primero, dispondrás de 7 minutos para leer el material impreso. Después, escucharás el material auditivo; debes tomar apuntes mientras escuches. Entonces, tendrás 40 minutos para escribir tu ensayo.

Esta pregunta se diseñó para medir tu capacidad de interpretar y sintetizar varias fuentes. Tu ensayo debe utilizar información de las fuentes que apoye tus ideas. Debes referirte a TODAS las fuentes. Al referirte a las fuentes, cítalas apropiadamente. Evita simplemente resumir las fuentes individualmente.

Tu prima está planeando su boda y te ha pedido consejo. La novia tiene una familia muy tradicional. Sin embargo, el novio viene de una familia muy moderna a quien no le sinteresan tanto las costumbres tradicionales. En un ensayo discute la tensión entre estos puntos conflictivos. Ofrece unas ideas sobre cómo resolverlos.

Fuente Impresa Nº 1

VOCABULARIO DE LA ACTIVIDAD

alejar – to keep away
aciago/a – unlucky
la sabiduría – wisdom
el refranero – collection of sayings or proverbs

expuesto/a – exposed
encargarse – to be in charge
la jornada – day
las arras – thirteen coins given by bridegroom to bride

matrimonio consanguíneo – intermarriage
las amonestaciones – banns

Fuente: Adaptado de un artículo publicado por www.publicada.com/supersticiones, "Si sois supersticiosos".

Que Santa Clara nos asista

La costumbre de regalar huevos a Santa Clara para que la santa aleje la lluvia el día de la boda existe porque un casamiento pasado por agua supone que la novia llorará mucho a lo largo de todo su matrimonio. Por lo tanto, los días lluviosos son aciagos para casarse.

Sin embargo, la sabiduría popular intenta compensar lo que el destino nos niega, y por eso el refranero insiste en todo lo contrario: "Novia mojada, novia afortunada". Y es que la que no se consuela es porque no quiere.

La luna nueva es ideal para los rituales de magia negra, por lo que los novios están más expuestos a maldiciones. En cambio, si se casan con luna llena su unión será bendecida con fertilidad y abundancia, lo mismo que si eligen el lunes, día de la luna, para celebrar la boda. El viernes es el día de Venus, diosa de la belleza y del amor y ella se encargará de que el cariño de los novios sea duradero. También el domingo es un día bendito, pues es el día del sol y éste derramará salud, alegría y abundancia sobre los esposos. Por esta misma razón el 24 de junio, el solsticio de verano es una buena jornada para casarse.

Las arras

Son las trece monedas de oro, plata o alpaca que el novio pone en manos de la esposa durante la celebración del matrimonio religioso. Antes, las arras simbolizaban dos cosas: las propiedades y bienes que el futuro matrimonio compartiría y el regalo que el novio le hacía a la novia en agradecimiento a su virginidad.

Las amonestaciones

Son el anuncio público de la futura boda, para que si hay alguien que crea que no debe celebrarse dicha boda pueda impedirlo. Esta costumbre fue iniciada por el emperador Carlomagno. En aquella época, se producían muchos matrimonios consanguíneos, por lo que el emperador obligó a los novios a comunicar su compromiso una semana antes de la boda. Las amonestaciones, o aviso público se colgaban en la puerta de la iglesia para que todo el mundo pudiera verlas.

Fuente Impresa Nº 2

VOCABULARIO DE LA ACTIVIDAD

la carpa – tent, canopy   **eligir** – to choose   **seña** – down payment

Fuente: Adaptado de un artículo publicado por www.el-carabobeno.com/parentesis/231103/spla3.asp.

Cuando están eligiendo un lugar tal como un salón de fiestas, una carpa, un club o un restaurante para realizar la fiesta, necesitan saber si el lugar ofrece, además de las instalaciones, el servicio de catering (entre otros). El sitio elegido debe reflejar la formalidad del evento, el tema de la boda (en caso de tener uno), el tipo de comida que les gustaría y el presupuesto.

¡Elijan una fecha! Una vez que hayan elegido el lugar que quieren, necesitan saber si está disponible en la fecha elegida y reservarlo lo antes posible. Deben tratar de reservar el salón y el catering de seis a doce meses antes de la boda.

¡Ahora es el momento de examinar el presupuesto!

* ¿Cuál es el presupuesto con el que cuentan para la fiesta?
* ¿Hay una seña requerida?
* ¿Cuánto son los impuestos?
* ¿Qué es lo que el proveedor incluye en el precio? (ej. Armado, limpieza, ayuda, comida, alquileres, etc..)

Fuente Nº 3 Auditiva

VOCABULARIO DE LA ACTIVIDAD

preparativos – preparations   **el capricho** – whim   **seguir peleado/a** – to continue
la vorágine – wind storm   **de abolengo** – of important   to fight
sobrellevar – to bear   lineage

Fuente: Entrevista de "Nuestro rincón del mundo" que se emitió por la emisora Radio Araucano en mayo de 2006.

🔊 9.7

Voces en el informe

Locutora: Anfitriona del programa
Juan Fanfarrón: El novio infeliz

ACTIVIDAD VIII. Conversaciones dirigidas

UNO

> **_Instrucciones:_** Ahora participarás en una conversación telefónica simulada. Primero, tendrás 30 segundos para leer el bosquejo de la conversación. Entonces, escucharás una explicación de la situación y tendrás 60 segundos para volver a leer el bosquejo. Después empezará la llamada telefónica, siguiendo el bosquejo. Siempre que te toque, tendrás 20 segundos para responder; una señal te indicará cuándo debes empezar y terminar de hablar. Debes participar en la conversación de la manera más completa y apropiada posible.

Imagina que has recibido el mensaje de que te han elegido para saludar por teléfono al Dalai Lama, líder espiritual del Tíbet. Va a llamarte hoy.

La conversación
[Las líneas en gris reflejan lo que escucharás en la grabación.]

El Dalai Lama:	• Suena el teléfono.
	• Te saluda.
	• Empieza la conversación. **[Tono]**

| Tú: | • Salúdale. |
| | • Contesta su pregunta. |

| El Dalai Lama: | • Te responde. |
| | • Continúa la conversación. **[Tono]** |

| Tú: | • Contesta sus preguntas. |
| | • Pídele consejos. |

| El Dalai Lama: | • Te contesta. |
| | • Continúa la conversación. **[Tono]** |

| Tú: | • Contesta la pregunta. |

El Dalai Lama:	• Continúa la conversación. **[Tono]**
Tú:	• Contesta la pregunta.
	• Dile alguna preocupación que tienes.

| El Dalai Lama: | • Continúa la conversación. **[Tono]** |
| Tú: | • Contesta las preguntas. |

| El Dalai Lama: | • Te responde. |
| | • Continúa la conversación. **[Tono]** |

| Tú: | • Contesta la pregunta. |
| | • Termina la conversación porque alguien te llama y tu teléfono te lo indica. |

| El Dalai Lama: | • Responde con confusión. |

DOS

Imagina que tus padres te han regalado una mascota, un perrito. Quieres darle un nombre apropiado. Le has dejado un mensaje a tu mejor amiga, Victoria. Ella te llama para ayudarte.

La conversación

[Las líneas en gris reflejan lo que escucharás en la grabación.]

Victoria:	• Suena el teléfono.
	• Te saluda.
	• Empieza la conversación. **[Tono]**
Tú:	• Contesta la pregunta.
	• Hazle una pregunta sobre nombres de perro.
Victoria:	• Te responde.
	• Continúa la conversación. **[Tono]**
Tú:	• Contesta la pregunta.
	• Dile que tiene mucha energía y dale varios ejemplos.
Victoria:	• Continúa la conversación. **[Tono]**
Tú:	• Contesta las preguntas afirmativamente.
	• Dile que prefieres otro nombre y por qué.
Victoria:	• Continúa la conversación. **[Tono]**
Tú:	• Contesta.
Victoria:	• Continúa la conversación. **[Tono]**
Tú:	• Contesta con una fecha en octubre y dile los detalles que busca.
Victoria:	• Continúa la conversación. **[Tono]**
Tú:	• Contesta las preguntas afirmativamente.
	• Dale algunos ejemplos de tus libros favoritos y de los escritores preferidos.
	• Pídele una sugerencia.
Victoria:	• Continúa la conversación. **[Tono]**
Tú:	• Responde con alegría.
	• Dile que se reúna contigo en un lugar especial.
	• Despídete.
Victoria:	• Termina la conversación.

ACTIVIDAD IX. Presentaciones orales

UNO

Hay una exposición de abanicos españoles en el museo de arte en tu pueblo. Tienes que dar en tu colegio una presentación sobre la exposición. Es importante que la presentación les interese a los jóvenes. Incluye las ideas y la información de las siguientes fuentes.

Texto impreso

VOCABULARIO DE LA ACTIVIDAD

el abanico – fan
coquetear – to flirt

la mejilla – cheek
la sien – temple

Fuente: "Abanicos: símbolo de coqueteo" de el-caraboneno.com

Coqueteando

* Si la dama se abanica sobre el pecho lentamente, significa: "Soy soltera, no tengo novio."
* Si mueve el abanico con movimientos cortos y rápidos sobre su pecho: "Estoy comprometida o tengo novio, sigue tu camino."
* Si abre y cierra el abanico y lo pone en su mejilla, le indica al joven: "Me gustas."
* Si coloca el abanico con la sien y mira hacia arriba: "Pienso en ti noche y día."
* Si sospecha que su amado le es infiel o lo ve hablando con otra joven, se toca la punta de la nariz con el abanico, indicándole: "Algo no me huele bien."
* Si camina impaciente de lado a lado golpeando la palma de su mano con el abanico: "Ten cuidado, cariñito, por ahí viene la chaperona."
* Si abre y cierra el abanico y señala hacia el jardín: "Espérame allí, mi amor, pronto estaré junta a ti."
* Finalmente, si mira al joven sugestivamente cubriéndose la boca con el abanico, significa que le está enviando un beso y, obviamente, el joven sabe que él es el escogido.

Informe auditivo

VOCABULARIO DE LA ACTIVIDAD

el encaje – lace
el marfil – ivory

el pericón – popular Argentinean dance

Fuente: Ha sido adaptado de un artículo publicado en la red, "Abanicos: símbolo de coqueteo" de el-caraboneno.com

🔊 9.9.1

Voces en el informe
Locutora: Anfitriona del programa de radio
Señora Díaz: Propietaria de la tienda "El Armario"

DOS

Tienes que dar una presentación en tu clase de psicología. El tema es cómo criar y educar niños responsables. Utiliza las perspectivas presentadas en las siguientes fuentes como punto de partida y contrapeso para tus propias ideas.

Texto impreso

VOCABULARIO DE LA ACTIVIDAD

capacitado/a – capable
habilidoso/a – skilfull
acorde con – in agreement with

amarrarse los cordones – tie one's shoes
el cojín – cushion

regar – to water
recoger las hojas – rake leaves
el césped – lawn, grass

Fuente: Artículo "Tu familia", p. 49, <u>Buen Hogar</u>, marzo de 2004.

Un ayudante feliz y capaz

El secreto de criar y educar niños responsables, capacitados y habilidosos (muy acorde con las exigencias de los tiempos que corren) está en dejarles asumir tareas cotidianas personales y de la casa por sí solos. No te desesperes si se equivocan o no hacen las cosas bien...ellos aprenderán.

✓ **DE 2 A 3 AÑOS DE EDAD**

PEINARSE SOLO.
LAVARSE LAS MANOS.
PONERSE ROPA CÓMODA QUE NO TENGA BROCHES.
ENJABONARSE CUANDO SE DA UN BAÑO.

✓ **DE 4 A 5 AÑOS DE EDAD**

PONERSE LOS ZAPATOS Y AMARRARSE LOS CORDONES.
ESTIRAR LAS SABANAS Y ACOMODAR LOS COJINES.
LUSTRAR LOS MUEBLES.
ALIMENTAR A LA MASCOTA.

✓ **DE 6 A 7 AÑOS DE EDAD**

ORDENAR SU HABITACIÓN.
AYUDAR A LAVAR EL AUTO.
REGAR LAS PLANTAS Y RECOGER LAS HOJAS.
PASEAR AL PERRO.

✓ **DE 8 A 10 AÑOS DE EDAD**

DOBLAR LA ROPA LIMPIA.
LLENAR LA LAVADORA DE ROPA Y PONERLA A FUNCIONAR.
AYUDAR EN LAS TAREAS DE SUS HERMANOS MENORES.
AYUDAR A CORTAR EL CÉSPED Y ARREGLAR EL JARDÍN.

Informe auditivo

VOCABULARIO DE LA ACTIVIDAD

la astucia – cleverness
aclarar – to clarify
de antemano – beforehand
"Te conozco bacalao aunque vengas disfrazado."
  – I can see straight through you! You can't fool me!

"Se me están cayendo las alas del corazón." – I
  am losing heart.
**"Sorprender a alguien con las manos en la
  masa."** – To catch someone in the act!

Fuente: Artículo "Tu familia", <u>Buen Hogar</u>, marzo de 2004, emitido por la emisora Radio Araucano
en abril de 2004.

🔊 9.9.2

Voces en el informe
Locutor: Anfitrión del programa de Radio Araucano
Varios padres: Juan, Bárbara, Patricia

¡PONERLO EN PRÁCTICA!

I.   Identifica la emoción o el estado de ánimo.

1. _____

2. _____

3. _____

4. _____

5. _____

6. _____

7. _____

8. _____

II. Identifica la característica de la personalidad.

1. _____

2. _____

3. _____

4. _____

III. Describe la interacción personal.

1. _____

2. _____

3. _____

4. _____

5. _____

IV. Después de investigar las características de la personalidad presentadas en este capítulo, explícale a un compañero de clase por qué te crees compasivo/a, introvertido/a, seguro/a, mimado/a o misántropo/a, o una combinación.

V. Escribe al menos dos características de la personalidad para cada una de las siguientes acciones.

1. Alguien que frecuentemente se arrepiente de una idea es _____.

2. Alguien que se atreve a conocer a otros es _____.

3. Alguien que se arraiga fácilmente en un pueblo es _____.

4. Alguien que se cansa rápidamente de trabajar es _____.

5. Alguien que se confunde con todo es _____.

6. Alguien que menosprecia con frecuencia a los demás es _____.

7. Alguien que comparte sus cosas con otros es _____.

8. Alguien que engaña al prójimo es _____.

9. Alguien que se lleva bien con todos es _____.

10. Alguien que se avergüenza fácilmente es _____.

11. Alguien que alaba a los otros sinceramente es _____.

12. Alguien que desconfía de los demás es _____.

No me mires que nos miran,
no miran que nos miramos,
miremos que no nos miren
y cuando no nos miren
nos miraremos,
porque si nos miramos
descubrir pueden
que nos amamos.

CAPÍTULO X

DE TODO UN POCO

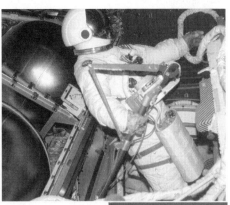

José María Aznar **presentó su candidatura para** presidente en 1996 y ganó las elecciones **a costa del** esfuerzo de sus partidarios.

Muchas veces los políticos **ceden a** intereses locales **a expensas de** necesidades nacionales.

Cuando murió el presidente Benito Juárez en julio de 1872 todo el país **estuvo de luto.**

El candidato **en cuestión** acortó su meteórica carrera porque **no tenía pelos en la lengua** para decir lo que creía y así pisoteó a mucha gente.

?

JUEGOS DE PALABRAS

El cura siempre me da unas **órdenes** en cierto **orden** lógico y según los preceptos de su **orden** religiosa.

La comunidad internacional está dispuesta a invertir mucho **capital** en la **capital** del país.

Cuando los asesinos **intentaron** un **atentado** contra la vida del presidente la **tentativa** fracasó.

Sucedió un **acontecimiento** mientras otro **suceso acontecía.** Fue un **espectáculo** singular.

EL GOBIERNO

comité (m)
constitución (f)
derechos civiles
enmienda
gobernador/a
lores (m)
ministro
partidarios
partidos
presidente
reforma
régimen (m)
senador vitalicio

CONTROVERSIAS

asilos de ancianos
censura
clonación (f)
clonar
diversidad (f)
impuestos
inflación (f)
inmigración (f)
intolerancia
libertad (f)
terrorismo

LA POLÍTICA

campaña
candidato/a
dictador
dictadura
dimitir
diplomático/a
elección (f)
global
golpe de estado (m)
negociar
votar

EN LA SALA DE UN TRIBUNAL

acusado/a	delatar	justo/a
acusar	fiscal	petición (f)
convicción (f)	ilegal	pleito
costas procesales	inmunidad (f)	procesamiento
crimen de lesa humanidad	inocentes (m, f)	proceso
(m)	juez (m)	testigos (m, f)
culpable	jurídico/a	testimonio
defensor (m)	justicia	

LA TECNOLOGÍA

autómatas (m)
contestadora
microcassette (m)
ordenadores (m)
teléfono celular
teléfono móvil
videocasetera

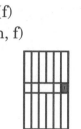

OTROS MUNDOS

extranjero/a
extraterrestres
interplanetario/a
marciano/a

LA POLICÍA

LOS LUGARES	LOS CRÍMENES	LOS DEBERES	LOS CRIMINALES	EL PERSONAL
el calabozo	el asalto	arrestar	los acusados	los detectives
la cárcel	el asesinato	esposar	los asaltadores	los guardias
la celda	el chantaje	interrogar	los asesinos	los inspectores
la comisaría	el desfalco	investigar	los carteristas	los investigadores
la prisión	el robo	prender	los delincuentes	los policías
	el soborno			

LA VIOLENCIA	DISTURBIOS	LAS ARMAS	LA GUERRA
abusar	huelgas	ametralladora	atrocidades horrendas
acosar	motín (m)	lanzacohete (m)	avance militar (m)
atacar	protestas	rifle (m)	bandos rebeldes
atropellar	sublevación (f)	tanque blindado	batalla belicosa
chocar			capturar al comandante
secuestrar			ejército
torturar			estar de patrulla
			fuerzas aliadas
			refugiado/a
			rendirse
			represalias
			soldado (el/la)
			tropas

PALABRAS REVUELTAS

daartot — Un acuerdo de paz entre naciones.

oputaí — Una sociedad ideal y perfecta.

tluma — Lo que pagas por un delito.

azanlia — Amistad entre dos naciones.

reigle — Escoger entre candidatos.

ACTIVIDAD I. Audios cortos

Instrucciones: Ahora vas a escuchar una selección auditiva. Después de cada selección se te harán varias preguntas sobre lo que acabas de escuchar. Para cada pregunta elige la **MEJOR** respuesta de las cuatro opciones escritas en tu libreta de examen y rellena el óvalo correspondiente en la hoja de respuestas.

UNO

VOCABULARIO DE LA ACTIVIDAD

pillar – to catch
brindado/a – offered
la madrugada – dawn

de súbito – suddenly
el mameluco – overalls
en sigilo – in secrecy

delatar – to tell on someone
el necio – fool
el arranque – start-up

Fuente: Programa serial de la emisora Radio Araucano "Hidalguía ingeniosa", emitido en enero, 2006.

🔊 10.1.1

Voces en el informe
Narrador: Anfitrión del programa
Recaredo: Nuestro héroe
Rolando: Gran amigo de Recaredo

Número 1.
- A.   No se sabe con precisión.
- B.   En un pueblo pequeño.
- C.   En un coche sport.
- D.   En la Tierra de Nuncajamás.

Número 2.
- A.   A la casa de Rosalinda.
- B.   A la próxima aventura.
- C.   A la Compañía InderectTV.
- D.   A la comisaría de policía.

Número 3.
- A.   Una camioneta.
- B.   Un plato y una cuchara.
- C.   Unos espías.
- D.   Unos ladrones.

Número 4.
- A.   Que usaban el teléfono de Rosalinda.
- B.   Que mejoraban la recepción de Rosalinda.
- C.   Que escuchaban la música de Rosalinda.
- D.   Que espiaban la casa de Rosalinda.

Número 5.
- A.   Que estaban usando el teléfono de Rosalinda.
- B.   Que estaban mejorando la recepción de Rosalinda.
- C.   Que estaban escuchando la música de Rosalinda.
- D.   Que estaban espiando la casa de Rosalinda.

Número 6.
- A.   Tenía medo que Recaredo no viese a Rosalinda.
- B.   Tenía miedo que los hombres llamaran a la policía.
- C.   Quería irse a dormir.
- D.   Quería buscar otra aventura.

Número 7.
- A.   Estaban reparando.
- B.   Estaban espiando.
- C.   Estaban visitando.
- D.   Estaban acechando.

DOS

VOCABULARIO DE LA ACTIVIDAD

la bata – bathrobe   **el acero** – steel   **congojoso/a** – distressed
adjuntar – to attach   **apacible** – gentle   **señorial** – lordly

Fuente: Esta selección es de "Los Reñire", programa serial de la emisora Radio Araucano, enero de 2005.

🔊 10.1.2

Voces en el informe
Narrador: Anfitrión del programa
Sra. Reñire: La esposa
Sr. Reñire: El marido

Número 1.
- A. Apacible.
- B. Perezoso.
- C. Productor.
- D. Congojoso.

Número 2.
- A. De detectives.
- B. De romance.
- C. De ciencia-ficción.
- D. De caballería.

Número 3.
- A. De indignación.
- B. De felicitación.
- C. De consejo.
- D. De protesta.

Número 4.
- A. No sabía adjuntar la carta al correo electrónico.
- B. Buscaba una despedida especial y formal.
- C. Había perdido las direcciones de la compañía.
- D. No sabía abrir su página de correo electrónico.

Número 5.
- A. Que despidiesen a sus jefes.
- B. Que produjesen más hierro.
- C. Que cerrasen su filial.
- D. Que vendiesen la hacienda señorial.

Número 6.
- A. Es compasiva.
- B. Es impulsiva.
- C. Es romántica.
- D. Es tecnológicamente al tanto.

Número 7.
- A. La carta está llegando por el ciberespacio.
- B. Ha mandado la carta por correo aéreo.
- C. Se equivocó de carta.
- D. La Compañía Castillo Saavedra está bien dirigida.

ACTIVIDAD II. Audios extendidos

UNO
VOCABULARIO DE LA ACTIVIDAD

tragado/a – swallowed up   **cocalero/a** – coca growers   **desgastar** – weaken
anclado/a – anchored   **ligado/a** – tied, bound   **esparcir** – to spread
gremial – unionized   **arribar** – to arrive

Fuente: Esta selección "La izquierda en Latinoamérica" fue emitido por Radio TVE el 24 de diciembre de 2005.

🔊 10.2.1

Voces en el informe
Locutor: Presenta el programa
María Álvarez de Ulate: Corresponsal
Martín Tanaka: Investigador peruano de movimientos políticos en América Latina
Peter Smith: Profesor de la Universidad de California San Diego
Manuel López Obrador: Candidato de la izquierda mexicana

1. ¿Para qué se organizó un semanario en Madrid?
   A. Para charlar de espacios políticos en América Latina.
   B. Para debatir la cuestión de los movimientos étnicos en América Latina.
   C. Para esparcir información sobre la izquierda latinoamericana.
   D. Para analizar un fenómeno político en la América Latina.

2. El investigador peruano, Martín Tanaka, cree que...
   A. la izquierda tiene un futuro seguro.
   B. la izquierda es la única opción electoral.
   C. la izquierda puede caer víctima de un populismo radical.
   D. la izquierda es la política automática del futuro.

3. Según el investigador Tanaka, ¿para qué ha vuelto la izquierda a revitalizarse?
   A. Para dar voz a grupos al margen del proceso político.
   B. Para abrazar movimientos democráticos.
   C. Para enfatizar que la derecha ha sido totalitaria.
   D. Para promocionar ideas demagógicas y populistas.

4. ¿Qué quiere decir Tanaka cuando afirma:
   "...se trata de un electorado que puede inclinarse ciertamente por opciones izquierdas pero también puede inclinarse por opciones clientelíticas, autoritarias, populistas"?
   A. Que los latinoamericanos van a apoyar partidos democráticos centristas.
   B. Que los votantes no saben por quién votar.
   C. Que los izquierdistas van a adoptar posturas antidemocráticas.
   D. Que hay un gran sentido de marginalidad en América Latina.

5. ¿Qué acontecimiento reciente pone de manifiesto el resurgimiento de la izquierda en América Latina?
   A. El número de presidentes latinoamericanos de la izquierda.
   B. El número de discursos y demandas raciales y étnicos en Latinoamérica.
   C. El aumento de opciones políticas en América Latina.
   D. El aumento de votantes sindicalistas y gremialistas.

6. Según Tanaka, el movimiento izquierdista tendrá una base más fuerte si…
   A. busca votos del centro.
   B. se identifica con los partidos tradicionales.
   C. apoya las fuerzas laborales.
   D. sigue el ejemplo del polo democrático de Colombia.

7. ¿Qué dice Manuel López de las dos izquierdas en México?
   A. Que van a perder las próximas elecciones.
   B. Que las dos están ligadas al sistema democrático.
   C. Que la izquierda autoritaria necesita la democrática.
   D. Que se oponen.

DOS
VOCABULARIO DE LA ACTIVIDAD

enredar – to mix up   **deshilachar** – to fray   **arrebatar** – to snatch

Fuente: Esta selección "Nuevas tecnologías" fue emitida por Radio Grupo Acir en 1999.

🔊 10.2.2
Voces en el informe
Locutor: Anfitrión del programa
Fernando Madrid: Experto en asuntos de tecnología y computación

1. En sus cincuenta años de periodista, nuestro locutor…
   A. ha visto muchas tragedias tecnológicas.
   B. ha experimentado muchos martirios.
   C. ha vivido unos maravillosos cambios tecnológicos.
   D. ha soñado con teletrasportarse a otros planetas.

2. ¿Qué máquina ya no usa el locutor?
   A. Una máquina de escribir.
   B. Un carro volador.
   C. Un teléfono de disco selector.
   D. Una grabadora de cintas.

3. ¿Por qué dice el locutor que: **"Y el viaje al estadio será prácticamente inútil"**?
   A. Porque habrá hogares de tres o cuatro dimensiones.
   B. Porque se podrá teletrasportarse adónde se quiera.
   C. Porque habrá televisores con pantallas perfectas.
   D. Porque habrá televisión con tercera dimensión y alta definición.

4. ¿Por qué no será necesario usar botones para cambiar a otro canal?
   A. Sólo será necesario pensarlo.
   B. Sólo será necesario pensar en el rewind.
   C. Habrá remotos con control virtual.
   D. Habrá monos entrenados para hacerlo.

5. ¿Qué servicio deparará el internet en el futuro?
   A. La posibilidad de frenar un automóvil sin usar las piernas.
   B. La posibilidad de producir un movimiento físico al otro lado del mundo.
   C. La potencialidad de interceptar los pensamientos de otros.
   D. La potencialidad de dar movimiento a los cuadrapléjicos.

6. ¿Cómo puede una máquina tomar la decisión que uno no está capaz de manejar un carro?
   A. Oliéndole el aliento.
   B. Tocándole las manos.
   C. Estudiando el movimiento del iris.
   D. Haciéndole prequntas difíciles.

7. El dispositivo en un automóvil podrá…
   A. manejar el movimiento de los ojos.
   B. detectar el trabajo que uno está desarrollando.
   C. avisarle si uno está harto de manejar.
   D. medir el riesgo que uno corre en un automóvil.

ACTIVIDAD III. Lecturas

UNO

VOCABULARIO DE LA ACTIVIDAD

el apogeo – height   **rescatar** – to rescue   **la derrota** – defeat
la vía – process   **el Producto Interior Bruto** –
bélico/a – for war   Gross National Product

Fuente: Adaptado de la monografía "Avances científicos: su aplicación y distribución en el mundo" de Juan Manuel Lorenzi, Instituto Balseiro San Carlos de Bariloche, Argentina, 23 de agosto del 2004.

Avances científicos: su aplicación y distribución en el mundo

Es una verdad comprobada que el desarrollo científico y tecnológico, en la actualidad, avanza de forma acelerada; que el tiempo transcurrido entre descubrimientos es mucho menor que en el pasado. Hoy en día convivimos con tecnologías que percibimos como las más cotidianas, pero que hace sólo unos pocos años no eran ni siquiera soñadas. Pero, si bien nos encontramos en una época en la que el desarrollo científico se encuentra en su apogeo, todavía persisten problemas fundamentales. ¿Por qué mientras algunos se encuentran en una condición de vida ventajosa, otros no poseen ni siquiera acceso a una alimentación suficiente? Este tipo de problemática se encuentra concentrado en regiones específicas.

Para poder analizar la situación de las diferentes regiones del mundo, es necesario definir la calidad de vida. Es posible examinar el nivel de vida de forma numérica, a través de las siguientes variables estrechamente relacionadas con el Índice de Desarrollo Humano (IDH): 1) Esperanza de vida al nacer, 2) Nivel de conocimientos; y 3) el Producto Interior Bruto (PIB) por cápita. Entre todos los países del mundo hay diferencias sustanciales en el IDH. Estas diferencias son cada día más difíciles de superar. Los países subdesarrollados poseen economías débiles y una industria poco o nada avanzada. La falta de la tecnología necesaria, que no pueden adquirir debido a su pobreza, elimina la esperanza de progreso.

Al problema económico se suma el problema cultural. El nivel de educación de la población es muy bajo. Por esto, no hay personas capacitadas para el trabajo, ni siquiera en industrias que requieren niveles mínimos de tecnificación. Esta es otra razón por la que fracasa cualquier proyecto de avance económico.

En Latinoamérica hay países con serios problemas de desarrollo. También hay estados que son los llamados "en vías de desarrollo", en los cuales el principal problema se encuentra en los sectores tecnológicos y económicos. En estos países el inconveniente más serio para elevar la calidad de vida es la situación económica de dependencia de los países más desarrollados, con niveles de vida elevados y alto nivel tecnológico. Estas "potencias" gozan de una industria fuerte y competitiva de la cual dependen los países menos avanzados.

La ciencia ha cambiado la forma de percibir la vida de los hombres en casi todo el mundo. Los adelantos en la industria de medicamentos, la invención de aparatos diseñados para el diagnóstico exacto de las enfermedades, los sistemas de potabilización y distribución de agua, la producción de energía eléctrica, la manipulación genética de las semillas, los avances en los tratamientos de enfermedades todavía incurables, el desarrollo espectacular de los sistemas de comunicación.

En contraste con todo esto, una gran parte de los recursos que se destinan a la investigación, se aplican a fines destructivos, en particular al desarrollo de tecnología bélica. Otro dato destacable es que los países que poseen menor IDH y peores condiciones económicas destinan un porcentaje mayor del PIB a su presupuesto militar que los países más desarrollados. Es alarmante pensar que, con los problemas estructurales y sociales, se destine un porcentaje tan alto de las riquezas para el mantenimiento del ejército. Esto hace que científicos y capital útil no estén disponibles para desarrollar tecnologías que ayuden a mejorar la calidad de vida.

Pero, más allá de los aspectos negativos, es necesario destacar que la ciencia genera mayoritariamente beneficios, que tarde o temprano terminan llegando a toda la humanidad. Es verdad que los países poderosos de la Tierra serán los primeros en beneficiarse de esto, los demás deberemos esperar un poco más, pero el avance científico terminará siendo patrimonio de la humanidad. Es posible que en algún momento esta situación comience a revertirse; no puede saberse. Todo depende de cómo se desarrolle la ciencia en el futuro. Y esto siempre es impredecible.

1. Según el artículo, ¿cómo se sabe que recientemente ha habido una aceleración en avances tecnológicos?
   A. Porque estamos en un apogeo científico.
   B. Porque pasa menos tiempo entre descubrimientos tecnológicos.
   C. Porque consideramos ordinarios los avances tecnológicos.
   D. Porque todavía no hemos soñado los avances más importantes.

2. El propósito de esta monografía es…
   A. entender por qué algunos países están desarrollados y otros no.
   B. analizar la relación entre el PIB y el IDH.
   C. nombrar las zonas problemáticas del mundo.
   D. proponer que hay una diferencia enorme entre los que tienen y los que no.

3. El PIB se refiere a…
   A. la capacidad de un país de producir brutos.
   B. la esperanza que tiene un país de producir productos y servicios.
   C. las tecnologías disponibles en un país para mejorar la calidad de vida.
   D. la cantidad de productos y servicios que produce un país.

4. Según el artículo, ¿por qué hay poca posibilidad inmediata de desarrollo en ciertos países latinoamericanos?
   A. Estos países no tienen buenos sistemas educativos que produzcan trabajadores capacitados.
   B. Estos países tienen bajos niveles de esperanza de vida al nacer.
   C. Estos países tienen elevados niveles de vida pero pocos recursos económicos.
   D. Estos países se ven obligados a depender en la tecnología de las grandes potencias económicas.

5. Si un país carece de un alto nivel de educación…
   A. no se puede exigir más que el mínimo de conocimiento científico.
   B. no es posible proyectar un PIB anual de más de 1%.
   C. no hay empleados que puedan aprovechar los avances tecnológicos.
   D. no puede producir industrias para la prevención de enfermedades incurables.

6. ¿De qué se queja el autor del artículo?
   A. De que se gaste tanto en el desarrollo de medios bélicos.
   B. De que no haya bastante riqueza para todos los países.
   C. De que sea alarmante que los científicos no trabajen para mejorar la vida cotidiana.
   D. De que haya tantos problemas estructurales y sociales.

7. ¿Qué actitud exhibe el autor hacia el futuro tecnológico de los países en vías de desarrollo?
   A. De esperanza.
   B. De cansancio.
   C. De resignación.
   D. De derrota.

DOS

VOCABULARIO DE LA ACTIVIDAD

ensanchar – to widen
el acervo cultural – cultural wealth
el soplo – puff

la hoguera – bonfire
resguardado/a – protected
la grey – group
el anaquel – shelf

halar – to pull out
en balde – in vain, for nothing
frotar – to rub
la tina – tub

Fuente: "El futuro del libro y el libro del futuro" de Juan Morales Agüero, Tiempo 21 Edición digital de CMLL, Radio Victoria Las Tunas, Cuba, 18 diciembre del 2005.

El futuro del libro y el libro del futuro

Presumo de ser uno de los afortunados mortales que vinieron al mundo con un libro por almohada. Tan pronto aprendí a buscarle sentido y a interpretarlo, encontré entre sus páginas mi refugio favorito. Hoy, buena parte de mi tiempo transcurre aún en las proximidades de ese amigo solícito y culto.[1] Puedo decir, además, que mi pequeña biblioteca es una suerte de autobiografía, porque tengo en sus repisas un libro para cada instante de mi vida.

Los libros son, en sí mismos, amigos francos y maestros insuperables. Ellos nos enseñan a vivir y a ensanchar nuestro espíritu. Si no existieran, ¿cómo accederíamos a la historia de la humanidad? ¿Cómo se transmitiría de una generación a otra el acervo cultural del hombre? "La lectura –dijo nuestro José Martí– estimula, enciende, aviva, y es como un soplo de aire fresco sobre la hoguera resguardada, que se lleva las cenizas y deja al aire el fuego." [2]

Estas reflexiones no han sido traídas por los pelos a esta sección de Tiempo 21. Ocurre que Las Tunas es por estos días una ofrenda literaria abierta a la lectura pública, en ocasión de celebrarse exitosamente en sus predios la Tercera Feria Internacional del Libro. Millares de tuneros de todas las edades desfilarán ante los estanquillos de venta, repletos de títulos de los más disímiles autores y procedencias. Pocas veces se apreciará por acá un entusiasmo tan grande por la palabra escrita.

Los niños clasifican entre los mayores favorecidos en este convite del saber, devenido suceso cultural por obra y gracia de los libros. [3] Papá y mamá tendrán seguramente que ajustar la economía doméstica para hacerle el juego a las exigencias de la grey menor, ávida por adquirir los títulos más conocidos de la literatura infantil universal. ¡Y qué alegría reflejarán sus semblantes luego de atrapar en los anaqueles tal vez el último ejemplar en oferta!

Para los adolescentes y los adultos la propuesta no es menos tentadora, tanto en lo clásico como en lo contemporáneo. A pesar de los precios nada modestos, serán muchos los que halarán por sus billeteras para regresar a casa en compañía de un volumen con etiqueta de best seller. [4]

Es que toda obra literaria legítima incendia fantasías y genera expectativas, con independencia del público a quien vaya dirigida y de la edad de quien la evalúe. La fuerza de la palabra escrita es colosal e irreemplazable, en tanto propicia explorar escenarios, confrontar puntos de vista y definir posiciones con sólo llegar hasta la última página. No en balde muchas personalidades de la historia han encontrado en los libros su principal fuente de conocimientos.

A juzgar por lo que vemos en la Feria, el futuro del libro está a buen recaudo. Ninguna versión electrónica podrá sustituir, por lo menos por ahora, a esa relación de intimidad que establece el lector cuando pone ante sus ojos su volumen preferido de tinta y papel. El libro del futuro seguirá siendo – ¡vaya suerte la nuestra! – almohada premonitoria del hábito de lectura y referencia temporal para marcarle a la vida sus instantes trascendentales.

1. ¿Cómo caracteriza el autor su relación con los libros?
   A. Didáctica
   B. Informativa.
   C. Amistosa.
   D. Sonámbula.

2. ¿Por qué al autor le han importado tanto los libros?
   A. A él le han iluminado los momentos más íntimos de su vida.
   B. En los estantes puede leer su propia biografía.
   C. Siempre ha encontrado su amparo personal entre los libros.
   D. Ha podido armar una biblioteca distinguida.

3. ¿Qué es el "soplo de aire fresco" de que habla José Martí en línea #9?
   A. Son ideas nuevas que estimulan pensamientos apasionados.
   B. Una corriente de aire que le frota la frente al lector.
   C. Algo que señala un cambio de clima erudito muy agradable.
   D. Un fuelle que da nueva esperanza a la fogata del intelecto.

4. ¿Cómo describe el autor la feria del libro en Las Tunas?
   A. Una fiesta en que pueden leer muchos libros los niños.
   B. Una ocasión de encontrar títulos de distintos autores.
   C. Una celebración con desfile y lectura pública.
   D. Una ofrenda inolvidable de palabras exquisitas.

5. ¿Quiénes disfrutan más que nadie del banquete de tinta y papel?
   A. Los diversos autores de los libros.
   B. Los vendedores de libros.
   C. Los adolescentes y los adultos.
   D. Los de menor edad.

6. ¿Qué dice el autor del poder de los libros?
   A. Que muchos personajes históricos encontraron su entendimiento del mundo en los libros.
   B. Que los libros animan a todo lector a leer hasta la última palabra.
   C. Que los libros invitan al lector a conocer palabras cargadas de significado.
   D. Que los libros llaman al lector a la fuente de conocimientos.

7. Según el autor, ¿Por qué no puede ser la palabra digital un sustituto para la escrita?
   A. Porque carece de la textura atractiva de tinta y papel.
   B. Porque no proporciona una lectura cuidadosa y comprensiva.
   C. Porque falta una suerte legítima y positiva.
   D. Porque está carente de la calidez entrañable de las páginas de un libro.

8. ¿En qué posición mejor se podría colocar **"Los libros siguen siendo más apetitosos que nunca."**?
   A. #1
   B. #2
   C. #3
   D. #4

ACTIVIDAD IV. Vocabulario y Verbos

Instrucciones: Lee el siguiente pasaje. Luego escribe en la línea a continuación de cada número la forma de la palabra entre paréntesis que se necesita para completar el pasaje de manera lógica y correcta. Para recibir crédito, tienes que escribir y acentuar la palabra correctamente. Es posible que haga falta más de una palabra. En todo caso debes usar una forma de la palabra entre paréntesis. Es posible que la palabra sugerida no requiera cambio alguno. Escribe la palabra en la línea aún cuando no sea necesario ningún cambio. Tienes 10 minutos para leer el pasaje y escribir tus respuestas.

UNO

VOCABULARIO DE LA ACTIVIDAD

el sondeo – poll   **aspirar** – to vacuum   **prever** – to foresee

Fuente: "Robots para el uso doméstico", <u>Euroresidentes</u>, 21 octubre del 2004.

Según los resultados del último sondeo sobre el sector de robots en el mundo __(1)__ por las Naciones Unidos, se __(2)__ que el uso doméstico de robots se multiplicará por siete entre este año y el año 2007. Según el informe basado en los resultados del sondeo y __(3)__ por la Comisión Económica para Europa de las Naciones Unidas y la Federación Internacional de Robótica, este boom en el sector de robots para el hogar coincide con otro en la demanda de robots en el sector industrial.

Cada vez más consumidores comprarán los robots de última generación para cortar césped, aspirar suelos y realizar otras tareas en el hogar. Los últimos avances tecnológicos en el campo de robótica permiten que estos robots domésticos __(4)__ cada vez más eficaces y menos aparatosos y ruidosos.

Según las últimas cifras, a finales del año 2003 unos 607.000 robots domésticos se utilizaban en hogares en una variedad de países, y dos tercios de éstos fueron __(5)__ durante ese mismo año. La función de la mayoría de __(6)__ robots (570.000) era cortar el césped mientras que 37.000 eran robots-aspiradoras.

El informe prevé que a finales de 2007, 4,1 millones de robots domésticos estarán en uso y que empezará a ganar en popularidad el tipo de robot que limpia ventanas y piscinas.

Según el consejero delegado de iRobot Corp, hasta ahora los robots no __(7)__ su potencial y por lo tanto existe cierto escepticismo en el mercado. Pero gracias a los últimos avances científicos en el sector de robótica, los robots de última generación son menos costosos que los anteriores (en 2003 un robot costaba una cuarta parte de lo que costaba en 1990), y son __(8)__ de hacer más tareas domésticas.

La palabra "robot" se utiliza para describir cualquier tipo de máquina que realiza de forma automática tareas humanas, muchas veces __(9)__ totalmente a los humanos que antes hacían el trabajo. En la mayoría de casos la propulsión de los propios robots causa sus movimientos, y no necesitan un operador humano una vez que han sido programados.

Según el estudio, al final de esta década, los robots "no sólo __(10)__ nuestros suelos, cortarán nuestro césped y vigilarán nuestras casas, sino que también ayudarán a personas mayores y discapacitadas, realizarán cirugía, inspeccionarán sitios de peligro y lucharán contra incendios y explosiones".

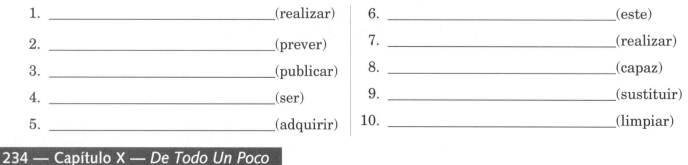

1. _____ (realizar)

2. _____ (prever)

3. _____ (publicar)

4. _____ (ser)

5. _____ (adquirir)

6. _____ (este)

7. _____ (realizar)

8. _____ (capaz)

9. _____ (sustituir)

10. _____ (limpiar)

VOCABULARIO DE LA ACTIVIDAD

la cochinilla – type of insect   **la penca** – leaf   **el gusano** – worm
el nopal – prickly pear   **carmín** – carmine, crimson   **recio/a** – strong
la tunera – type of cactus

Fuente: : "La cochinilla" en ManuelGarcía.net.

La grana o cochinilla (Caccus Cacti) es un insecto que parasita las hojas del nopal o tunera. Tiene forma de grano rojizo-negro __(1)__ por un polvo blanco. Son colocados en las pencas en trapos que se __(2)__ a los picos de las hojas de las tuneras. Cuando han alcanzado su desarrollo (unos 8 milímetros), se recogen con un cepillo y se colocan al sol o se secan en hornos. El producto final se utiliza para teñir tejidos de grana y carmín. La aparición de los tintes sintéticos hizo que su cultivo __(3)__ bruscamente. Al ser un producto natural, es preferido por muchos consumidores como alternativa de los tintes industriales.

En el México precolombino era un producto entregado como tributo de los pueblos vasallos a los mexicas.

"Al color con que se __(4)__ la grana llaman nocheztli. Quiere decir sangre de tunas, porque en cierto género de tunas se crían __(5)__ gusanos que se llaman cochinillas, __(6)__ a las hojas y __(7)__ gusanos tienen una sangre muy colorada. Ésta es la grana fina que es conocida en esta tierra... A la grana que ya está purificada y hecha en panecitos llaman grana recia o fina. La venden en los tiánquez __(8)__ en panes, para que __(9)__ compren los pintores y tintoreros".

__(10)__ tribus, incluso recogían las cochinillas en los días de grandes tormentas, para que no les __(11)__ nada. Decían que su tintura era buena para evitar las picaduras de los mosquitos, aunque Humboldt dice que lo probó y le picaban igual.

1. _____ (cubrir)

2. _____ (sujetar)

3. _____ (disminuir)

4. _____ (teñir)

5. _____ (uno)

6. _____ (apegar)

7. _____ (aquel)

8. _____ (hacer)

9. _____ (lo)

10. _____ (Alguno)

11. _____ (pasar)

ACTIVIDAD V. Vocabulario

Instrucciones: Para cada uno de los pasajes siguientes, primero lee el pasaje y entonces escribe en la línea a continuación de cada número una palabra apropiada para completar el pasaje de manera lógica y correcta. Para recibir crédito, tienes que escribir y acentuar la palabra correctamente. Debes escribir UNA SOLA palabra en cada línea. Tienes 10 minutos para leer los pasajes y escribir tus respuestas.

UNO
VOCABULARIO DE LA ACTIVIDAD

burgués/esa – middle-class	**la pena** – sorrow, trouble	**la mecha** – fuse
el boceto – sketch	**el tornillo** – screw	**el cañón** – canyon
elucubrar – to grease the way for	**la esclusa** – lock	

Fuente: Adaptado de "El Renacimiento: avances científicos", <u>Iquerito</u> <u>La</u> <u>tercera</u>.

Durante gran parte de este período llamado Renacimiento, el espíritu mundano y racional y el enorme deseo de aprovechar las fuerzas de la naturaleza que nació en artistas, intelectuales, alquimistas __(1)__ incluso, en algunos ricos señores feudales y burgueses, llevaron a esos hombres a realizar importantes inventos.

1. _____

A este despertar científico se agregaron otros que comenzaron a formular teorías novedosas para esa época y algunos se atrevieron __(2)__ explicar científicamente los misterios de la vida y del universo.

2. _____

El primer representante de este nuevo espíritu fue Leonardo da Vinci, verdadero genio del Renacimiento, quien mezcló todo su talento artístico con un deseo insaciable __(3)__ descifrar los secretos de la naturaleza.

3. _____

Junto con realizar proyectos de nuevas estatuas, bocetos de pintura y observar el cielo para elucubrar teorías espaciales, Leonardo realizó completos estudios de anatomía humana, dejando descripciones del corazón, sobre la estructura de la columna __(4)__ y los músculos.

4. _____

La consigna __(5)__ tenía da Vinci era que la experiencia "es el único intérprete de la naturaleza". También estimaba que ninguna investigación podía llamarse verdadera ciencia si no pasaba por la demostración matemática.

5. _____

El método experimental y el cálculo matemático serían, a partir __(6)__ ese período, las características de la ciencia moderna.

6. _____

La imaginación sin límite de este artista __(7)__ llevó a diseñar máquinas que, siglos más tarde, fueron perfeccionados y que hasta el día de hoy son útiles al hombre.

7. _____

Entre estas innovaciones __(8)__ la pena señalar __(9)__ siguientes: el tornillo aéreo, que es considerado un antepasado teórico del helicóptero; concibió la idea del paracaídas; inventó el planeador, una especie de aeroplano sin motor que volaba sostenido por las corrientes de aire; perfeccionó las esclusas __(10)__ que los barcos lograran salvar las diferencias de nivel en los canales; diseñó un carro de asalto, anticipo del tanque moderno; inventó la grúa giratoria; ideó un cañón de bocas múltiples, dotado de 33 caños, con capacidad para disparar tres cargas de once tiros consecutivos; creó un pedernal para el encendido automático de las mechas de las minas y cañones.

También Leonardo estudió el mundo vegetal, la óptica, la música y la astronomía. Además, con sus experiencias se pudo construir la primera máquina __(11)__ vapor.

8. _____

9. _____

10. _____

11. _____

DOS
VOCABULARIO DE LA ACTIVIDAD

el chivo expiatorio – scapegoat
culpable – guilty
escaso/a – scarce

nulo/a – useless
la trampa – trap
la horca – the gallows

la escapatoria – way out
tragar – to swallow
la bronca – quarrel

Fuente: "El poder de la imaginación" de Mario Chávez.

Cuenta una antigua leyenda, que en la Edad Media un hombre muy virtuoso fue injustamente acusado de haber asesinado __(1)__ una mujer. En realidad, el verdadero autor era una persona influyente del reino y __(2)__ eso, desde el primer momento se procuró un "chivo expiatorio" para encubrir al culpable. El hombre __(3)__ llevado a juicio ya conociendo que tendría escasas o nulas oportunidades de escapar al terrible veredicto ¡¡la horca!!

El juez, también complotado, cuidó, __(4)__ obstante, de dar todo el aspecto de un juicio justo; para ello dijo al acusado: "Conociendo tu fama de hombre y devoto del Señor, vamos a dejar en manos de él tu destino" y continuó, "Vamos a escribir en dos papeles por separados las palabras "culpable" __(5)__ "inocente". Tú escogerás y será la mano de Dios la que decida tu destino". Por supuesto, el mal juez había preparado dos papeles con la misma leyenda, "culpable" y __(6)__ pobre víctima, aún sin conocer los detalles se daba __(7)__ que el sistema propuesto era una trampa. No había escapatoria. El juez invitó al hombre a tomar

1. _____

2. _____

3. _____

4. _____

5. _____

6. _____

7. _____

uno de los papeles doblados. Éste, respiró profundamente, quedó en silencio unos cuantos segundos con los ojos cerrados, y tomó uno de los papeles y llevándolo a su boca __(8)__ engulló rápidamente.

8. _____

Sorprendidos e indignados los presentes le reprocharon airadamente... "Pero, ¿¡¡¡qué has hecho...?!!! y ahora.... ¿Cómo vamos a saber la "sentencia...?" "Es muy sencillo," respondió el hombre... "Es cuestión de leer el papel que queda, y sabremos lo que decía __(9)__ que me tragué..." Con protestas y bronca mal disimulada, tuvieron que liberar al acusado, y jamás volvieron a molestarlo...

9. _____

Moraleja: Por __(10)__ difícil que se nos presente una situación, nunca dejemos de buscar la salida ni de luchar hasta el último momento. ¡¡Seamos creativos!! ¡¡¡Aun cuando todo parezca perdido, usemos la imaginación!!!

10. _____

ACTIVIDAD VI. Ensayos Cortos

UNO

> **_Instrucciones:_** Para la siguiente pregunta, escribirás una carta. Tienes 10 minutos para leer la pregunta y escribir tu respuesta.

Imagina que en el diario de tu localidad leíste de una competición que premia un viaje gratis a Madrid, España. Para ganar la competición te piden que escribas una carta a los directores de su compañía detallando el tipo de vida que quieres lograr en veinte años.

* Incluye un encabezamiento y una despedida apropiados.
* Dales detalles sobre lo que crees que será tu vida en veinte años.

DOS

> **_Instrucciones:_** Para la siguiente pregunta, escribirás un mensaje electrónico. Tienes 10 minutos para leer la pregunta y escribir tu respuesta.

Imagina que un amigo mayor te ha escrito pidiéndote consejos y recomendaciones de criterio para escoger mejor entre los candidatos políticos antes de acudir a las urnas.

* Escríbele un mensaje electrónico.
* Salúdale apropiadamente.
* Dale una serie de recomendaciones sobre el criterio que usarías para elegir el mejor candidato para un cargo nacional.

ACTIVIDAD VII. Ensayo basado en varias fuentes

Instrucciones: La siguiente pregunta se basa en las Fuentes 1-3. Las fuentes comprenden material tanto impreso como auditivo. Primero, dispondrás de 7 minutos para leer el material impreso. Después, escucharás el material auditivo; debes tomar apuntes mientras escuches. Tendrás 5 minutos para organizar tus ideas y entonces, tendrás 40 minutos para escribir tu ensayo. Esta pregunta se diseñó para medir tu capacidad de interpretar y sintetizar varias fuentes. Tu ensayo debe utilizar información de las fuentes que apoye tus ideas. Debes referirte a TODAS las fuentes. Al referirte a las fuentes, cítalas apropiadamente. Evita simplemente resumir las fuentes individualmente.

Los siguientes informes no comparten la misma opinión acerca del uso de cámaras vigilantes. Escribe un ensayo en el cual discutas las ventajas y las desventajas éticas y morales de usar tales cámaras en sitios públicos.

Fuente Impresa Nº 1

VOCABULARIO DE LA ACTIVIDAD

la autopista – freeway   **a lo sumo** – at the most   **el delito** – crime   **creciente** – increasing

Fuente: "Videovigilancia: Todo bajo control" de Cora Cáffaro, <u>Clarín</u>, 28 de abril del 2005.

En las autopistas, los bancos, la cancha, el subte y el supermercado... Hay camaritas por todos lados, ¿quién puede escaparse? Sonría, lo están filmando.

La creciente exposición a las "camaritas de seguridad" no se detiene. Están por todos lados: casas, edificios de departamentos, bancos, supermercados, shoppings, trenes, subtes, comercios, empresas, autopistas y estadios de fútbol. Algunos municipios ya han elegido vigilar sus calles con estos sistemas.

La tecnología tiene mucho que ver con semejante invasión. Además de los tradicionales circuitos cerrados de televisión –CCTV– ya se puede monitorear la casa o la empresa desde Internet, y la seguridad (o la inseguridad) está a la cabeza de las explicaciones.

La contracara de este fenómeno son los activistas que se oponen a la videovigilancia. "Las cámaras en los espacios públicos conducen al fin de la promesa de la modernidad: el espacio público como un espacio de libertad y anonimato", sostiene el sociólogo y profesor de FLACSO y UBA Luis Alberto Quevedo, convencido de la existencia de una "mirada control" por la cual la tecnología se impone sobre los derechos de los ciudadanos. "Existe apropiación de imágenes del ciudadano común más allá de si él lo permite o no. Hay un avance sobre el espacio público y el privado y no se puede desconocer que con esos registros se forman bancos de datos", dice.

Las opiniones son encontradas. "La experiencia del Reino Unido indica que el crimen violento no sólo no disminuyó, sino que aumentó. Las cámaras a lo sumo pueden servir para atrapar a aquellos que hayan cometido un delito, pero poco ayudan a prevenirlo", dice el Dr. Fernando Maresca, especialista en Derecho Informático. Y agrega: "Deberíamos preguntarnos si tiene sentido sacrificar nuestro derecho a la privacidad por un beneficio no demostrable". Álvarez, en cambio, habla de un fenómeno que crece por la creciente inseguridad y la disminución de los costos de la electrónica. "Las cámaras en primer lugar son disuasivas y, luego, si hay algún delito, pueden servir para la investigación", explica.

Quevedo, mientras tanto, señala el avance hacia una sociedad que va internalizando este control. "Nos sentimos vigilados más allá de que nos controlen o no", dice. Y concluye: "Las nuevas tecnologías, que a la digitalización suman la miniaturización, se ponen al servicio del control. Sin debate y sin ley crecerá el espionaje ilegal, el control que en nombre de la seguridad hará perder el anonimato y la libertad".

VOCABULARIO DE LA ACTIVIDAD

el conjunto residencial – housing estate   **el apoyo** – support   **el comodato** – free loan

Fuente: Aviso comercial Emtelsa

EL VIGILANTE EN SU HOGAR

>> El vigilante

Con este novedoso servicio estamos mejorando el sistema de seguridad en viviendas, edificios, condominios, unidades residenciales y diversos sitios donde los usuarios se convierten en vigilantes de su propiedad.

Es una solución de seguridad que permite que cualquier persona desde su casa y viendo televisión pueda darse cuenta qué pasa en su edificio o conjunto residencial. Esta funciona por medio de una cámara conectada sobre la red de televisión de EPM T.V

Existen soluciones desde 1 hasta 4 cámaras.

Ventajas

Usted puede estar en su casa viendo televisión y darse cuenta de lo que está pasando en el exterior sintonizando el canal 98.

Es un apoyo de seguridad para la vigilancia convencional del edificio.

Si se tiene también Citofonía Virtual se podrá contar con un servicio completo de comunicación y video al mismo tiempo.

Si el lugar donde vive tiene parque, podrá ver qué están haciendo sus hijos.

Costos

Se cobra un servicio mensual de mantenimiento por conjunto o edificio, o sea que los valores que aparecen en el cuadro son para todo el edificio. Las cámaras son entregadas en comodato. La empresa no cobra por su instalación

1 Cámara	$ 35.000
2 Cámaras	$ 55.000
3 Cámaras	$ 65.000
4 Cámaras	$ 75.000

Precios sin IVA

Fuente Nº 3 Auditiva

VOCABULARIO DE LA ACTIVIDAD

recopilar – to compile   **enchufado/a** – plugged in

Fuente: Esta selección "Nuevas tecnologías" fue emitida por Radio Grupo Acir en 1999.

🔊 10.7

Voces en el informe
Locutor: Anfitrión del programa
Fernando Madrid: Experto en asuntos de tecnología y computación

ACTIVIDAD VIII. Conversaciones dirigidas

UNO

> ***Instrucciones:*** Ahora participarás en una conversación telefónica simulada. Primero, tendrás 30 segundos para leer el bosquejo de la conversación. Entonces, escucharás un mensaje y tendrás 60 segundos para leer de nuevo el bosquejo. Después empezará la llamada telefónica, siguiendo el bosquejo. Siempre que te toque, tendrás 20 segundos para responder; una señal te indicará cuándo debes empezar y terminar de hablar. Debes participar en la conversación de la manera más completa y apropiada posible.

Imagina que recibes un mensaje de una señora mayor con quien has pasado tiempo cuidando en un hogar para mayores cerca de donde vives. La señora se llama doña Elvira y su relación ha sido simpática y de confianza.

a)   El mensaje

Doña Elvira:	• Te deja un mensaje.

b)   La conversación

[Las líneas en gris reflejan lo que escucharás en la grabación.]

Doña Elvira:	• El teléfono suena. • Contesta el teléfono. **[Tono]**
Tú:	• Salúdala. • Deséale feliz cumpleaños. • Cántale la canción "Feliz cumpleaños."
Doña Elvira:	• Reacciona y empieza la conversación. **[Tono]**
Tú:	• Contéstale.
Doña Elvira:	• Reacciona y continúa la conversación. **[Tono]**
Tú:	• Contesta explicando lo que opinas. • Pregúntale por qué quiere saber esto.
Doña Elvira:	• Te contesta. • Te ofrece unos consejos. **[Tono]**
Tú:	• Contesta. • Dale tus ideas sobre lo que te ha dicho.
Doña Elvira:	• Continúa la conversación. **[Tono]**
Tú:	• Contesta explicando por qué. • Despídete de ella.
Doña Elvira:	• Se despide. • Cuelga el teléfono.

Instrucciones: Ahora participarás en una conversación telefónica simulada. Primero, tendrás 30 segundos para leer el bosquejo de la conversación. Entonces, escucharás una explicación de la situación y tendrás 60 segundos para leer de nuevo el bosquejo. Después empezará la conversación, siguiendo el bosquejo. Siempre que te toque, tendrás 20 segundos para responder; una señal te indicará cuándo debes empezar y terminar de hablar. Debes participar en la conversación de la manera más completa y apropiada posible.

Imagina que recibes una llamada del Sr. Jorge Embuste, candidato para alcalde de tu pueblo. No lo conoces pero has oído su nombre. El político quiere hablar con alguien de tu edad.

La conversación.

[Las líneas en gris reflejan lo que escucharás en la grabación.]

Sr. Jorge Embuste:	• Te saluda.
	• Empieza la conversación. **[Tono]**

Tú:	• Salúdale.
	• Contesta su pregunta afirmativamente.
	• Hazle una pregunta acerca de su campaña.

Sr. Jorge Embuste:	• Te contesta.
	• Continúa la conversación. **[Tono]**

Tú:	• Contéstale defendiendo tus ideas.

Sr. Jorge Embuste:	• Reacciona y te hace otra pregunta. **[Tono]**
Tú:	• Contesta explicando lo que opinas.

Sr. Jorge Embuste:	• Continúa la conversación. **[Tono]**
Tú:	• Contesta hablando de varios asuntos locales, sociales y económicos.

Sr. Jorge Embuste:	• Continúa la entrevista. **[Tono]**

Tú:	• Contesta defendiendo tu decisión.
	• Despídete.

Sr. Jorge Embuste:	• Se despide.
	• Cuelga el teléfono.

ACTIVIDAD IX. Presentaciones orales

Instrucciones: La siguiente pregunta se basa en el artículo impreso y el informe de la radio. Primero, tendrás 5 minutos para leer el artículo impreso. Después, escucharás el informe de la radio; debes tomar apuntes mientras escuches. Entonces, tendrás 2 minutos para preparar tu respuesta y 2 minutos para grabar tu respuesta.

UNO

Imagina que tienes que dar una presentación muy imaginativa acerca del poder y la importancia de la imaginación a un grupo que hayas creado a través de tus poderes imaginativos. Incluye las ideas e información obtenidas en las siguientes discusiones.

Texto impreso

VOCABULARIO DE LA ACTIVIDAD

masticar – to chew   **ingerir** – to ingest   **el bicho** – bug   **postizo/a** – fake

Fuente: "Chindogus: innecesarios pero no del todo inútiles" de Juan Molinero <u>Vistazos</u>, enero de 2006.

¿Qué es un chindogus? Nunca he visto uno pero sé que existen por lo menos en la mente de varios científicos, mecánicos y arregladores de dispositivos y chismes. Digo que nunca he visto uno pero, sí, he visto dibujos enviados a oficinas de patentes.

¿Qué es un chindogus? Primero, ha de ser algo casi inútil. Digo casi porque como la necesidad es la madre de la invención, hay muchas necesidades innecesarias. Por ejemplo, ha sido probado que no masticamos bien nuestra comida, los pedazos grandes no llegan bien al estómago sino que caen pesadamente y estropean nuestra capacidad de ingerirla. Por esto, se puede comprar un aparato que te cuenta cuántas veces has masticado cada bocado de comida y si no masticas suficiente una alarma suena para avisarte de los posibles problemas dietéticos.

Ah, ¿y las molestosas moscas y mosquitos que te pican y te abusan todo el verano? Si eres buen tenista hay una raqueta electrificada que cuando golpeas al bicho éste cae frito al suelo. Y recuerda que a la vez puedes mejorar el saque.

Estos dos aparatos, obras de la imaginación, han sido soñados, diseñados, dibujados y fabricados por alguien que ha tenido mucha confianza en su capacidad de ver y comprender la vida de otra forma. Estos chindogus han nacido de la esperanza de descubrir algo útil que nadie antes había ideado. Los chindogus son un testimonio a la imaginación y sensibilidad del ser humano. Su creación es todo un arte, una forma de imponerse ante los pequeños estorbos de la vida y por tanto merece nuestro respeto y atención.

"De cada adversidad sale una oportunidad mayor."

Informe de la radio

VOCABULARIO DE LA ACTIVIDAD

el menester – need   **desafiar** – to challenge   **el anhelo** – longing
la tertulia – gathering   **pulir** – to polish

Fuente: "Tertulia poética en Monte Hipérbaton", programa especial de la emisora Radio Araucano, julio de 2005.

| **Voces en el informe** |
| Presentadora: Anfitriona del programa "Tertulia poética en Monte Hipérbaton" |
| Julia Storni de la Cruz: Corresponsal y especialista en poesía a través de los siglos |
| Varias voces: Poetas |

DOS

Imagina que te han invitado a dar una presentación a la junta educativa de tu colegio. Te han pedido que hables acerca de tu experiencia con el currículo de Español Lengua AP. En tu presentación vas a utilizar las perspectivas representadas en las siguientes fuentes como punto de partida y contrapeso para tus propias ideas.

Texto impreso
VOCABULARIO DE LA ACTIVIDAD

la junta educativa – school board   **el contrapeso** – counter balance   **el brío** – energy

Fuente: "El debate acerca del Progama AP", Perspectivas: Revista de Actualidades, diciembre del 2006.

"Aunque los estudiantes hacen mucho trabajo riguroso en clases de AP a los formatos de los exámenes les falta el verdadero desarrollo de la destreza de pensar críticamente."

Esto lo dijo un especialista en currículo en la Universidad de Vialado en el otoño de 2005.

Se cree que los profesores de las clases de AP diseñan el currículo y su pedagogía para que sus estudiantes saquen buenas notas en el examen en lugar de desarrollar un currículo que refleje los intereses y motivación de los estudiantes. Otros creen que a los cursos de AP les faltan imaginación y creatividad porque su meta no es el desarrollo de múltiples inteligencias sino las notas. Otros creen que los profesores pasan más tiempo enseñando estrategias para superar el examen que en avanzar y pulir destrezas intelectuales. En las clases de AP los profesores restringen los tipos de tópicos para conformar el trabajo de los estudiantes a las demandas del currículo AP. Por esto, los mejores profesores no enseñan con el brío y la energía de los profesores de clases que no preparan a sus estudiantes para un examen de AP.

Además, muchos estudiantes toman cursos de AP para impresionar a las oficinas de admisión de las universidades. Aunque no tenga interés en una materia, el estudiante lleva la clase sólo para aumentar el número de opciones de ir a ciertas universidades selectas. Aunque los exámenes de AP exigen un trabajo riguroso, no hay garantía que las universidades acepten este trabajo hacia clases avanzadas. Así que, una clase de AP puede ser un engaño de un año entero porque en realidad el formato de los exámenes de AP no refleja los últimos hallazgos de las investigaciones pedagógicas.

Informe de la radio

VOCABULARIO DE LA ACTIVIDAD

platicar – to talk, to converse

Fuente: Selección del programa "Vistazo especial: Nos gustan las clases de AP", emitido por la emisora Radio Araucano, septiembre de 2005.

🔊 10.9.2

| **Voces en el informe** |
| Mía Moyano: Estudiante de último nivel de colegio |
| Locutor: Anfitrión del programa |
| Profesora Aznar Hermoso: Profesora de Español Lengua AP |

¡PONERLO EN PRÁCTICA!

I. EN LA SALA DE UN TRIBUNAL. IDENTIFICA EL PAPEL JURÍDICO DE LAS PERSONAS EN ESTOS DIBUJOS. DEBES DESCRIBIR SUS RESPONSABILIDADES Y NOMBRAR EL PAPEL OFICIAL DE LOS PARTICIPANTES.

A.

B.

C.

D.

II. LOS CRÍMENES. NOMBRA EL TIPO DE CRIMEN SEGÚN LA DESCRIPCIÓN.

1. Hace varios años que el presidente del Banco Borchalco saca fondos de las cuentas de sus clientes.

   _____

2. El vicepresidente del banco recién se entera de que el presidente ha cometido el delito. Le dice a su superior que le pague por su silencio.

   _____

3. Yo soy el alcalde del pueblo y no sé nada de la corrupción del banco. Como el presidente y el vicepresidente del banco desean renovar y extender las instalaciones del banco en el pueblo, me ofrecen el uso gratuito de una casita propiedad del banco en un resort de esquí. Creo que los dos deben dimitir de su cargo.

   _____

III. APARATOS. IDENTIFICA LAS SIGUIENTES MÁQUINAS Y DESCRIBE SUS USOS.

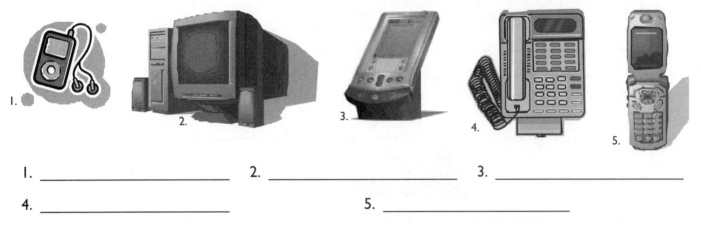

1. _____ 2. _____ 3. _____

4. _____ 5. _____

IV. UNA ENCUESTA. PASO UNO: CADA ALUMNO ESCRIBE LA ESPERANZA QUE TIENE PARA EL FUTURO DE LOS SIGUIENTES SECTORES: LA SALUD, EL MEDIO AMBIENTE, LAS RELACIONES INTERNACIONALES, LA ECONOMÍA INTERNACIONAL.

PASO DOS: SEGÚN LA PRÓXIMA TABLA, ¿CUÁNTOS ALUMNOS EN TU CLASE INDICARON LO SIGUIENTE?

LA SALUD	EL MEDIO AMBIENTE	LAS RELACIONES INTERNACIONALES	LA ECONOMÍA INTERNACIONAL
prevención del cáncer	control del efecto invernadero	la paz universal	adecuado nivel de vida para todos
curación del cáncer	agua potable para todos	la protección de derechos humanos	anulación de deudas internacionales
prevención de mortalidad infantil	libre de peligro almacenaje de escombros nucleares	la cooperación universal entre países	oportunidades universales de ascenso
control de toda enfermedad	protección de todos los animales	la resolución de conflictos internacionales	suficientes trabajos para todos
prevención de enfermedades mentales	acuerdo adecuado entre intereses medioambientales e industriales	el respeto por las necesidades de cada país	igualdad universal en el trabajo entre los sexos
otras ideas	otras ideas	otras ideas	otras ideas

PASO TRES: DISCUTIR LAS "OTRAS" IDEAS.

PASO CUATRO: ESCRIBE UN TRABAJO SOBRE LA ACTITUD DE LOS COMPAÑEROS DE CLASE EN CONJUNTO HACIA SU FUTURO. ¿SON OPTIMISTAS O PESIMISTAS? ¿SON PRUDENTES O ATREVIDOS? ¿SON REALISTAS O IDEALISTAS? ¿HAY DESACUERDOS IMPORTANTES Y APASIONADOS ENTRE LOS COMPAÑEROS? AL ESCRIBIR EL TRABAJO CADA ALUMNO NO DEBE TENER PELOS EN LA LENGUA. DEBE SER FRANCO Y DIRECTO PERO ABIERTO Y JUSTO TAMBIÉN.

V. COMPLETA LAS SIGUIENTES ORACIONES SEGÚN LOS DIBUJOS.

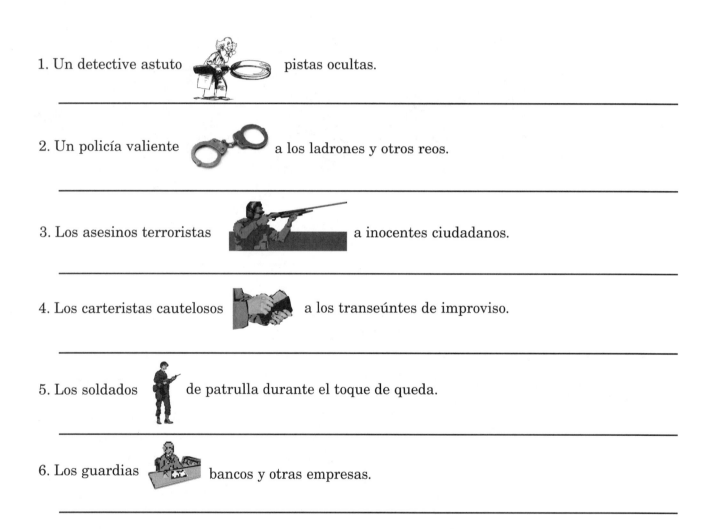

1. Un detective astuto ⬤ pistas ocultas.

_____

2. Un policía valiente ⬤ a los ladrones y otros reos.

_____

3. Los asesinos terroristas ⬤ a inocentes ciudadanos.

_____

4. Los carteristas cautelosos ⬤ a los transeúntes de improviso.

_____

5. Los soldados ⬤ de patrulla durante el toque de queda.

_____

6. Los guardias ⬤ bancos y otras empresas.

_____

GLOSARIO DE PALABRAS PRIMORDIALES

VOCABULARIO
[Lista de las palabras que aparecen en las primeras páginas de cada capítulo.]

A

a corto plazo–short term
a costa de–at the expense of; by dint of
a dieta–on a diet
a plazos–in installments
a expensas de–at the expense of
a fines de–at the end of
a mediados de–in the middle of
a principios de–at the beginning of
a tiempo–on time
a través de–by way of
abogado/a–lawyer
abordar — to board
abrazar–to embrace, to hug
abrazo–hug
abrelatas (m)–can opener
abrocharse–to fasten
abuelos–grandparents
aburrimiento–boredom
abusar–to abuse
abuso–abuse
académicos–educators, academics
acampar–to camp
acción (f)–action
acciones (f)–stocks
accionista (m, f)–stock broker
aceptar–to accept
acomodado/a–well off, affluent
aconsejar–to advise, to counsel
acontecer–to happen, to occur
acontecimiento–happening
acosar–to harass
actualmente–currently
acusado–accused, criminal
acusar–to accuse
admirar–to admire
adolescencia–adolescence
adversario/a–rival
advertir–to warn, to inform
aeromozo/a–steward, stewardess
afiche (m)–poster, bill
afilar–to sharpen
agente de bienes raíces (m, f)–real estate agent

agente de seguros (m, f)–insurance agent
agente de viajes–travel agent
ágil–agile
agitado/a–agitated
agregar–to add
agresivo/a–aggressive
agrio/a–sour
agua (f)–water (el agua fría)
aguantar dolor–to bear pain
aguantar–to put up with, to bear
aguardar–to wait (for)
agudo/a–sharp/acute
aguja–needle
agujero–hole
ahumar–to smoke
aislado/a–isolated
ajedrez–chess
ajustarse–to adjust
alabanza–praise
alabar–to praise
alambre (m)–wire
albahaca–basil
alcachofa–artichoke
alcoba–bedroom
aldea–village
alergia–allergy
alfombra–rug
alianza–alliance
alimenticio/a–referring to food
aliviarse–to be better, to feel better
aliviar–to lighten, to give relief
alpinista (m, f)–mountain climber, hiker
alquilado/a–rented
alrededor (m)–surrounding
alumno/a–student
amar–to love
ametralladora–machine gun
amistad (f)–friendship
amor (m)–love
amoroso/a–loving
amparar–to help
amueblado/a–furnished
analizar–to analyze
ancho/a–wide
andén (m)–**train** platform
anfitrión/ona–host, hostess
anillo de alianza–wedding ring
aniversario–anniversary
ansiar–to yearn for

apacible–peaceful
aparato–appliance
aparentar–to pretend
apasionado/a–fervent
apetecible–appealing
aplazar–to postpone
aportar–to arrive, to contribute
apoyo–support
apreciar–to appraise, to value
apreciar–to appreciate
aprender–to learn
aprendiz (m, f)–apprentice
apretar–to be tight fitting
aprobar–to pass (a course)
aprovechar–to take advantage
apto/a–appropriate
apuntes (m)–written notes
árbitro–referee
archivo–file
armario–cupboard, wardrobe
armas–arms, weapons
arraigarse–to put down roots
arrancar–to start, to pull up, to uproot
arrastrarse–to crawl, to drag
arreciar–to get stronger (wind)
arreglar–to fix, clean up
arrepentirse de–to change one's mind, to repent
arrestar–to arrest
arriesgar(se)–to risk
arrugar–to wrinkle
arte (m)–art (las bellas artes)
asado/a–grilled
asado–barbecued beef
asaltador–assailant
asalto–assault, attack
ascender–to ascend, to climb
ascenso–climb
asesinato–murder
asesino–murderer
asiento–seat
asignatura–subject (school)
asilo para viejos–nursing home
asistir–to attend
astuto/a–sharp
asustado/a–frightened
asustar–to frighten, to scare
atacar–to attack
atar–to tie
atender–take care of , assist

atentado–attack
atento/a–attentive
aterrizaje (m)–landing
aterrizar–to land
aterrorizar–to terrorize
atletismo–sports of track and field
atravesar–to place, to pass through
atreverse a–to dare to
atrocidad–atrocity
atropellar–to run over
autobús (m)–bus
autómata (m)–robot
avance militar (m)–military
    advance
avenida–avenue
avergonzarse–to get embarrassed
avión (m)–airplane
ayudar–to help
ayuntamiento–town hall
azafata–stewardess
azafrán (m)–saffron

B

bachillerato–secondary degree in
    Spain
balón (m)–ball
baloncesto–basketball
banco–bank
banco–bench
bandos rebeldes–bands of rebels
bañera–bathtub
bañista (m, f)–bather
barco de vapor–steamboat
barranco–ravine
barrer los suelos–to sweep the
    floors
barrio–neighborhood
bastón (m)–stick, cane
batalla–battle
bate (m)–bat (baseball)
batir un jonrón–to hit a homerun
béisbol (m)–baseball
belicoso/a–referring to war
besar–to kiss
beso–kiss
bestia–beast, animal
biblioteca–library
bibliotecario/a–librarian
bicicleta–bicycle
bienvenido/a–welcome
billete (m)–ticket
biología–biology

bisabuelos–great grandparents
blusa–blouse
bocadillo–sandwich
bocado–mouthful
bochorno–hot or stifling
    atmosphere
boleto–ticket
boliche (m)–bowling
bolsa–stock market
bombachas–baggy trousers, pants
    worn by gauchos
bombón (m)–chocolate, candy
borrar–to erase
bosque (m)–forest, wood
botas–boots
bote (m)–boat
botiquín de medicinas
    (m)–medicine chest
boxeo–boxing
bravo/a–fierce, angry
brazo–arm
brincar –to jump, to hop
brotar–to break out
brújula–compass
bruma–mist, haze
bucear–to scuba dive
buceo–scuba diving
bullabesa–bouillabaisse
buscar to look for
butaca –ticket window

C

cabaña–cabin
cabecera–top, head
cabeza–head
cabezón/a–stubborn
cabina–cabin
cabrito–kid (baby goat)
cachorro/a–puppy, kitten
caer–to fall
caimán (m)–caiman (reptile)
calabozo–jail
calamar (m)–squid
cálculo–calculus
caldo–stock, broth
calentar el agua–heat the water
calificación (f)–grade (school)
callejero–street guide
calma–calm
calmarse–to calm down
calmar–to calm
cama–bed

camada–litter of animals
camarero/a–waiter
camarón (m)–shrimp
camarote (m)–cabin (boat)
cambio–change
camisa–shirt
camiseta–t-shirt
campaña–campaign
campeón/ona–champion
campeonato–championship
campesino–peasant, countryman
campista (m, f)–camper
campo–field
cancha–court (tennis)
candidato/a–candidate
candidatura–candidacy
cañón (m)–canyon
cansarse–to get tired
cántaro–pitcher (llover a
    cántaros–to rain cats and dogs)
capital (f)–capital (city)
capital (m)–capital (money)
capitán/ana–captain
capturar–to capture
carbohidrato–carbohydrate
cárcel (f)–jail
carecer de–to lack
carie–cavity
carnet (m)–identity card
caro/a–expensive
carpintero/a–carpenter
carrera–career
carrera–race
carretera–highway
carterista–pickpocket
casarse con–to marry
cascada–waterfall
catarro–cold
cazador/a–hunter
cazar–to hunt
cazatalentos (f, m)–talent scout
cebadero–suet holder
cebolleta–chive
ceder–to cede
celda–cell
celebración (f)–celebration
celo–care
célula–cell
censura–censor
cepillar –to brush
cepillo–brush
cerámica–ceramic
cesto–basket

chantaje–blackmail
chaqueta–jacket
charca–puddle
chismoso/a–gossipy
chocar–to crash
churro–cruller, deep–fried dough(Spain)
cicatriz (f)–scar
ciclismo–cycling
ciclón (m)–cyclone
cielo–sky
ciencias–sciences
ciervo–male deer
cinturón (m)–belt
cliente (m, f)–client
climatizado/a–heated, air–conditioned
clonación (f)–cloning
clonar–to clone
cobrar–to charge
cocer–to cook
coche (m)–car
cochebombas (m)–car bomb
cocido/a–cooked
cocinar–to cook
cocinero–cook
cóctel(m)–cocktail
coger–to get; to catch
colaborar–to collaborate
colesterol (m)–cholesterol
colina–hill
colmena–beehive
comandante–commander
comedor (m)–dinning room
comida–meals
comino–cumin
comisaría–police station
comité (m)–committee
compañero/a–companion, pal
compañía–company
compartir–to share
competente–competent
comportarse bien/mal–to behave well/badly
comportarse con picardía–to behave like a wise guy
comportarse–to behave
comprar–to buy
comprender–to understand; to include
comprensivo/a–compassionate
comprobar–to check, to see

computación (informática)–computer course
condimentar–to season
conferencia–lecture
conferenciante–lecturer
conflicto–conflict
conformarse–to conform
confundirse–to be confused
confusión (f)–confusion
congestión (f)–congestion
conllevar–to endure; to assist
cono–cone
consejero/a–advisor
consejo–advice
constitución (f)–constitution
consultar–to consult
contagiarse–to get sick
contagiar–to be contagious
contenido–content
contentamiento–happiness
contentarse–to be happy with
contestadora–answering machine
contratar–to hire, to contract
contrato–contract
controversia–controversy
convicción–conviction
copa mundial–world cup
cordero–lamb
cordillera–mountain range
corredor/a–runner
corregir–to correct
correr el riesgo de–to run the risk of
correr–to run
corriente (f)–current
corriente–running
cortar la leña–to cut wood
corte (m)–power outage
corzo/a–deer
cosecha–harvest
costas procesales–legal costs
costumbre (f)– custom
cotidiano/a–daily, everyday
criada–maid
crimen de lesa humanidad (m)–crimes against humanity
crimen–crime
criminal–criminal
cristal (m)–window, glass
crucero–cruiser
crudo/a–raw
cuadro–painting

cuajado/a–curdled
cuanto más–the more that
cuarto–room
cubierto–silverware
cucharada–spoonful
cuchara–spoon
cuchillo–knife
cuerda–rope
cuero–leather
cueva–cave
cuidar de los niños–to babysit
cuidar–to care
culinario–culinary
culpable–guilty
cumpleaños (m)–birthday
cura (f)–cure
cura (m)–priest
curación (f)–cure
curioso/a–curious

D

dar a luz–to give birth
dar informes–to give reports
dar la lata–to be a bother
dar una caminata–to take a walk or hike
dar una patada–to kick
dar cariño–to show affection
darle la real gana–to feel like
darse cuenta de–to realize (thinking)
datos–data, information
de duelo–in mourning
de ida y vuelta–roundtrip
de la mañana a la noche–from morning to night
de venta mayor–at high price
de venta menor–at low price
deber–job, responsibility, chore
decisivo/a–decisive
declarar–to declare
defensa–defense
defensor (m)–defense attorney
definir a fondo–to define carefully
delantero–offensive player
delatar–to turn in
delicia–delight
demora–delay
dependiente–dependent, salesperson
deporte (m)–sport
deprimirse–to be depressed
derechos civiles–civil rights

desacuerdo–disagreement
desafío–challenge
desagradable–unpleasant
desarrollar–to develop
desarrollo–development
desastre (m)–disaster
descansar–to rest
descreído/a–unbelieving
descubrimiento–discovery
descubrir–to discover
descuento–discount
desdichado/a–unlucky
desembarcar–unload, disembark
desempleo–unemployment
desesperación (f)–desperation
desesperarse–to become desperate
desfalco–embezzlement
desierto–desert
deslizar–to slide
desmayarse–to faint
desordenado/a–untidy, messed up
despedir–to fire
despedirse–to say goodbye
despegar–to take off
despejado/a–clear
despido–firing
destacar–to detach, to detail, to
    point out
destello–twinkling, flash
destino–destiny
destornillador (m)–screwdriver
día de santo (m)–saint's day
dibujar–to draw
dictador–dictator
dictadura–dictatorship
diente (m)–tooth
dietético/a–dietetic
digestivo/a–digestive
diluvio–flood
dimitir–to resign from
dinero–money
diplomático/a–diplomatic
dirección administrativa–board of
    trustees
director/a–director
disco compacto–compact disk
disco de vinilo–vinyl record
disco–record
disgustarse–to get angry
disgusto–disgust
disparar un rifle–to shoot a rifle
disponible–available
disputa–dispute

distinto/a–different
disturbio–disturbance
diversidad (f)–diversity
divertirse–to have fun, to enjoy
    oneself, to have a good time
divisar–to distinguish, to discern
doctorado–PhD
documento–document
doler–to hurt
dolor (m)–pain
dominar–to dominate
dormir–to sleep
dormitorio–bedroom
duelo–duel
dulce–sweet
duquesa–duchess

E

Echar la culpa–to blame
echar de menos–to miss (emotion)
ecologista (m, f)–ecologist
ecólogo–ecologist
edad (f)–age
elección (f)–election
electricista (m, f)–electrician
electrodoméstico–appliance
elegir–to elect
embarazada–pregnant
embarazoso/a–embarrassed
empleado/a–employee
empleo–job
empresa–business, company
en bancarrota–bankrupt
en cuestión–in question
en el fondo–at heart
en realidad–actually, really
enamorarse de–to fall in love
encabezar–to lead, to head
encestar–to score a basket
enchufe (m)–plug
encía–gum
encuesta–questionnaire
enemigo–enemy
energía–energy
enfermarse–to get sick
enfermedad (f)–sickness
enfermero/a–nurse
enfermo/a–sick one, adj.–sick
engañoso/a–tricky
engaño–trick
enmienda–amendment
enojarse–to get angry

enojo–anger
enriquecedor/a–enriching
ensalada–salad
enseñar–to teach; to show
ensueño–dream, illusion
entablar–to begin,
entender–to understand
enterrar–to bury
entrar en vigencia–to come into
    force
entretenimiento–entertainment
entrenamiento–training
entrenarse–to train, to work out
entretenerse–to pass the time, to
    amuse
entristecerse–to become sad
enyesar–to plaster, to put in a cast
epidemia–epidemic
época–era
equilibrado/a–well-balanced
equipaje (m)–luggage
equipo–team
esbozar dibujos–to sketch drawings
escalar–to climb, scale
escala–stopover
escoba–broom
escondite (m)–hide–n–seek
escritorio–desk
escupidor (m)–spitter/spittoon
escupir–to spit
escurrir–to wring
esfuerzo–effort
espaguetis (m)–spaghetti
especialista (m, f)–specialist
especializarse en–to major in
espectáculo–spectacle
esperanza–hope
espinilla–blackhead
esponjoso/a–spongy
esposar–to handcuff
esposas–handcuffs
esposa–wife
esposo–husband
esquí (m)–ski, skiing
esquiar–to ski
esquina–street corner
estación (f)–station, season
estadio–stadium
estado de ánimo–mood
estante (m)–shelf
estar avergonzado/a–to be
    embarrassed
estar confundido/a–to be confused

estar contento/a–to be happy
estar de luto–to be in mourning
estar de patrulla–to be on patrol
estar deprimido/a–to be depressed
estar desesperado/a–to be desperate
estar desorientado/a–to be disoriented
estar disgustado/a–to be angry, to be disgusted
estar en huelga–to be on strike
estar en rebajas–to be on sale
estar en vigencia–to be in force
estar enojado/a–to be angry
estar interesado/a–to be interested
estar mareado/a–to be dizzy
estar molesto/a–to be annoyed
estar preocupado/a–to be worried
estar tranquilo/a–to be calm
estar triste–to be sad
estético/a–aesthetic
estilo de vida–life style
estirarse–to stretch
estofado/a–stewed
estornudar–to sneeze
estrellado/a–starry
estrella–star
estreno–premiere, opening night
estrés (m)–stress
estruendo–roar
estufa–stove
estupendo/a–wonderful
etiqueta–tag,
etiqueta(de)–formal
étnico/a–ethnic
evitar–to avoid
examen–exam
exigente–demanding
éxito–success
exótico/a–exotic
explorar–to explore
expresar con precisión–to express accurately
exquisito/a–exquisite
extrañar–to miss
extranjero/a–foreign
extraterrestre–alien, extraterrestrial

F

fabricación (f)–manufacture
fábrica–factory
facultad (f)–school (academic department)

falda–skirt
fallecer–to die
familia–family
familiar (m)–relative (family)
familiar–familiar
fastidiar–to anger, to annoy
fécula–starch
feroz–fierce
ferroviario/a–referring to railway
fibra–fiber
fiebre (f)–fever
fiel–loyal, faithful
filmado/a–filmed
filme (m)–film
filosofía–philosophy
financiero/a–financial
finanzas–finances
fiscal–prosecuting attorney
flecha–arrow
florista (m, f)–florist
foca–seal
fogata–campfire
folleto–pamphlet
fondo–foundation (business)
fractura–break, fracture
francés (m)–French
fregar las ollas–to scrub pots
freír–fry
freno–break
frente (f)–forehead
frente (m)–front
fresa–dentist drill
fresa–strawberry
frijol (m)–bean
frívolo/a–frivolous
fuente (f)–fountain
fuerte–strong
fuerzas aliadas–allied forces
fumar–to smoke
fundar–to found
fútbol–soccer; football

G

galleta–cookie
gamba–shrimp
ganancia–profit
ganar–to earn
ganar–to win
garaje–garage
gastar–to spend
gatillo–trigger
gelatina–gelatine

geógrafo/a–geographer
gerente (m, f)–manager
gimnasio–gym
glándula–gland
gobernador/a–governor
gobierno–government
golpe de estado–coup d'etat
golpear–to hit
gorro–cap
gota–drop
gozar de intimidad (f)–to enjoy a close friendship
gozar–to enjoy
grabación (f)–taping
grado–grade (level)
graduarse en–to graduate from
granizo–hail
grano–grain
grano–pimple
grasa–fat
grieta–crack
grifo–faucet
gripe (f)–flu
guantes (m)–gloves
guardabosque (m)–forester
guardar cama–to stay in bed
guardia (m)–guard
guarecer–to protect
guerra–war
guía (m, f)–guide
guión (m)–script
guisado–stew
guitarra–guitar

H

hábil–skillful
habitación (f)–room
hacer abdominales–to do sit–ups
hacer alarde de–to display, to show off
hacer cola–to stand in line
hacer lagartijas–to do pushups
hacer las maletas–to pack suitcases
hacer mucho esfuerzo–to make a huge effort
hacer preguntas–to ask questions
hacer una cadena de flores–to make a flower chain
hacerse–to become
hamaca–hammock
hebra–thread
hecho–fact

helado/a–frozen, icy
helado–ice cream
helar–to freeze
hembra–female
herir–to injure
hermanos–brothers, brothers and
   sisters
herramienta–tool
hidrogenado/a–hydrogenised
hiedra–ivy
hielo–ice
hierba–herb
higiene (f)–hygiene
higiénico/a–hygienic
hijos–children; sons
hilo–thread
hipo–hiccup
hipoteca–mortgage
histórico/a–historical
hockey sobre hielo–ice hockey
homenaje (m)–homage
hormona–hormone
hornear–to bake
horno portátil–portable over
horno–oven
huelga–strike
huerto–orchard
huésped (m)–guest
humilde–humble
huracán (m)–hurricane

I

idioma (m)–language
idioma extranjero–foreign
   language
ilegal–illegal
iluminado/a–illuminated
imprimir–to print
impuestos–taxes
incapacidad (f)–incapacity,
   incapability
incluir–to include
independiente–independent
indígena (m, f)–native, indigenous
infarto–heart attack
inflación (f)–inflation
inglés–English
inmigración (f)–immigration
inmunidad (f)–immunity
inocente (m, f)–innocent
insoportable–unbearable
instalaciones (f)–facilities

insulto–insult
intemperie (f)–inclemency, out of
   doors
intenso/a–intense
intentar–to try
interplanetario/a–interplanetary
interrogar–to question
intolerancia–intolerance
introvertido/a–introverted
inversiones (f)–investments
inversionista (f, m)–investor
invertir–to invest
investigador (m)–researcher,
   investigator
investigar–to research, investigate
inyección (f)–injection
ir de compras–to go shopping
isla–island

J

jarabe (m)–syrup
jardín (m)–garden
jardinero/a–gardener
jefe (m, f)–boss
jornada–work day
jubilación (f)–retirement
jubilado/a–retired
júbilo–joy
juez (m)–judge
jugoso/a–juicy
jurídico/a–legal
justicia–justice
justo–just, fair, right
juventud (f)–youth

L

labor (f)–work, labor
lago–lake
lana–wool
lanzacohetes (m)–rocket launcher
lanzamiento de disco–discus
   throwing
lanzamiento de jabalina–javelin
   throwing
lanzamiento de peso–shot-put
lanzar–to throw
lavadora–washing machine
lavaplatos–dishwasher
leche (f)–milk
lechuga–lettuce
lectura–reading

leñador–woodcutter
leña–firewood
lengua–language, tongue
lesión (f)–injury, wound
levantar pesas–to lift weights
libertad (f)–liberty
libre–free
librería–bookstore
licenciatura–Bachelor's degree
licuar–blend
lienzo–fabric, cloth
liga–league
limpiar–to clean
línea de teléfono–telephone line
linimento–liniment
linterna–flashlight, lantern
llanto–weeping
llegar a ser–to become
llorar–to cry
lloriqueo–whimpering, whining
lluvioso/a–rainy
lonja–slice (ham)
lores (m)–lords
luchar–to wrestle; to fight
lucha–wrestling; fight
lugar (m)–place

M

macho–male
madrastra–step-mother
madre–mother
madurez (f)–maturity
maestría–Master's degree
maestro/a–teacher
magulladura–bruise
majestuoso/a–majestic
maletín (m)–carry-on case
malvado/a–evil
manipulador/a–manipulator
manso/a–gentle
manteca–butter (Argentina)
mantener buen espíritu–to
   maintain a good attitude
mantener–to support, to maintain
mantequilla–butter
mapa (m)–map
mar (m)–sea
marciano/a–from Mars, Martian
marisco–seafood
marítimo/a–maritime
martillo–hammer
masaje (m)–massage

matar el tiempo–to kill time
matar–to kill
matasanos–quack
matemáticas–math
materia–subject (school)
matrimonio–marriage; married couple
médico/a–doctor
medida–measure
medio ambiente–environment
mejorar–to get better
melancólico/a–melancholy
mendigo/a–beggar
menospreciar–to put down, to shun
menta–mint
mercancía–merchandise
merengue (m)–meringue
merodear–to prowl, to roam
meteorólogo/a–meteorologist
meter–to put in
metro–meter, subway
mezclar–to mix
micro casete (m)–micro cassette
microondas–microwave
mimado/a–spoiled (person)
miniatura–miniature
ministro–minister
minusválido/a–handicapped
misántropo/a–hater of humanity
mochila–backpack
modorra–drowsiness
mofarse de–to make fun of
molinero/a–miller
moneda–coin
montaña–mountain
montañero/a–mountaineer, climber
montar a caballo–ride a horse
montar en bicicleta–to ride a bike
morder–to bite
mordisco–bite
mostrar coraje (m)–to show courage
motín (m)–uprising, revolt, riot
motivación (f)–motivation
motivado/a–motivated
motivo–motive, reason
mueble (m)–furniture
muela–molar
muelle (m)–dock
muerto/a–dead
muestras de amor–shows of love
muestras de respeto–shows of respect

mugir–to moo
muleta–crutch
multa–fine
mundo–world
muñeca–doll
muñeca–wrist
muro–exterior wall
museo–museum

N

nadar–to swim
naranja–orange
natación (f)–swimming
nata–cream
naturalista (m, f)–naturalist
nauseabundo/a–nauseous, nauseating
nave (f)–ship
navegación (f)–navigation
negociador/a–negotiator
negociar–to negotiate
negocio–business
nervio–nerve
neumonía–pneumonia
nevar–to snow
nevoso/a–snowy
nido–nest
niebla–fog
nieve (f)–snow
niñez (f)–childhood
nódulo–nodule
notas–grades (evaluation); notes
novios–boyfriends; boyfriend and girlfriend
novocaína–Novocain
nube (f)–cloud
nuboso/a–cloudy
nuera–daughter–in–law

O

obedecer–to obey
ocio–leisure time
oficina–office
oficinista (m, f)–office worker
oliva–olive
olla–pot
onírico/a–oneiric (of dreams)
orden (m)–order, sequence
orden (f)–order, command
ordenador (m)–computer
ordeñar–to milk

orgullo–pride
oso–bear
ostentoso/a–ostentatious

P

paciente (m, f)–patient
padecer–to suffer
padrastro–godfather
padre–father; priest
paella–rice dish
pagar culpas ajenas–to pay for someone else's mistakes
país (m)–country
paisaje–landscape
palabras útiles–useful words
palo–stick
palpitar–to palpitate, to throb
paludismo–malaria
pánico–panic
pantalla–screen
pantalón (m)–pants
papa–potato
paperas–mumps
parada–stop
paraguas (m)–umbrella
parecerse a–to look like
parecerse uno a otro–to look alike
pared (f)–wall
pariente–relative (family)
parir–to give birth
parque (m)–park
partidario–supporter
partido–game, competition
partido–party
parto–act of giving birth
pasajero/a–passenger
pasaporte–passport
pasar un buen rato–to have a good time
pasarlo bien–to have a good time
pasearse–to take a walk, to take a ride
pasta–pasta, cookie
pastel (m)–pastry
pata–leg of animal or furniture
patata–potato
patinar–to skate
patrocinador/a–sponsor
patrón–boss, owner
peatonal–pedestrian
pedalear–to pedal
pediatra (m, f)–pediatrician

pegar–to hit
pelado/a–bald
pelea–fight
película–movie
peligro–danger
pelos en la lengua (tener)–to hold one's tongue

pelota–ball
peludo/a–hairy
península–peninsula
perdiz (f)–partridge
perdonar–to pardon
perecer–to die
perejil (m)–parsley
pereza–laziness
perezoso/a–lazy
periodista (m, f)–journalist
personal (m)–personnel
personal–personal
pescado–fish
peste (f)–plague
petición (f)–petition
piadoso/a–pious
picadura–sting
piel (f)–skin
piel de gallina–goose bumps
pieza–piece
pileta–swimming pool
piloto–pilot
pimiento–pepper
pincel (m)–paintbrush
pintoresco/a–picturesque
pinzas–tweezers
piscina–swimming pool
piso–floor, story; flat, apartment; layer (cake)
pista–track, lane
pizarra–blackboard
placer (m)–pleasure
planchar–to iron
planeta (m)–planet
plano–map
plaza–plaza, square; space
pleito–lawsuit
plomero/a–plumber
policía (f)–police force
policía (m, f)–policeman, policewoman
política–politics, policy
poner en venta–to put up for sale
poner la mesa–to set the table
ponerse de acuerdo–to agree

ponerse en forma–to get into shape
ponerse–to become
poro–pore
portarse–to behave
portería–goal (soccer, hockey)
postre (m)–dessert
potable–drinkable
potro–colt
práctica–practice
precio de venta–selling price
precio–price
preguntar–to ask (questions)
prender–to grasp
prender–to seize, to arrest
preocupación (f)–worry
preocuparse–to worry
preparativo–preparation
presidente (m, f)–president
presupuesto–budget
pretender–to seek, to try for, to pretend
primo–cousin
principiante (m, f)–beginner
prisión–jail, prison
privacidad (f)–privacy
procesamiento–prosecution
proceso–procedure
producción (f)–production
producto–product
productor/a–producer
profesor/a–teacher, professor
profesorado–faculty (group of teachers)
prole (f)–off-spring
promedio–average
propiedad (f)–property
propio/a–own
protegerse–to protect
proteína–protein
protesta–protest
prueba–quiz
psicólogo/a–psychologist
psiquiatra (m, f)–psychiatrist
pubertad (f)–puberty
pulir–to polish
pulpo–octopus

Q

quebrar–to break, to bend
quehaceres–chores
quejarse–to complain
quejica (m, f)–complainer

quemadura–burn
quemar el azúcar–to burn sugar, to caramelize
queso–cheese
química–Chemistry
quiste (m)–cyst
quitar la mesa–to clear the table

R

ración (f)–serving
raja–slice (cheese)
rallar el queso–to grate cheese
rango–rank
raqueta–racquet
rasguño–scratch
rayuela–hopscotch
realizar–to realize (as in a goal)
rebanada–slice (bread)
recalentar–reheat
recepcionista (m, f)–receptionist
receta–recipe
recoger el correo–to get the mail
recorrer–to go, to travel through
rector/a–head of a school, university
recurrir–to turn, to appeal
recurso–resource
red (f)–net, network
reflejo–reflection
reflejos–reflexes
reforma–reform
refugiado/a–refugee
refugiar–to give, to take refuge
refunfuñar–to grumble, to moan
regalarle a algo a alguien–to give a gift to someone
regar–to water
régimen (m)–regime
reír a carcajadas–to split one's sides laughing
relajación (f)–relaxation
relajante–relaxing
relajarse–to relax
relámpago–lightening
relampaguear–to produce lightening
rellenar los chiles–to stuff chilies
rendirse–to give up
renovarse–to renew
rentabilizar–to make profitable
repasar–to review
represalia–reprisal, retaliation

reptil (m)–reptile
requesón (m)–cottage cheese
resfriado–cold
retraso–lateness
retrete (m)–toilet
ría–estuary
rico/a–rich
riendas–reins
rifle (m)–rifle
rígido/a–rigid
rincón (m)–corner
ring (m)–ring (boxing)
río–river
riqueza–riches
risueño/a–favorable, agreeable
rivalidad (f)–rivalry
robo–robbery
rodaja–slice
romero–rosemary
romper–to break
roncha–swelling, lump
ropero–wardrobe
rubéola–rubella, German measles
ruina–ruin

S

sacar fotos–to take photos
sacar la basura–to take out the trash
sacarina–saccharin
sacar–to pull/extract
sacudir la almohadas–to fluff the pillows
sal (f)–salt
salchicha–sausage
salir bien/mal–to do well/badly
salmón (m)–salmon necessary?)
salsa–salsa, dressing
salto de altura–high jump
salud (f)–health
saludable–healthy
saludar–to greet
saludo–greeting
sangre–blood
sarampión (m)–measles
sazonar–to season
sebáceo/a–sebaceous
secadora–dryer
secar los platos–to dry plates
secretario/a–secretary
secuestrar–to kidnap
seguro/a–sure

sello–stamp
selva–jungle
sembrar–to plant, to sow
semilla–seed
senador vitalicio–senator for life
sensible–sensitive
sequía–drought
ser cariñoso/a con–to be affectionate to
serio/a–serious
servilleta–napkin
severo/a–severe
sida (m)–AIDS
siembra–sowing
sierra–saw
silbar–to whistle
silla–chair
sillón (m)–armchair
silvestre–wild
sindicato–labor union
sismo–earthquake
soborno–bribery
sobrar–to be left over, to remain
sobras–leftovers
sol (m)–sun
soler–to be in the habit of
soñador/a–dreamer
soñar con–to dream about
soñoliento/a–sleepy, somnolent
soplar–to blow
soportar–to put up with, to bear
sostener–to sustain
sublevación (f)–revolt, rebellion
suceder–to occur
suceso–happening, occurrence
sucio/a–dirty
sucursal (f)–branch (store)
suegro–father–in–law
sueldo–salary
suelo–floor
sueño–dream
suerte (f)–luck
suspender–to fail (a course)
susto–fright

T

tabla–plank, bulletin board
tacaño/a–stingy
tajada–slice
taladrar–to drill
talento–talent
talla–size

taller (m)–workshop
tamaño–size
tanque (m)–tank
tanque blindado–armored tank
tanto más–the more
tarjeta de deportes–sport trading card
tarta–cake
tatarabuelos– great, great grandparents
taxi (m)–taxi
taza–cup
técnico/a–technician
tecnología–technology
tejer–to weave
teléfono móvil–cell phone
temblar–to shake, to shiver
temblor (m)–tremor
temperatura–temperature
temporada–season (sports)
tenedor(m)–fork
tener amigos entrañables–to have close friends
tener compasión por–to feel for
tener culpa de–to be guilty of
tener estrés–to be stressed
tener ganas de–to feel like
tener mucho ánimo–to be enthusiastic
tener vigencia–to be valid
tenis (m)–tennis
tensión (f)–tension
tentativa–attempt
teoría–theory
terapeuta (m, f)–therapist
terapia–therapy
terco/a–stubborn
ternera–veal
terrorismo–terrorism
testigo (m, f)–witness
testimonio–will
tibio/a–lukewarm
tienda de campaña–tent
tienda–store
tienda–tent
tira cómica–comic strip
tirar–to shoot; to throw
tiro al arco–archery
tirón (m)–cramp, pull
tiro–shot
tocar un instrumento–to play an instrument
tolerante–tolerant

tomar riesgos–to take risks
tomarle afecto a–to be fond of
tomillo–thyme
torcer–to twist
tormenta–storm
torneo–tournament
torpeza–clumsiness
torta–cake/tart
tortilla–omelet
tortura–torture
tostar el pan–to toast bread
trabajador/a–worker
traductor/a–translator
traje (m)–suit
tranquilidad (f)–tranquility, quiet
tranquilizante–tranquillizing
tranquilizarse–to calm down
tratado–treaty
tratamiento–treatment
tratar con–to deal with, to handle
travieso/a–naughty
tren–train
tribunal (m)–court
tristeza–sadness
triturar el ajo–to mince garlic
triunfador/a–winner
triunfar–to win

triunfo–win
tronar–to thunder
tropa–military troop
tropezar–to stumble, run into
trozo–piece
trucha–trout
trueno–thunder
turismo–tourism
turista (m, f)–tourist

U

utopía–utopia

V

vaca–cow
vacuna–vaccination
valiente–brave
valle (m)–valley
vanidoso/a–egotistical, vain
variado/a–varied
varicela–chicken pox
vaso–glass
vegetariano–vegetarian
vejez (f)–old age
vencer–to beat; to win
vergüenza–shame

vestido–dress
vicepresidente (m, f)–vice president
víctima–victim
victoria–victory
video casetera–video cassette player
violación (f)–violation
violencia–violence
viruela–smallpox
vista del mar–view of the sea
vivienda de lujo–luxury housing
volante (m)–steering wheel
volcán (m)–volcano
volverse–to become
votar–to vote
vuelo–flight

Y

yerno–son–in–law
yogur (m)–yogurt

Z

zaguán (m)–entrance hall
zona–zone
zoólogo/a–zoologist
zorro–fox

GLOSARIO DE PALABRAS ÚTILES

Para presentar una idea:

para empezar–to begin with
en primer lugar–in the first place
al principio–in the beginning
como punto de partida–as a point of departure
por un lado–on the one hand

Para agregar otra idea:

para continuar–to continue
durante–during
mientras tanto–meanwhile
además–in addition, also, moreover
también–too, also
luego–then
entonces–then
después de + infinitivo–after
mientras–while
y–and
antes de + infinitivo–before

Para contradecir o restringir una idea previa:

sin embargo–nevertheless
a pesar de + infinitivo–in spite of
aunque–even though, even if
pero–but
en cambio–on the other hand
por otra parte–on the other hand
por otro lado–on the other hand
sino que–but (rather)
sino–but (rather)

Para llamar la atención:

en realidad–in reality, really
hay que tomar en cuenta–you have to take into account
lo importante es–the important thing is **por eso**–therefore
por lo tanto–therefore
desgraciadamente–unfortunately
afortunadamente–fortunately

Para dar un ejemplo:

para ilustrar–to illustrate
por ejemplo–for example

Para llegar a una conclusión:

a causa de–because of
en conclusión–in conclusion
en fin–in short
finalmente–finally
en resumen–in summary, to summarize
para concluir–to conclude
para terminar–to conclude

REFRANES

A mal tiempo, buena cara.
Put on a good face in times of adversity.

Barriga llena, corazón contento.
Full belly, happy heart.

Cada uno se rasca donde le pica.
It depends on whose ox is being gored.

Conozco al viajero por las maletas.
I know the messenger by his hat.

Disfruta, come y bebe, que la vida es breve.
Live today because tomorrow may never come.

Lo que bien se aprende, nunca se pierde.
What you learn well, you never lose.

Más vale prevenir que curar.
Better to be safe than sorry.

Quien por su gusto corre, nunca se cansa.
He who runs for pleasure, never tires.

Siembra buenas obras y recogerás frutos de sobra.
You reap what you sow.

Todo el mundo es un pañuelo.
What a small world.